Ilustrações
Janusz Grabianski

Tradução do alemão
Tatiana Belinky

OS CONTOS DE GRIMM

Título original
Kinder-und Hausmärchen

ISBN 3-8000-1010-0

Revisão
José Joaquim Sobral

Impressão e acabamento
PAULUS

Dados Internacionais de Catalogação na Publicação (CIP)
(Câmara Brasileira do Livro, SP, Brasil)

Grimm, Jakob, 1785-1863.
G874c Os Contos de Grimm / Ilustração Janusz Grabianski; tradução do alemão Tatiana Belinky. — São Paulo: Paulus, 1989.

ISBN 978-85-349-0134-5

1. Literatura infanto-juvenil I. Grimm, Wilhelm, 1786-1859 II. Título.

87-1606 CDD-028.5

Índices para catálogo sistemático:
1. Literatura infantil 028.5
2. Literatura infanto-juvenil 028.5

9ª edição, 2007

Rua Francisco Cruz, 229
04117-091 São Paulo (Brasil)
Fax (11) 5579-3627
Tel. (11) 5084-3066
www.paulus.com.br
editorial@paulus.com.br

ISBN 978-85-349-0134-5

Os Contos infantis, com suas luzes puras e suaves, fazem nascer e crescer os primeiros pensamentos, os primeiros impulsos do coração. São também Contos do lar, porque neles a gente pode apreciar a poesia simples e enriquecer-se com sua verdade. E também porque eles duram no lar como herança que se transmite.

Jakob e Wilhelm Grimm, 1812

ÍNDICE

O REI SAPO

Era uma vez, no tempo em que os desejos ainda se cumpriam, um rei cujas filhas eram todas belas; mas a menor era tão linda, que o próprio sol, que já vira tanta coisa, se alegrava quando iluminava o seu rosto. Perto do castelo do rei havia grande bosque escuro, e no bosque, debaixo de grande tília, havia um poço. Quando fazia dia muito quente, a filha do rei saía para o bosque e sentava-se à beira do poço aprazível. E quando a princesinha se entediava, pegava uma bola de ouro, jogava-a para cima e apanhava-a de novo; e esse era o seu brinquedo preferido.

Mas aconteceu, certa vez, que a bola de ouro da filha do rei não caiu na mãozinha que ela estendia para cima, mas passou, bateu no chão e rolou para dentro da água. A princesinha a seguia com os olhos, mas a bola sumiu, e o poço era fundo, tão fundo que não se podia ver o seu fim. Então ela começou a chorar e chorava cada vez mais alto e não conseguia se consolar. E quando ela se lamentava assim, ouviu, de repente, uma voz que dizia:

— O que foi que te aconteceu, filha do rei? Choras tanto que podes comover até uma pedra.

Ela olhou em volta, procurando de onde vinha aquela voz, e viu então um sapo que punha a sua grande e feia cabeça para fora da água.

— Ah, és tu, velho chapinhador?, — disse ela. — Estou chorando por causa da minha bola de ouro que caiu no fundo do poço.

— Sossega e não chores, — respondeu o sapo, — eu posso te ajudar. Mas o que me darás se eu te devolver o teu brinquedo?

— O que tu quiseres, querido sapo — disse ela, — meus vestidos, minhas pérolas e pedras preciosas, e também a coroa de ouro que estou usando.

O sapo respondeu:

— Teus vestidos, tuas pérolas e pedras preciosas, e tua coroa de ouro eu não quero. Mas se aceitares gostar de mim, para eu ser teu amigo e companheiro de brinquedos, sentar-me a teu lado à tua mesinha, comer do teu pratinho de ouro, beber da tua tacinha e dormir na tua caminha, se me prometeres isso, eu descerei para o fundo do poço e te trarei de volta a bola de ouro.

— Ah, sim, — disse ela, — eu te prometo tudo o que queres, só traze-me de volta a minha bola de ouro. — Mas ela pensou consigo mesma, "que bobagens fala este sapo simplório! Ele vive lá embaixo den-

tro da água com os seus iguais, coaxando, e não pode ser companheiro de um ser humano''.

Quando o sapo recebeu a promessa, mergulhou de cabeça, desceu ao fundo e logo depois emergiu da água, com a bola na boca, que ele jogou na grama. A princesinha, muito feliz por rever o seu lindo brinquedo, apanhou-o do chão e saiu pulando.

— Espera, espera, — gritou o sapo, — leva-me contigo, eu não posso correr tão depressa!

Mas de que lhe serviu coaxar e coaxar ao encalço dela, tão alto quanto podia? Ela não lhe deu atenção, apressou-se para casa e logo esqueceu o pobre sapo, que tinha de descer de volta ao seu poço.

No dia seguinte, quando ela, com o rei e todos os cortesãos, sentada à mesa, comia do seu pratinho de ouro, eis que alguma coisa — plaque, ploque, ploque, plaque — veio se arrastando, subindo pela escadaria de mármore. Quando chegou em cima, bateu na porta e gritou:

— Filha do rei, a mais nova, abre para mim!

Ela correu para ver quem estava lá fora; mas quando abriu a porta e viu o sapo ali, bateu a porta depressa e sentou-se de volta à mesa, sentindo medo.

O rei percebeu que o seu coração palpitava forte, e disse:

— Minha filha, de que tens medo? Será que algum gigante está à porta e quer te levar?

— Oh, não, — respondeu ela, — não é um gigante, mas um sapo nojento.

— E o que quer esse sapo de ti?

— Ah, meu pai querido, quando ontem eu estava sentada lá no poço brincando, a minha bola de ouro caiu na água. E porque eu chorava muito, o sapo foi buscá-la para mim, e porque ele me exigiu eu lhe prometi que ele seria meu companheiro. Mas eu pensava que ele nunca poderia sair da sua água. E agora ele está lá na porta e quer entrar aqui.

Enquanto isso, lá fora o sapo batia na porta e gritava:

"Princesa, a mais nova,
abre para mim!
Lembras o que ontem
prometeste a mim,
lá junto do poço?
Prometeste, sim!
Princesa, a mais nova,
abre para mim!"

Então o rei disse:

— O que tu prometeste, deves cumprir; vai agora e abre a porta para ele!

Ela abriu a porta, e o sapo entrou pulando, sempre nos pés da princesa, até a sua cadeira. Então, sentou-se e gritou:

— Levanta-me para junto de ti!

Ela hesitou, até que finalmente o rei mandou que o fizesse.

Quando o sapo já estava na cadeira, quis subir para a mesa, e quando já estava ali, ele disse:

— Agora empurrra o teu pratinho de ouro para mais perto de mim, para podermos comer juntos!

A filha do rei obedeceu, mas via-se bem que não era de boa vontade. O sapo regalou-se à beça com a comida, mas ela sentiu cada pedacinho quase atravessado na garganta.

Finalmente ele disse:

— Fartei-me de comer e estou cansado; agora leva-me para o teu quartinho e arruma a tua caminha de seda, onde nós dois vamos dormir.

A filha do rei começou a chorar e tinha medo do sapo frio que ela não se atrevia a tocar, e que agora iria dormir na sua linda caminha de seda.

Mas o rei ficou zangado e ordenou:

— Quem te ajudou na hora da necessidade, não podes desprezar depois!

Então ela agarrou o sapo com dois dedos, carregou-o para cima e colocou-o sentado num canto. Mas quando ela estava deitada na cama ele veio se arrastando e disse:

— Estou cansado, quero dormir, igual a ti. Levanta-me, senão eu conto ao teu pai!

Aí ela ficou furiosa, levantou o sapo e atirou-o com toda a força contra a parede:

— Agora me deixarás em paz, sapo nojento!

Mas quando ele caiu, já não era mais um sapo, mas um príncipe de belos olhos carinhosos. Agora ele ficou sendo, pela vontade do pai da princesa, seu companheiro amado e esposo. E ele contou-lhe, na mesma hora, que tinha sido enfeitiçado por uma bruxa malvada, e ninguém poderia libertá-lo do poço a não ser só ela, e na manhã seguinte eles iriam juntos para o reino dele.

Então adormeceram ambos, e na manhã seguinte, quando o sol os acordou, chegou uma carruagem atrelada a seis cavalos brancos, de cabeças enfeitadas por seis plumas de avestruz, e arreados com correntes de ouro; e de pé na traseira estava o servo do príncipe, que era o fiel Henrique.

O fiel Henrique ficara tão triste quando seu amo foi transformado em sapo, que mandou colocar três aros de ferro em volta do seu coração, para que ele não se partisse de dor e de tristeza. A carruagem viera para levar o príncipe de volta ao seu reino. O fiel Henrique ajudou os dois a subir na carruagem, colocou-se de novo na traseira e ficou felicíssimo com a libertação.

Depois que eles já tinham vencido uma parte do caminho, o príncipe ouviu um estalo atrás deles, como se algo se tivesse quebrado. Ele se voltou e gritou:

"Henrique, o carro está quebrado!"
"O carro não, príncipe amado.
É um aro do meu coração
cheio de dor e compaixão
por vós, no poço aprisionado,
e em feio sapo transformado".

Ouviu-se mais um e mais outro estalo, e o príncipe pensou de cada vez que era a carruagem se quebrando, mas eram apenas os aros que se soltavam do coração do fiel Henrique, porque agora o seu amo estava livre e feliz.

A GATA BORRALHEIRA

A mulher de um homem rico ficou doente, e quando ela sentiu que seu fim se aproximava, chamou sua única filhinha para junto do seu leito e disse:

— Filha querida, sê devota e boa; então o bom Deus sempre te valerá, e eu olharei por ti lá do céu, e estarei perto de ti.

Então ela fechou os olhos e morreu.

A moça ia todos os dias para o túmulo da mãe e chorava, e continuava devota e boa. Quando o inverno chegou, a neve cobriu o túmulo com um lenço branco, e quando na primavera o sol o tirou de novo, o homem casou-se com outra mulher.

A mulher trouxera consigo para casa duas filhas que eram bonitas e alvas de rosto, mas feias e negras de coração. E então começou uma época ruim para a pobre enteada.

— Essa bobalhona não tem de ficar na sala conosco, — diziam elas. — Quem quer comer pão, tem de trabalhar para merecê-lo! Para fora com essa criada!

Elas lhe tomaram os bonitos vestidos, deram-lhe um avental cinzento para vestir e tamancos de pau para calçar.

— Olhem só para a bela princesa, como está enfeitada! — exclamaram elas, e levaram a moça para a cozinha.

Lá ela tinha de fazer serviços pesados desde a manhã até a noite, levantar-se antes do amanhecer, carregar água, acender o fogo, cozinhar e lavar. E ainda por cima as irmãs lhe causavam toda sorte de desgostos, zombavam dela e esparramavam as ervilhas e as lentilhas na cinza do borralho, para que ela tivesse de ficar a catá-las e separá-las de novo. À noite, cansada de trabalhar, ela não tinha cama, mas tinha que deitar nas cinzas ao lado do fogão. E porque ela, por causa disso, parecia sempre empoeirada e suja, elas a chamavam de Gata Borralheira.

Quando certo dia o pai ia viajar para uma feira, perguntou às enteadas o que elas queriam que ele lhes trouxesse.

— Lindos vestidos, — disse uma.

— Pérolas e pedras preciosas, — disse a outra.

— E tu, Gata Borralheira, — disse ele, — o que queres ganhar?

— Pai, o primeiro raminho que no caminho de volta roçar o teu chapéu, quebra-o e traze-o para mim.

Então ele comprou para as duas irmãs lindos vestidos, pérolas e pedras preciosas, e no caminho de volta, quando atravessava um mato verde, um ramo de nogueira esbarrou nele e arrancou-lhe o chapéu. Então ele quebrou o ramo e levou-o consigo.

Quando chegou em casa, deu às enteadas o que elas lhe pediram, e à Gata Borralheira ele entregou o raminho de nogueira.

Gata Borralheira agradeceu, levou o raminho para o túmulo da sua mãe e plantou-o ali, e chorou tanto, que suas lágrimas o molharam e regaram.

O ramo cresceu e transformou-se numa bela árvore. Gata Borralheira ia lá três vezes por dia, todos os dias, e chorava e rezava debaixo da árvore, e cada vez vinha um passarinho branco, pousava na árvore, e sempre que Gata Borralheira exprimia um desejo, o passarinho lhe jogava o que ela desejara.

Certa vez aconteceu que o rei deu uma festa que devia durar três dias, e para a qual todas as moças bonitas do reino foram convidadas, para que o seu filho escolhesse uma noiva dentre elas. Quando as duas irmãs ouviram que elas também eram convidadas, ficaram alegres e contentes, chamaram Gata Borralheira e disseram:

— Penteia nossos cabelos, escova nossos sapatos e aperta nossos colchetes; nós vamos à mostra de noivas no palácio real.

Gata Borralheira obedeceu, mas chorou, porque também gostaria de ir ao baile, e pediu à madrasta que a deixasse ir.

— Tu, Gata Borralheira, — disse ela, — coberta de pó e sujeira, queres ir à festa? Não tens vestidos nem sapatos e queres dançar?

Mas como a moça não parava de suplicar, ela disse por fim:

— Derramei uma bacia de lentilhas nas cinzas; se separares as lentilhas em duas horas, poderás vir conosco.

A moça saiu pela porta dos fundos, correu para o jardim e chamou:

— Pombinhas mansas, rolinhas brancas, todos os passarinhos debaixo do céu, venham ajudar-me a catar as lentilhas,

"as boas no potinho,
as ruins no buchinho".

Então vieram voando e entraram pela janela da cozinha duas pombinhas brancas e atrás delas as rolinhas, e finalmente todos os passarinhos debaixo do céu entraram ruflando as asinhas e pousaram nas cinzas do borralho. E as pombinhas baixaram as cabecinhas e começaram, pic-pic-pic, e os outros também, pic-pic-pic, a bicar, e a pôr todas as lentilhas boas na bacia. E mal passou uma hora, eis que eles terminaram tudo e voaram embora. Então a moça levou a bacia para a madrasta, muito contente, pensando que agora poderia ir à festa.

Mas a madrasta falou:

— Não, Gata Borralheira, tu não tens roupa e não sabes dançar; todo mundo só vai caçoar de ti.

E quando a moça chorou de novo, ela disse:

— Se puderes catar das cinzas e escolher duas bacias de lentilhas em uma hora, então poderás vir, — e pensou: "Isto ela nunca vai conseguir".

Quando ela derramou as duas bacias de lentilhas nas cinzas, a moça saiu correndo pela porta dos fundos para o jardim e chamou:

— Pombinhas mansas, rolinhas brancas, todos os passarinhos debaixo do céu, venham ajudar-me a catar as lentilhas,

"as boas no potinho,
as ruins no buchinho".

Então vieram voando e entraram pela janela da cozinha duas pombas brancas e atrás delas as rolinhas, e finalmente todos os passarinhos debaixo do céu entraram ruflando as asinhas e pousaram nas cinzas do borralho. E as pombinhas baixaram as cabecinhas e começaram, pic-pic-pic, e os outros também, pic-pic-pic, a bicar e a pôr todas as lentilhas boas nas bacias. E antes que passasse meia hora, eles terminaram tudo e voaram todos embora. Então a moça levou as bacias para a madrasta, contentíssima, pensando que agora podia ir junto com elas para a festa.

Mas a malvada mulher falou:

— Nada disso vai te adiantar; não virás conosco, porque não tens vestido e não sabes dançar; nós ficaríamos com vergonha de ti.

E com isso ela virou as costas à moça e saiu apressada junto com as suas filhas orgulhosas.

Quando, então, não estava mais ninguém em casa, Gata Borralheira foi para o túmulo da sua mãe debaixo da nogueira e falou:

"Sacode teus ramos, querida nogueira,
Joga ouro e prata sobre a borralheira".

Então o passarinho jogou-lhe um vestido de ouro e prata, e sapatinhos bordados de seda e prata. Sem perda de tempo, Gata Borralheira vestiu-se e foi para a festa. As irmãs e a madrasta não a reconheceram e pensaram que ela era uma princesa estrangeira, tão linda ela estava no seu vestido de ouro. Elas nem pensaram na Gata Borralheira, achando que ela estava em casa, na cozinha, catando lentilhas nas cinzas do fogão.

O filho do rei veio ao seu encontro, tomou-a pela mão e dançou com ela. Ele não quis, dali em diante, dançar com mais ninguém, e não soltava a mão da moça, e quando vinha outro para convidá-la, ele dizia:

— Esta dançarina é minha.

Gata Borralheira dançou até anoitecer, então ela quis ir para casa. Mas o filho do rei falou:

— Eu vou junto para te acompanhar, — pois ele queria ver onde era a casa da bela moça.

Ela porém escapou dele e se escondeu dentro do pombal. Então o príncipe esperou até que chegasse o seu pai e lhe disse que a moça estranha pulara para dentro do pombal. O velho pensou: "Será que não é a Gata Borralheira?", e tiveram de trazer-lhe a machadinha para ele poder rachar o pombal; mas dentro não havia ninguém.

Quando a madrasta e suas filhas voltaram, Gata Borralheira estava deitada nas cinzas, com suas roupas sujas, e uma pequena lâmpada de azeite ardendo tristonha sobre o fogão — pois Gata Borralheira pulara ligeira pela parte detrás do pombal e correra para a nogueira do

cemitério. Lá ela deixara suas lindas roupas sobre o túmulo, e o passarinho as levara embora; e ela voltara para o seu borralho, na cozinha, com o seu velho avental cinzento.

No dia seguinte, quando a festa recomeçou e os pais e as irmãs já tinham saído, Gata Borralheira foi até a nogueira e disse:

"Sacode teus ramos, querida nogueira,
Joga ouro e prata sobre a borralheira".

Então o pássaro jogou-lhe um vestido ainda mais imponente que o da véspera. E quando a moça apareceu na festa com aquele vestido, todo mundo se espantou com a sua beleza. O príncipe porém já esperava por ela, e tomou-a logo pela mão e só dançou com ela. Quando os outros vinham convidá-la, ele dizia:

— Esta dançarina é minha.

Quando a noite caiu, ela quis ir embora, e o príncipe a seguiu, pois queria ver a casa onde ela entraria, mas ela lhe escapou e fugiu para

o jardim atrás da casa. Ali havia uma árvore grande e formosa, carregada de lindas peras. Gata Borralheira subiu por entre os galhos, ágil como um esquilinho, e o príncipe não sabia onde ela foi parar.

Mas ele esperou até que chegasse o pai e lhe disse:

— A moça estranha fugiu de mim, e acho que ela pulou na pereira.

O pai pensou: "Será que não é a Gata Borralheira?" — Mandou buscar a machadinha e derrubou a árvore, mas não havia ninguém nela.

Quando as outras voltaram, Gata Borralheira estava deitada lá nas cinzas, como sempre, porque ela pulara ao chão do outro lado da árvore, devolvera as lindas roupas ao pássaro da nogueira, e vestira o seu avental cinzento.

No terceiro dia, quando os pais e as irmãs já tinham saído, Gata Borralheira voltou para o túmulo da mãe e disse à arvorezinha:

"Sacode teus ramos, querida nogueira,
Joga ouro e prata sobre a borralheira".

Desta vez o pássaro lhe jogou um vestido que era tão suntuoso e cintilante como nenhum dos anteriores, e os sapatinhos eram de ouro puro. Quando ela chegou à festa naquele vestido, todo mundo ficou sem palavras, tal era o espanto. O príncipe só dançou com ela, e quando alguém vinha convidá-la, ele dizia:

— Esta dançarina é minha.

E quando anoiteceu, Gata Borralheira quis ir embora, e o príncipe queria acompanhá-la, mas ela lhe escapou tão ligeira que ele não conseguiu segui-la. Mas o príncipe usara de ardil, mandando untar com piche a escadaria inteira. E então, ao fugir, o sapatinho esquerdo da moça ficou grudado num degrau.

O príncipe levantou-o, e era pequenino e gracioso e todo de ouro. No dia seguinte ele foi ao seu pai e lhe disse:

— Nenhuma outra será minha esposa a não ser aquela em cujo pé coubesse este sapatinho de ouro.

Então as duas irmãs ficaram muito contentes, porque tinham pés bonitos. A mais velha entrou no quarto e quis experimentar o sapatinho, e sua mãe ficou junto dela. Mas ela não conseguiu fazer caber nele o dedão do pé. Então a mãe lhe entregou uma faca e disse:

— Corta fora esse dedão! Quando fores rainha, não precisarás mais andar a pé.

A moça decepou o dedo, forçou o pé para entrar no sapatinho, disfarçou a dor e saiu ao encontro do príncipe. Então ele a pôs como noiva no seu cavalo e partiu com ela. Mas eles tinham de passar pelo túmulo, onde as duas pombinhas estavam pousadas na nogueira, e elas cantaram:

> "Purr-purr, purr-purr, purrinho, / Sangue no sapatinho,
> Não cabe no seu pé, / A noiva esta não é".

Então o príncipe olhou para o pé e viu o sangue escorrendo. Ele fez o cavalo dar meia-volta, devolveu a falsa noiva à casa e disse que ela não era a certa, e que a outra irmã provasse o sapato. Então esta entrou no quarto, e conseguiu enfiar os dedos do pé, mas o calcanhar era grande demais. Então a mãe lhe entregou uma faca e disse:

— Corta fora um pedaço do calcanhar! Quando fores rainha, não precisarás mais andar a pé.

A moça decepou um pedaço do calcanhar, forçou o pé no sapato, disfarçou a dor e saiu ao encontro do príncipe. Então ele a pôs

no seu cavalo como sua noiva e partiu com ela. Quando eles passaram pela nogueira, lá estavam as duas pombinhas, que cantaram:

> "Purr-purr, purr-purr, purrinho,
> Sangue no sapatinho,
> Não cabe no seu pé,
> A noiva esta não é".

Ele olhou de novo para o seu pé e viu o sangue escapando e subindo pela meia branca, toda vermelha. Então ele fez o cavalo voltar e devolveu a falsa noiva à sua casa.

— Esta não é a certa, — disse ele, — a senhora não tem outra filha?

— Não, — disse o marido; — só da minha esposa falecida temos aqui uma pequena e insignificante Gata Borralheira; não é possível ser ela a noiva.

O príncipe disse que a mandassem subir, mas a madrasta respondeu:

— Oh, não, a moça é muito sujinha, ela não pode se mostrar a ninguém.

Mas ele queria vê-la de qualquer forma, e tiveram de chamar a Gata Borralheira. Então ela lavou as mãos e o rosto, apareceu e curvou-se diante do filho do rei, que lhe estendeu o sapatinho de ouro.

Aí ela sentou-se sobre um banquinho, tirou o pé do pesado tamanco de madeira e enfiou-o no sapatinho, que se adaptou com perfeição. E quando ela se levantou, e o príncipe a fitou no rosto, reconheceu a bela moça que dançara com ele, e exclamou:

— Esta é a noiva verdadeira!

A madrasta e as duas irmãs se assustaram e empalideceram de raiva. Ele porém pôs a Gata Borralheira sobre o seu cavalo e partiu com ela.

E quando eles passaram pela nogueira, as duas pombinhas brancas arrulharam:

"Purr-purr, purr-purr, purrinho,
Sem sangue no sapatinho,
que coube no seu pé,
A noiva é esta, é!"

O ALFAIATEZINHO VALENTE

Numa manhã de sol, estava um alfaiatezinho sentado sobre a sua mesa junto da janela, costurando com vontade, muito bem humorado. Aí veio andando pela rua uma camponesa, gritando: — Geléia de ameixas! Quem quer comprar geléia de ameixas? — E isso soava gostoso nos ouvidos do alfaiatezinho; ele meteu sua delicada cabeça pela janela e chamou:

— Aqui em cima, boa mulher, aqui te livrarás da mercadoria!

A mulher subiu os três lances de escada com o seu pesado cesto, e teve que tirar todos os potes diante dele. O alfaiatezinho os examinou todos, levantou-os no ar, chegou-os ao nariz e disse por fim:

— A geléia me parece boa; pesa-me quatro porções, boa mulher! Mesmo que chegue a um quarto de libra, não importa.

A mulher, que esperava fazer uma boa venda, entregou-lhe o que ele pedia, mas desceu bastante zangada e resmungando.

— Agora, que Deus me abençoe a geléia, — exclamou o alfaiatezinho, — e que me dê força e vigor.

E ele tirou um pão do armário, cortou uma fatia do tamanho do filão inteiro e passou a geléia em cima.

— Isto vai me fazer bem, — disse ele, — mas primeiro quero terminar este gibão, antes de dar a primeira mordida.

Ele pôs o pão ao seu lado, continuou a costurar e, de contente, fazia pontos cada vez maiores na costura. Nesse meio tempo, o aroma doce da geléia foi subindo pela parede, onde pousavam moscas em grande quantidade, de modo que elas foram atraídas e baixaram sobre o pão aos enxames.

— Êi, quem foi que vos convidou? — disse o alfaiatezinho, e enxotou as comensais que não foram convidadas.

As moscas, porém, que não o compreendiam, não se deixaram desanimar, mas voltavam sempre em maior número.

Aí o alfaiatezinho perdeu, como se diz, as estribeiras; pegou um trapo e disse: — Esperai só que eu vos mostro! — e pôs-se a bater sem dó. E quando depois fez as contas, havia não menos de sete moscas mortas, de patinhas esticadas.

— Não és então um sujeito valente? — disse ele, admirando sua própria coragem; — a cidade inteira precisa saber disso. E rapidinho ele cortou um cinturão, costurou-o e bordou em grandes letras: "Sete de um golpe só!"

— Ora, a cidade inteira, o quê! — continuou ele; — o mundo inteiro precisa saber disso! — e o seu coração vibrou de alegria, como rabinho de cordeiro.

O alfaiate cingiu-se com o cinto e se dispôs a sair pelo mundo, porque achava que a oficina era pequena demais para a sua coragem. Mas antes de partir, ele procurou pela casa se não havia algu-

ma coisa que pudesse levar consigo. Mas não encontrou nada além de um queijo velho que ele pôs na sacola. Ao chegar ao portão, viu um pássaro que ficara preso no silvado, pegou-o e o meteu na sacola junto com o queijo. E saiu marchando ligeiro, e porque era leve e ágil, ele não sentia cansaço.

O caminho levou-o para uma montanha, e quando alcançou o cume mais alto, lá estava sentado um gigante enorme, olhando em volta, muito tranqüilão. O alfaiatezinho avançou para ele, muito animado, e disse:

— Bom-dia, camarada! Então estás sentadinho aí, olhando para o vasto, vasto mundo? Pois eu estou a caminho dele, para tentar a sorte. Não tens vontade de vir comigo?

O gigante lançou-lhe um olhar de desdém e disse:

— Ó traste! Ó sujeitinho miserável!

— O quê?! — respondeu o alfaiatezinho, abriu o casaco e mostrou o seu cinto, — aqui podes ler que espécie de homem eu sou!

O gigante leu "Sete de um golpe só", e pensou que eram pessoas, que o alfaiate tivesse matado, e encheu-se de respeito pelo homenzinho. Mas ele queria antes pô-lo à prova, pegou uma pedra e apertou-a nas mãos até sair água.

— Imita-me, faze isso também — falou o gigante, — se és tão forte!

— Nada mais que isso? — disse o alfaiatezinho; — isso é coisa que nós fazemos brincando, — meteu a mão na sacola, tirou o queijo mole

e espremeu-o até escorrer o suco. — Então, — disse ele, — isto foi um pouco melhor?

O gigante ficou sem saber o que dizer, e não conseguia acreditar no que via. Então ele apanhou uma pedra e jogou-a para cima, tão alto que mal dava para vê-la.

— Agora, ó sujeitinho, imita-me!

— Foi uma boa jogada, — disse o alfaiate, — mas a pedra teve de cair de volta no chão. Eu vou jogar uma tão alto que ela nem vai voltar mais, — meteu a mão na sacola, pegou o pássaro e atirou-o para o ar. O pássaro, contente por estar livre, alçou vôo, voou embora e não voltou mais.

— Que tal te parece isto, camarada? — perguntou o alfaiate.

— Concordo que jogas bem, — disse o gigante, — mas agora vamos ver se és capaz de carregar uma coisa que preste.

Ele levou o alfaiatezinho até uma grande nogueira que estava derrubada no chão, e disse:

— Se tens força bastante, ajuda-me a levar esta árvore para fora da floresta.

— Com prazer, — respondeu o homenzinho; — levante o tronco sobre o teu ombro, e eu vou carregar os galhos com os ramos, que são a parte mais pesada.

O gigante pôs o tronco no ombro, enquanto o alfaiate sentava-se sobre um galho, e o gigante, que não podia voltar a cabeça, teve de

carregar a árvore inteira, com o alfaiate montado nela, ainda por cima. O homenzinho lá atrás estava muito alegre e contente, e assobiava a musiquinha "Três alfaiates saíram pelo portão", como se carregar uma árvore fosse mera brincadeira de crianças.

Depois que o gigante arrastou o pesado fardo por um pedaço do caminho, não agüentou mais e gritou:

— Escuta, tenho que deixar a árvore cair no chão!

O alfaiate saltou ágil do galho, enlaçou-o com ambos os braços, como se o tivesse carregado o tempo todo, e disse ao gigante:

— És um sujeito tão grande, e nem és capaz de carregar a árvore!

Eles continuaram o caminho juntos, e quando passavam por uma cerejeira, o gigante agarrou a fronde da árvore onde estavam os frutos maduros, inclinou-a para baixo, deu-os na mão do alfaiate e deixou-o comer. O alfaiatezinho, porém, era fraco demais para segurar a árvore, e quando o gigante a soltou, a árvore se aprumou e o alfaiate foi projetado para os ares. Quando ele caiu ao chão sem se machucar, o gigante falou:

— O que foi isso? Então não tens forças para segurar um frágil galho?

— Força é o que não me falta, — respondeu o alfaiate; — pensas então que isso é problema para quem acertou sete de um golpe só? Eu fiz foi pular por cima da árvore, porque os caçadores estão dando tiros, lá embaixo entre os arbustos. Dá um pulo destes, se fores capaz!

O gigante tentou, mas não conseguiu saltar por cima da árvore; ficou pendurado entre os galhos, de modo que o alfaiatezinho levou a melhor também aqui.

O gigante falou:

— Se tu és um sujeito tão valente, vem comigo para a nossa caverna e passa a noite conosco.

O alfaiate estava disposto e seguiu o gigante.

Quando eles chegaram à caverna, lá estavam outros gigantes sentados junto ao fogo, e cada um tinha um carneiro assado na mão, que ia comendo. O alfaiatezinho olhou em volta e pensou: "Aqui é bem mais espaçoso que na minha oficina".

O gigante indicou-lhe uma cama e disse-lhe que deitasse ali e dormisse à vontade. Mas a cama era grande demais para o alfaiatezinho, e ele não se deitou nela, mas se meteu num cantinho.

Quando era meia-noite e o gigante pensou que o alfaiatezinho estivesse mergulhado em sono profundo, pegou uma grande barra de ferro e deu um só golpe que atravessou a cama, pensando que tinha dado cabo daquele gafanhoto.

De madrugada os gigantes saíram para a floresta, já esquecidos do alfaiatezinho. E eis que ele veio chegando, andando ao seu lado, alegre e contente da vida. Os gigantes assustaram-se, pensando que ele ia matá-los todos, e fugiram a bom correr.

O alfaiatezinho continuou o seu caminho, sempre seguindo o seu nariz pontudo. Depois de muito andar, ele chegou ao pátio de um palácio real, e como sentisse cansaço, deitou-se na grama e adormeceu. Enquanto dormia assim, chegaram os homens, examinaram o homenzinho por todos os lados e leram no cinto: "Sete de um golpe só".

— Oh, — disseram eles, — o que será que esse grande herói guerreiro está fazendo aqui no meio da paz? Deve ser um senhor poderoso.

Eles foram e informaram o rei, e disseram que, se estourasse uma guerra, aquele seria homem útil e importante, que não se podia deixar partir de maneira alguma. O rei gostou do conselho, e mandou um dos seus cortesãos para falar com o alfaiatezinho, quando ele acordasse, para oferecer-lhe entrar ao serviço do rei. O enviado ficou parado ao lado do dorminhoco, esperou que ele se espreguiçasse e abrisse os olhos, e transmitiu-lhe o seu recado.

— Foi por isso mesmo que eu vim aqui, — respondeu o alfaiate. — Estou pronto para entrar ao serviço do rei.

Então foi recebido com todas as honras, e ganhou moradia especial só para ele.

Os guerreiros, porém, ficaram com ciúmes do alfaiatezinho, e queriam vê-lo a mil milhas de distância.

— O que será de nós, — disseram eles entre si, — se nos desentendermos com ele? Se ele nos atacar, cairemos sete a cada golpe! Nós não podemos enfrentar isso.

Então tomaram uma decisão, dirigiram-se todos juntos ao rei e pediram demissão.

— Não estamos dispostos, — disseram eles — a servir ao lado de um homem que abate sete de um golpe só.

O rei ficou triste por perder todos os seus fiéis servidores por causa de um só; desejou que seus olhos nunca o tivessem visto, e gostaria de ver-se livre dele. Mas não ousava despedi-lo, pois temia que ele o matasse junto com a sua gente e se sentasse no seu trono. O rei pensou e ponderou muito tempo, e finalmente encontrou uma solução. Mandou enviados ao alfaiatezinho para dizer-lhe que, já que ele era tão grande herói, o rei queria fazer-lhe uma oferta. Numa floresta da sua propriedade viviam dois gigantes que causavam grandes prejuízos com seus assaltos, roubos, incêndios e assassínios. Ninguém conseguia aproximar-se deles sem correr perigo de vida. Se ele derrotasse e matasse aqueles dois gigantes, ganharia em recompensa a mão da filha única do rei e metade do reino como dote; e que cem cavaleiros o acompanhariam para lhe prestar ajuda.

"Está aí uma coisa boa para um homem como eu", — pensou o alfaiatezinho, — "uma bela princesa e metade de um reino

não são coisas que se ofereçam todos os dias".

— Está bem, — mandou ele dizer em resposta, — vou domar os gigantes e nem preciso dos cem cavaleiros; quem acerta sete, de um golpe só, não precisa ter medo de dois.

O alfaiatezinho partiu e os cem cavaleiros seguiram-no. Quando ele chegou à beira da floresta, disse aos acompanhantes:

— Fiquem por aqui; com os gigantes eu me arranjo sozinho.

E o alfaiate saltou para dentro da floresta e olhou em volta, à direita e à esquerda. Logo viu os dois gigantes: estavam deitados sob uma árvore, dormindo e roncando tanto que até os galhos balançavam.

Sem hesitar, o alfaiatezinho encheu ambos os bolsos de pedras e subiu na árvore. Chegando ao meio, arrastou-se por um galho, até ficar bem por cima dos dorminhocos, e começou a jogar as pedras, uma atrás da outra, sobre o peito de um dos gigantes. O gigante ficou muito tempo sem sentir nada, mas por fim acordou, deu um empurrão no companheiro e disse:

— Por que estás me batendo?

— Estás sonhando, — disse o outro; — eu não estou te batendo.

Eles adormeceram de novo, e então o alfaiate deixou cair uma pedra sobre o segundo.

— O que é isso? — gritou o outro. — Por que me apedrejas?

— Não estou te apedrejando, — disse o outro, e rosnou.

Eles discutiram um pouco, mas como estavam cansados, deixaram por isso mesmo; seus olhos se fecharam de novo. O alfaiatezinho recomeçou o seu jogo, escolheu a pedra maior e atirou-a com todas as forças no peito do primeiro gigante.

— Isto já é demais! — gritou este, pondo-se de pé como demente, e empurrou o companheiro contra a árvore, que até estremeceu. O outro pagou-lhe na mesma moeda, e eles ficaram tão enfurecidos, que arrancaram árvores inteiras para baterem um no outro, e tanto bateram

até que ambos caíram mortos ao mesmo tempo.

Então o alfaiatezinho pulou da árvore:

— Sorte que eles não arrancaram a árvore onde eu estava, senão eu teria de pular para outra, como esquilinho!

E o alfaiate puxou sua espada e desferiu algumas vigorosas estocadas no peito de cada um dos gigantes. Aí ele voltou para os cavaleiros e disse:

— O trabalho está feito, dei cabo de ambos. Mas foi duro, no seu desespero eles arrancaram árvores inteiras para se defenderem. Mas tudo isso não adianta quando aparece um como eu, que mata sete de um golpe só.

— E o senhor não está ferido? — perguntaram os cavaleiros.

— Isto ninguém consegue tão facilmente, — respondeu o alfaiate. — Eles não me entortaram nem um fio de cabelo.

Os cavaleiros não queriam acreditar e cavalgaram para dentro da floresta. Lá encontraram os dois gigantes caídos no seu próprio sangue, e com as árvores arrancadas espalhadas em volta.

O alfaiatezinho exigiu do rei a recompensa prometida. Mas este se arrependeu da promessa e ficou pensando de novo em como se livrar daquele herói.

— Antes de receberes a minha filha e metade do reino, — disse-lhe ele, — terás de executar outro ato heróico. Na floresta vive um unicórnio que causa grandes estragos. Terás de prendê-lo.

— Tenho ainda menos medo de um unicórnio do que de dois gigantes. Sete de um golpe só, é o meu lema!

O alfaiate pegou corda e machado, foi para a floresta, e ordenou novamente aos homens que o acompanhavam que esperassem do lado de fora. Não precisou procurar muito tempo. O unicórnio apareceu logo e investiu direto sobre o alfaiate, como se quisesse devorá-lo sem mais delongas.

— Calma, calma, — disse ele, — a coisa não vai tão depressa.

Parou e esperou que a fera se aproximasse bastante. Aí ele pulou para trás de uma árvore. O unicórnio arremessou-se com toda a força contra a árvore, e espetou o seu chifre no tronco com tanta fúria que não teve mais forças para arrancá-lo, e assim ele ficou preso.

— Agora eu tenho o bicho, — disse o alfaiate. Saiu de trás da árvore, amarrou-lhe primeiro a corda no pescoço, depois, com a machadinha, soltou o chifre do tronco, e quando tudo estava em ordem, levou a fera à presença do rei.

O rei não queria entregar-lhe a recompensa prometida, e fez uma terceira exigência. Antes do casamento, o alfaiate deveria caçar e trazer-lhe um perigoso javali que causava grandes estragos na floresta; os caçadores deveriam ajudá-lo.

— De bom grado, — disse o alfaiate. — Isto é brincadeira de criança!

Ele não levou os caçadores consigo para a floresta, e eles ficaram bem contentes, porque o javali mais de uma vez já os tinha recebido de um jeito que lhes tirou a vontade de persegui-lo.

Quando o javali viu o alfaiate, partiu de bocarra espumante e dentes arreganhados para cima dele, querendo derrubá-lo ao chão. O ágil herói, porém, pulou para dentro de uma capela que ficava na proximidade, e saiu de um pulo pela janela do fundo. O javali precipitou-se em seu encalço, mas ele deu a volta correndo e bateu a porta atrás do animal. Assim a fera ficou presa, porque era muito pesada e desajeitada para pular pela janela.

O alfaiatezinho chamou os caçadores, para que vissem com os próprios olhos a caça aprisionada. Mas o herói foi à presença do rei, que agora, querendo ou não, teve de cumprir sua promessa e entregar-lhe a filha e metade do reino. Se soubesse que não era guerreiro, mas mero alfaiatezinho que estava diante dele, ficaria ainda mais aborrecido.

O casamento se realizou com muita pompa e pouca alegria, transformando um alfaiate em rei.

Algum tempo depois, a jovem rainha ouviu o seu esposo falar dormindo: "Aprendiz, acaba-me o

gibão e remenda-me a calça, ou te darei com a régua na orelha!"

E aí ela percebeu em que lugar nascera o jovem senhor. Na manhã seguinte, ela queixou-se ao rei da sua desgraça e pediu-lhe que a ajudasse a se livrar do marido, que não era mais que mero alfaiate.

O rei consolou-a e lhe disse:

— Esta noite, deixa a porta do teu quarto aberta; meus criados estarão do lado de fora e, quando ele estiver adormecido, eles entrarão e o levarão amarrado para um navio que o levará para o vasto mundo.

A mulher concordou com o plano. Mas o escudeiro do rei, que ouvira tudo, gostava do jovem soberano e informou-o de tudo.

— Vou dar um jeito nesta coisa, — disse o alfaiatezinho.

À noite ele se deitou na cama com a sua esposa na hora de sempre, e quando ela pensou que ele estava dormindo, levantou-se e abriu a porta. O alfaiate, que só fingia estar dormindo, começou a gritar em voz sonora:

— Aprendiz, termina-me o gibão e remenda-me a calça, senão te darei com a régua na orelha! Eu acertei sete de um golpe só, matei dois gigantes, levei embora um unicórnio e prendi um javali selvagem, não serei eu que terei medo dos tais que estão atrás da porta!

Quando esses ouviram o alfaiate falar essas coisas, foram tomados de grande medo. Fugiram correndo como se perseguidos por um exército selvagem, e nenhum quis mais aproximar-se dele.

E assim o alfaiatezinho ficou sendo rei por toda a vida.

DONA ÔLA

Uma viúva tinha duas filhas, das quais uma era bela e diligente, a outra feia e preguiçosa. Mas ela gostava muito mais da feia e preguiçosa, porque era a sua própria filha, e a outra tinha de fazer todo o trabalho e ser a criada da casa. A pobre moça era obrigada a ir todos os dias para a rua, sentar-se na beira de um poço e fiar até que seus dedos sangrassem.

Aconteceu, certo dia, que a bobina ficou toda ensangüentada, e por isso ela se debruçou sobre o poço para lavá-la, quando a bobina lhe escapou da mão e caiu dentro do poço. A moça correu chorando para a madrasta e contou-lhe a sua desgraça. Esta, porém, lhe passou uma descompostura tão violenta, e foi tão impiedosa, que disse:

— Se deixaste a bobina cair no poço, agora vai e traze-a de volta!

A pobre moça voltou pa-

ra o poço, sem saber o que fazer. E, na sua grande aflição, pulou para dentro, para buscar a bobina. Ela perdeu os sentidos, e quando acordou e voltou a si, viu-se num lindo campo inundado de sol e coberto de flores. A moça foi andando por esse campo, até chegar a um forno que estava cheio de pão. E o pão gritava: — Ai, tira-me, tira-me, senão eu queimo; já estou assado há muito tempo. Então ela se aproximou e com a pá tirou todos os filões de dentro do forno.

Continuou o caminho, e chegou a uma árvore que estava coberta de maçãs, que gritou: — Ai, sacode-me, sacode-me, nós, maçãs, já estamos todas maduras. Então ela sacudiu a árvore até as maçãs caírem como chuva, e não ficou nenhuma lá em cima. E, depois de arrumar todas num monte, continuou seu caminho.

Finalmente, ela chegou até uma casa pequenina, da qual espiava uma velha; mas como ela tinha dentes muito grandes, a moça ficou com medo e quis fugir. Mas a velha gritou-lhe ao encalço:

— De que tens medo, minha filha? Fica comigo. Se fizeres os trabalhos de casa direito, estarás muito bem. Só precisas prestar muita atenção ao arrumar a minha cama, sacudindo o acolchoado com vontade, até que as penas voem, então cai neve no mundo. Eu sou a Dona Ôla.

Como a velha lhe falava tão mansamente, a moça criou coragem e entrou a seu serviço. Ela cuidava de tudo a contento da velha, e sacudia o seu acolchoado com vontade, até que as penas voassem como flocos de neve. Por isso tinha uma vida boa junto dela, nenhuma palavra ríspida, e assados e guisados todos os dias.

Depois de ficar com a Dona Ôla durante algum tempo, a menina começou a entristecer-se.

E no começo, nem ela mesma sabia o que lhe faltava. Finalmente percebeu que sentia saudades; embora aqui ela passasse mil vezes melhor que em casa, mesmo assim ela tinha saudades do lar.

Finalmente ela disse à velha:

— A saudade me pegou, e mesmo que eu passe tão bem aqui embaixo, não posso mais continuar aqui. Tenho de subir e voltar para os meus.

A Dona Ôla disse:

— Agrada-me saber que tu queres voltar para casa, e como tu me serviste tão fielmente, eu mesma vou te levar para cima.

E ela tomou a moça pela mão e levou-a até um grande portão. O portão se abriu e, quando ela estava bem debaixo dele, caiu uma forte chuva de ouro, e todo o ouro ficou pendurado nela, de modo que ela ficou toda inteira coberta de ouro.

— Isto é para ti, porque foste tão diligente, — disse a Dona Ôla, e devolveu-lhe também a bobina que lhe caíra no poço. Então o portão se fechou e a moça se viu de novo na superfície da terra, não longe da casa da sua mãe; e quando ela chegou ao pátio, lá estava o galo pousado no poço, e gritou:

"Cocoricó, cocoriqui,
a donzela de ouro está aqui!"

Então a moça entrou em casa, e porque estava toda coberta de ouro, ela foi bem recebida pela madrasta e pela irmã.

A moça contou tudo o que lhe acontecera, e quando a mãe soube como ela chegara a tanta riqueza, quis arranjar a mesma sorte para a sua filha feia. Ela deveria sentar-se na beira do poço e fiar; e para que a bobina ficasse ensangüentada, ela picou o próprio dedo e meteu a mão no espinheiro. Então ela jogou a bobina no poço e pulou atrás dela.

Ela chegou, como a outra, no lindo campo e continuou a caminhar pela mesma picada. Quando chegou até o forno, o pão gritou de novo: — Ai, tira-me, tira-me, senão eu queimo, já estou assado há muito tempo. Mas a preguiçosa respondeu:

— Não tenho vontade de me sujar, — e foi embora.

Logo ela chegou até a macieira, que gritou: — Ai, sacode-me, sacodeme, nós, maçãs, já estamos todas maduras! Mas ela respondeu:

— Isso não, só me faltava que uma me caísse na cabeça! — e continuou o caminho.

Quando ela chegou à casa de Dona Ôla, não ficou com medo, porque já ouvira falar dos seus grandes dentes, e logo se engajou no serviço dela. No primeiro dia, ela foi diligente e obedeceu a Dona Ôla quando esta lhe dizia alguma coisa, porque pensava no rico dinheiro que a velha lhe daria. Mas já no segundo dia ela começou a preguiçar, e no terceiro, ainda mais; por fim ela nem queria se levantar de manhã. E também não arrumava a cama da Dona Ôla como devia, e não sacudia o acolchoado, até as penas voarem.

Aí a Dona Ôla cansouse dela e despediu-a do emprego. A preguiçosa ficou contente com isso e pensou que agora viria a chuva de ouro. A Dona Ôla levou-a também até o portão. Quando a moça preguiçosa ficou embaixo dele, em vez do ouro foi despejado um grande pote de piche em cima dela.

— Isto é a recompensa pelos teus serviços, — disse Dona Ôla e trancou o portão.

Então a preguiçosa voltou para casa, mas estava toda coberta de piche, e o galo cantou:

"Cocoricó, cocoriqui, / A donzela suja está aqui!"

Mas o piche ficou grudado nela e não queria sair, e não saiu por toda a sua vida.

OS MÚSICOS DA CIDADE DE BREMA

Um homem tinha um burro, que por muitos anos carregou contente os sacos para o moinho, mas cujas forças agora chegavam ao fim, de modo que o seu trabalho ia ficando cada vez pior. Então o dono pensou em doá-lo; mas o burro percebeu que os ventos não lhe eram favoráveis, fugiu e pôs-se a caminho da cidade de Brema: lá, pensava ele, poderia tornar-se músico municipal.'

Quando ele já cobrira um pedaço do caminho, encontrou um cachorro deitado ali, arfando como quem já tivesse corrido muito, e cansado de correr

— Por que estás tão esbaforido, Pegaí? — perguntou o burro.

— Ai, — disse o cão, — é porque estou velho e ficando cada dia mais fraco, e estou ruim também de caça, e por isso o meu dono quis me matar; daí eu pus sebo nas canelas. Mas como é que vou agora ganhar o meu sustento?

— Sabes de uma coisa, — disse o burro; — eu estou a caminho de Brema, para ser músico municipal ali; vem comigo e emprega-te também na música. Eu toco alaúde e tu bates timbales.

O cão estava de acordo e eles continuaram em frente. Não demorou muito, e viram um gato sentado à beira do caminho, com uma cara de três dias de chuva.

— O que foi que te saiu atravessado, Limpa-barbas velho? — perguntou o burro.

— Quem é que pode ficar alegre quando se trata do seu pescoço? — respondeu o gato; — só porque agora estou velho, meus dentes perderam as pontas e tenho mais vontade de ficar atrás do fogão, ronronando, do que de correr atrás dos ratos, a minha dona quis me afogar. É verdade que consegui fugir, mas agora preciso de um bom conselho: para onde eu posso ir?

— Vem conosco para Brema! Tu és entendido em música noturna, poderás ser músico municipal ali.

O gato achou a oferta boa e seguiu com eles. Logo os três fugitivos chegaram a um pátio, e lá sobre o portão estava o galo da casa, gritando com todas as forças.

— Gritas de varar os ossos da gente, — disse o burro, — o que tens em vista?

— Profetizei bom tempo, — retrucou o galo, — porque hoje é dia de Nossa Senhora, quando ela lava a camisa do Jesuscristinho, e quer secá-la. Mas como amanhã vêm visitas para o domingo, a dona da casa não teve dó e disse à cozinheira que quer me comer amanhã na sopa, e eu tenho de deixar que me cortem a cabeça hoje à noite. Então estou berrando a bom berrar, enquanto ainda posso.

— Nada disso, ó Crista-rubra, — disse o burro, — é melhor que venhas conosco: nós vamos para Brema. Coisa melhor que a morte encontrarás em qualquer lugar; tens uma boa voz, e se fizermos música juntos, as coisas se ajeitarão!

O galo gostou da idéia, e os quatro puseram-se a caminho, juntos.

Porém, não conseguindo chegar à cidade de Brema num só dia, eles resolveram pernoitar num bosque onde chegaram ao anoitecer. O burro e o cão deitaram-se debaixo de uma grande árvore, o gato e o galo acomodaram-se nos galhos, mas o galo voou até o galho mais alto, no cume, onde era mais seguro. Antes de adormecer, ele olhou mais uma vez para todos os pontos cardeais, e aí pareceu-lhe ver ao longe uma centelha brilhando, e gritou avisando os companheiros de que bem perto devia haver uma casa, porque ele vira uma luz.

Falou o burro:

— Então devemos nos levantar e ir até lá, porque aqui a hospedagem não é das melhores.

O cachorro opinou que um par de ossos com alguma carne presa neles também lhe fariam bem.

E eles partiram a caminho, na direção de onde vinha a luz, e logo viram-na clarear e brilhar mais, ficando cada vez maior, até que eles chegaram a uma bem iluminada casa de bandidos. O burro, sendo o maior, aproximou-se da janela e espiou para dentro.

— O que estás vendo, Pêlo-gris? — perguntou o galo.

— O que eu vejo? — respondeu o burro, — vejo uma mesa posta com boas comidas e bebidas, e os ladrões sentados em volta, regalando-se bem.

— Está aí uma coisa boa para nós! — disse o galo.

— Iiiá, iiá, se estivéssemos lá! — disse o burro.

Então os bichos começaram a se aconselhar sobre o que fazer para enxotar os bandidos dali, e finalmente encontraram um meio. O burro deveria colocar as patas dianteiras na janela, o cão pularia nas costas do burro, o gato subiria no cachorro, e por último o galo voaria e se encarapitaria na cabeça do gato.

Assim que isto foi feito, os quatro, a um sinal, começaram todos juntos a fazer a sua música: o burro zurrava, o cão latia, o gato miava e o galo cocoricava.

E aí eles se precipitaram para dentro da casa, estilhaçando as vidraças com grande alariado.

Com aquele berreiro infernal, os bandidos pularam para o ar de susto, pensando que era um fantasma que invadia a casa, e fugiram apavorados para dentro do mato.

E então os quatro companheiros sentaram-se à mesa, aproveitando tudo o que sobrara, e comeram como se tivessem de passar fome por quatro semanas.

Quando os quatro musicistas terminaram, apagaram a luz e procuraram um lugar para dormir, cada um segundo a sua natureza e conforto. O burro deitou-se sobre o esterco, o cão junto da porta, o gato no fogão, na cinza quentinha, e o galo pousou no poleiro das galinhas. E como estavam cansados da longa caminhada, os quatro adormeceram logo.

Quando passou da meia-noite e os bandidos viram de longe que não havia mais luz dentro da casa, e que tudo parecia estar calmo, o chefe disse:

— Não devíamos ter-nos deixado enxotar desse jeito, — e mandou um dos homens ir até lá e espiar a casa.

O enviado encontrou tudo em silêncio, entrou na cozinha para acender uma luz e, vendo os olhos do gato faiscando no escuro, pensou que fossem carvões em brasa e chegou-lhes um palito de fósforo para acendê-lo. Mas o gato não queria saber de brincadeiras, pulou-lhe na cara, mordendo e unhando. O homem levou um susto horrível e quis escapar pela porta dos fundos — mas o cão estava lá, pulou e mordeu-o na perna. E quando ele corria através do quintal, passou pelo esterco e o burro deu-lhe um valente coice com a pata traseira. E o galo, que acordara com o barulho e a gritaria, animou-se todo e gritou do poleiro: "cocoricó!".

Aí o bandido, pernas pra que te quero, correu de volta para o seu chefe e informou:

— Ai, lá dentro da casa está uma bruxa horrorosa; ela me bafejou e me arranhou a cara com os seus dedos compridos. E na frente da porta está um homem com uma faca, que me espetou na perna, e no quintal está um monstro negro que me golpeou com um cacete de pau, e lá em cima do telhado está um juiz, que gritou: "Tragam-me aqui o patife!" Aí eu tratei de me escafeder depressa!

Dali em diante os bandidos não se atreveram mais a voltar para casa. Mas os quatro músicos de Brema sentiram-se tão bem ali, que não quiseram sair mais.

RAPUNZEL

Era uma vez um homem e uma mulher, que há muito tempo desejavam em vão ter uma criança. Finalmente eles tiveram esperança de que o bom Deus atenderia o seu desejo. O casal tinha no fundo da casa uma janelinha, da qual se podia ver formoso jardim, cheio de flores e ervas — mas estava cercado por muro alto, e ninguém se atrevia a entrar, porque ele pertencia a uma feiticeira que tinha muito poder e era temida por todo mundo.

Certo dia estava a mulher diante dessa janela, olhando para o jardim, quando viu um canteiro cheio dos mais lindos raponços, que são plantas de salada. Estavam tão viçosos e verdes, que ela sentiu o maior desejo de comer daqueles raponços. O desejo foi aumentando todos os dias, e como ela sabia que não podia consegui-los, começou a emagrecer e ficou pálida e tristonha. Então o marido ficou assustado e perguntou:

— O que te falta, querida mulher?

— Ai, — respondeu ela, — se eu não puder comer aqueles raponços do jardim no fundo da nossa casa, eu vou morrer.

O homem, que amava a sua mulher, pensou: "Antes de deixar minha mulher morrer, vou buscar um pouco daqueles raponços, custe o que custar".

Ao entardecer, ele pulou o muro do jardim da feiticeira, arrancou com toda a pressa um punhado de raponços e levou-os à sua mulher. Imediatamente ela fez uma salada deles e comeu-os com a maior vontade. Mas a salada lhe foi tão deliciosa, que no dia seguinte ela ficou com três vezes mais desejo. Para ela ficar sossegada, o marido teria de ir para o jardim da feiticeira outra vez. Então, ao entardecer, lá foi ele de novo, mas quando desceu do outro lado do muro, levou um susto enorme, pois deu com a feiticeira parada na sua frente.

— Como te atreves, — disse ela com olhar raivoso, — a invadir o meu jardim, para roubar os meus raponços, como um ladrão? Vais te dar mal por causa disso!

— Ai, senhora, — respondeu ele, — use de compaixão em vez de justiça; eu só me decidi a isso por necessidade: minha mulher viu os seus raponços pela janela, e ficou com tanto desejo por eles, que ia morrer se não conseguisse comê-los.

Então a raiva da feiticeira amainou, e ela lhe disse:

— Se as coisas são como me dizes, eu te permitirei levar dos meus raponços, quantos quiseres. Só que com uma condição: terás de me dar a criança que o bom Deus vos dará. Ela passará bem, e eu cuidarei do pequenino ser como verdadeira mãe.

No seu medo, o homem prometeu tudo, e quando a criança nasceu, a feiticeira apareceu imediatamente, pôs na criança o nome de Rapunzel e levou-a embora consigo.

Rapunzel era a criança mais linda debaixo do sol. Quando ela fez doze anos, a feiticeira trancou-a numa torre, que ficava na floresta e não tinha escada nem porta, só lá em cima uma janela pequenina. Quando a feiticeira queria entrar, ficava embaixo da janela e gritava:

"Rapunzel, Rapunzel,
Solta o teu cabelo!"

Rapunzel tinha cabelos longos e maravilhosos, sedosos como ouro fino. E quando ela ouvia a voz da feiticeira, soltava as tranças, prendia-as num gancho da janela, e deixava-as cair de vinte côvados de altura, e a feiticeira subia por elas.

Alguns anos depois aconteceu que o filho do rei, cavalgando pela floresta, passou pela torre e ouviu um canto que era tão lindo, que ele

parou e ficou escutando. Era Rapunzel, que na sua solidão passava o tempo deixando soar a sua doce voz. O príncipe queria subir até ela, e procurou uma porta da torre, mas não encontrou nenhuma. Voltou para casa, mas o canto lhe tocara tão fundo o coração que ele ia todos os dias para a floresta, para ouvilo: Quando ele estava um dia assim parado atrás de uma árvore, viu chegar uma mulher, e ouviu-a gritar para cima:

"Rapunzel, Rapunzel,
Solta o teu cabelo!"

Então Rapunzel deixou cair suas tranças e a mulher subiu por elas. O príncipe pensou: "Se é esta a escada pela qual se sobe lá, então eu também quero tentar a minha sorte".

E no dia seguinte, quando começou a escurecer, ele foi até a torre e gritou:

"Rapunzel, Rapunzel,
Solta o teu cabelo!"

Imediatamente as tranças caíram e o filho do rei subiu por elas.

No começo, Rapunzel assustou-se muito, vendo entrar um homem, como os seus olhos nunca haviam visto. Mas o príncipe começou a falar com ela muito delicadamente, e contoulhe que o seu coração fora tão tocado pelo seu canto,

que não mais lhe deu sossego e ele tinha de vir vê-la, ele mesmo.

Então Rapunzel perdeu o medo, e quando o príncipe lhe perguntou se ela o aceitaria para marido, e ela viu que ele era jovem e belo, pensou: "Este vai me amar mais do que a velha mulher", — disse "Sim", e pôs a sua mão na mão dele. E falou:

— Irei contigo de bom grado, mas não sei como poderei descer. Quando voltares aqui, traze sempre fios de seda, e eu tecerei uma escada com eles, e quando estiver pronta, descerei por ela e tu me levarás no teu cavalo.

Eles combinaram que ele viria visitá-la todos os dias ao anoitecer, porque durante o dia vinha a velha.

A feiticeira não percebeu nada, até que um dia Rapunzel perguntou: e disse:

— Dize-me, como é isso, que me é muito mais difícil e pesado puxarte para cima, do que o jovem filho do rei, que chega aqui num instante?

— Ó menina endiabrada, — gritou a feiticeira, — o que estou ouvindo! Pensei que te isolei do mundo inteiro, e tu me enganaste!

Na sua raiva, ela agarrou os lindos cabelos de Rapunzel, enrolou-os um par de vezes na sua mão esquerda, agarrou uma tesoura com a direita, e rique-raque, eles já estavam cortados, e as belas madeixas jaziam no chão.

E a velha foi tão impiedosa, que levou a pobre Rapunzel para um lugar solitário e deserto, onde ela teve de ficar vivendo em grande tristeza e desalento.

No mesmo dia em que exilou Rapunzel, a feiticeira prendeu as tranças cortadas no gancho da janela, e quando o príncipe chegou e gritou:

"Rapunzel, Rapunzel,
Solta os teus cabelos!"

ela deixou cair as tranças. O príncipe subiu, mas lá em cima ele não encontrou a sua amada Rapunzel, e sim a feiticeira, que o fitou com olhares raivosos e peçonhentos.

— Aha! — gritou ela, zombeteira, — vieste buscar a tua linda bem-amada? Mas o belo passarinho não está mais no ninho e não canta mais, o gato veio buscá-la e vai também arrancar os teus olhos com as suas garras. Para ti Rapunzel está perdida, nunca mais poderás enxergá-la.

Aí o príncipe ficou fora de si de dor e no seu desespero, atirou-se da torre. Ele escapou com vida, mas os espinhos nos quais ele caiu furaram-lhe os olhos. E então ele vagueava cego pela floresta, só comia raízes e frutas silvestres, e não fazia nada além de chorar e se lamentar pela perda da sua amada.

Assim ele andou errante durante alguns anos, na sua miséria, até que foi parar na região deserta onde Rapunzel vivia miseravelmente. Ele ouviu uma voz, que lhe pareceu conhecida. Dirigiu-se para lá, e quando se aproximou, Rapunzel reconheceu-o, caiu nos seus braços e chorou. Duas das suas lágrimas molharam os olhos do moço, e eles clarearam de novo, e ele voltou a ver com eles como dantes.

O príncipe levou-a para o seu reino, onde foi recebido com alegria e eles viveram felizes e contentes por muito tempo.

BRANCA DE NEVE

Era uma vez em pleno inverno, os flocos de neve caíam do céu como penas. Uma rainha estava sentada costurando, ao lado de uma janela que tinha esquadrias de negro ébano. E quando ela costurava assim, lançou um olhar para a neve e picou o dedo com a agulha, e três gotas de sangue pingaram na neve. E porque o vermelho do sangue na neve branca ficava tão bonito, ela pensou consigo: "Ah, se eu tivesse uma filha tão alva como a neve, tão rubra como o sangue e tão negra como a madeira da janela!"

Pouco tempo depois ela ganhou uma filhinha, que era tão branca como a neve, tão corada como o sangue e de cabelos tão negros como o ébano da janela, e por isso foi chamada Branca de Neve. E quando a criança nasceu, a rainha morreu.

Um ano depois, o rei tomou outra esposa. Era uma bela mulher, mas orgulhosa e arrogante e não suportava que alguém a superasse

em beleza. Ela possuía um espelho maravilhoso. Quando se punha na sua frente e se mirava nele, dizia:

''Espelho, espelho, fala e diz:
quem é a mais bela em todo o país?''

E o espelho respondia:

''Senhora Rainha, vós sois a mais bela''.

E ela ficava satisfeita, porque sabia que o espelho só falava a verdade.

Mas Branca de Neve ia crescendo e ficando cada vez mais bonita, e quando estava com sete anos de idade, já era tão linda como o dia claro e mais bela que a própria rainha. E quando um dia a rainha perguntou ao espelho:

''Espelho, espelho, fala e diz
quem é a mais bela em todo o país?''

o espelho respondeu:

''Senhora Rainha, sois muito linda,
mas Branca de Neve é mais bela ainda''.

Então a rainha levou um susto e ficou amarela e verde de inveja. E dessa hora em diante, seu coração se revirava no peito quando ela olhava para Branca de Neve, de tanto ódio que ela sentia pela menina. E a inveja e o orgulho cresciam como ervas daninhas no seu coração,

cada vez mais, e ela não tinha mais paz nem sossego, nem de dia nem de noite.

Então ela chamou o caçador e lhe disse:

— Leva a menina para o meio da floresta, não quero tê-la diante dos meus olhos. Tu deverás matá-la e trazer-me seu pulmão e seu fígado como provas.

O caçador obedeceu e levou a menina embora. Mas quando ele puxou o arcabuz e quis varar o inocente coração da Branca de Neve, ela começou a chorar e falou:

— Meu bom caçador, poupa a minha vida! Eu vou entrar na floresta selvagem e não voltarei nunca mais!

E como ela era tão linda, o caçador compadeceu-se e disse:

— Pois corre e foge, pobre criança.

"As feras selvagens te devorarão logo", pensou ele consigo mesmo, mas mesmo assim sentiu como se uma pedra lhe caísse do coração, porque não precisou matar a menina. E como naquele momento passasse por ali, pulando, um veadinho novo, ele o matou, tirou seu pulmão e seu fígado, e levou-os à rainha, como prova. O cozinheiro teve de assá-los com sal, e a malvada mulher comeu-os, pensando que comia o pulmão e o fígado de Branca de Neve.

Agora a pobre criança estava no meio da grande floresta, sozinha e desamparada, e tinha tanto medo, que olhava para todas as folhas nas árvores, sem saber o que fazer. E ela pôs-se a correr, e corria por entre espinheiros e sobre pedras pontiagudas, e as feras selvagens passavam por ela, mas não lhe faziam mal nenhum. Ela correu enquanto seus pés agüentaram, até que começou a entardecer. Aí ela viu uma casinha pequenina, e entrou, para descansar.

Na casinha era tudo pequeno, mas tão gracioso e limpinho que nem dá para contar. Lá estava uma mesinha coberta de branco, com sete pequenos pratos, cada pratinho com a sua colherzinha, e também sete faquinhas e sete garfinhos, e ainda sete tacinhas. Junto à parede estavam sete caminhas, uma ao lado da outra, forradas com lençóis alvos como a neve. E porque Branca de Neve estava com tanta fome e sede, comeu de cada pratinho um pouco de verduras e pão, e bebeu de cada tacinha uma gota de vinho — porque não queria tirar tudo de um só. Depois deitou-se, porque estava tão cansada, numa das caminhas, mas nenhuma serviu, uma era pequena demais, outra comprida demais, até que por fim a sétima ficou boa. E nesta ela ficou deitada, recomendou-se a Deus e adormeceu.

Quando ficou escuro de todo, chegaram os donos da casinha. Eram os sete anões que faziam mineração na montanha. Eles acenderam as suas sete velinhas, e quando a casinha ficou iluminada, perceberam que alguém estivera por ali, porque não estava tudo na perfeita ordem em que eles a deixaram.

O primeiro disse: — Quem sentou-se na minha cadeirinha?

O segundo: — Quem comeu do meu pratinho?

O terceiro: — Quem mordeu o meu pãozinho?

O quarto: — Quem comeu da minha verdurinha?

O quinto: — Quem espetou com o meu garfinho?

O sexto: — Quem bebeu da minha tacinha?

E aí o sétimo olhou em volta e reparou que na sua cama havia um pequeno afundado, e ele disse: — Quem usou a minha caminha?

Os outros vieram correndo e gritaram:

— Na minha também alguém esteve deitado.

Mas quando o sétimo olhou para a sua cama, viu Branca de Neve deitada ali, dormindo. Então ele chamou os outros, que chegaram correndo, gritando de espanto, pegaram as suas sete velinhas e iluminaram Branca de Neve.

— Ai, meu Deus! Ai, meu Deus! — gritaram eles, — que criança mais linda!

E ficaram tão contentes que não a acordaram, mas deixaram-na dormir sossegada. O sétimo, porém, dormiu com os seus companheiros, uma hora com cada um, e aí a noite passou.

Quando amanheceu, Branca de Neve acordou, e tomou um susto quando viu os sete anões. Mas eles foram gentis e perguntaram:

— Como te chamas?

— Eu me chamo Branca de Neve, — respondeu ela.

— E como vieste parar na nossa casa? — continuaram os anões.

Então ela contou-lhes que a sua madrasta mandou matá-la; mas que o caçador poupara-lhe a vida, e aí ela correra o dia inteiro, até encontrar aquela casinha.

Os anões disseram:

— Se quiseres cuidar da nossa casa, cozinhar, arrumar as camas, lavar, costurar e tricotar, e manter tudo limpo e em ordem, poderás ficar conosco, e não te faltará nada.

— Sim, — disse Branca de Neve, — de todo o coração; — e ficou com eles.

Ela mantinha-lhes a casa em ordem. De manhã os anões saíam para as montanhas e procuravam minérios e ouro, voltavam ao anoitecer, e a comida devia estar pronta para eles. O dia inteiro a menina ficava sozinha. E os bondosos anõezinhos a advertiam e diziam:

— Cuidado com a tua madrasta, ela saberá logo que estás aqui. Não deixes ninguém entrar!

A rainha porém, que acreditava ter comido o pulmão e o fígado de Branca de Neve, pensou que era de novo a mais bela, foi ao seu espelho e disse:

"Espelho, espelho, fala e diz:
Quem é a mais bela em todo o país?"

E o espelho respondeu:

"Senhora rainha, sois muito linda,
Mas Branca de Neve, lá na casinha
Dos sete bondosos anõezinhos
É muito e muito mais bela ainda".

Aí ela ficou assustada, porque sabia que o espelho não mentia, e percebeu que o caçador a enganara e que Branca de Neve continuava viva. E aí ela pensou em como acabar com a vida da menina; porque enquanto ela não fosse a mais bela de todo o reino, a inveja não lhe daria paz nem sossego.

Quando finalmente ela inventou alguma coisa, pintou o rosto, vestiu-se como uma velha vendedora ambulante, e ficou completamente irreconhecível. Neste disfarce ela foi por cima das sete montanhas até a casa dos sete anões, bateu na porta e gritou:

— Boas mercadorias à venda!

Branca de Neve espiou pela janela e falou:

— Bom dia, boa mulher, o que tens para vender?

— Mercadoria boa, bonita mercadoria, — respondeu ela, — corpetes de todas as cores, — e mostrou um, todo tecido de seda multicor.

"Esta honesta mulher eu posso deixar entrar", pensou Branca de Neve; destrancou a porta e comprou o bonito corpete.

— Menina, como estás mal arrumada! Vem, eu te arrumo direito.

Branca de Neve, que não desconfiava de nada, colocou-se na frente da mulher e deixou que ela lhe apertasse o corpete novo. Mas a velha apertou-o depressa, e apertou-o com tanta força, que Branca de Neve ficou sem respiração e caiu como morta.

— Agora já foste a mais bela, — disse a rainha malvada, e saiu às pressas.

Pouco depois, na hora do anoitecer, os sete anões voltaram para casa. Mas como se assustaram, quando viram a sua querida Branca de Neve caída no chão, sem se mexer, como se estivesse morta! Ergueram-na do chão, e quando viram que ela estava apertada demais no corpete, cortaram-no depressa. Aí ela começou a respirar devagarinho, e pouco a pouco voltou a si e reviveu.

Quando os anões souberam o que tinha acontecido, disseram:

— A velha vendedora não era outra senão a malvada rainha. Toma cuidado e não deixes pessoa alguma entrar quando nós não estamos contigo!

Mas a malvada mulher, assim que chegou em casa, postou-se na frente do espelho e perguntou:

"Espelho, espelho, fala e diz:
Quem é a mais bela em todo o país?"

E ele respondeu como antes:

"Senhora rainha, sois muito linda,
Mas Branca de Neve, lá na casinha
Dos sete bondosos anõezinhos,
É muito e muito mais bela ainda".

Quando ela ouviu isso, o sangue ferveu-lhe no coração, de susto, porque sabia agora que Branca de Neve estava viva outra vez.

— Mas agora, — disse ela, — vou inventar uma coisa que dará cabo de ti.

E com artes de feitiçaria, que conhecia bem, a rainha fez um pente envenenado. E então se disfarçou, assumindo o aspecto de outra mulher velha e foi assim, por cima dos sete montes, para a casa dos sete anões; bateu na porta e gritou:

— Boas mercadorias à venda!

Branca de Neve espiou para fora e disse:

— Passe adiante, eu não posso deixar ninguém entrar.

— Mas só olhar te é permitido, decerto, — disse a velha; tirou o pente envenenado e levantou-o para o alto. A menina gostou tanto dele que se deixou enganar e abriu a porta.

E quando elas acertaram a compra, a velha disse:

— Agora eu vou te pentear direitinho.

A pobre Branca de Neve não pensou em nada e deixou a velha penteá-la. Mas nem bem ela pôs o pente nos seus cabelos, o veneno agiu e a moça caiu sem sentidos.

— Pronto, ó modelo de beleza, — resmungou a velha malvada, — agora chegou o teu fim; e foi embora.

Por sorte anoiteceu logo, e os sete anõezinhos voltaram para casa. Quando viram Branca de Neve caída no chão, como morta, desconfiaram logo da madrasta, procuraram e encontraram o pente envenenado. E assim que eles o tiraram, Branca de Neve voltou a si e contou

o que acontecera. Então eles a advertiram de novo, para que tivesse cuidado e não abrisse a porta para ninguém.

A rainha, em casa, foi para o espelho e disse:

"Espelho, espelho, fala e diz:
Quem é a mais bela em todo o país?"

E ele respondeu como antes:

"Senhora rainha, sois muito linda,
Mas Branca de Neve, lá na casinha
Dos sete bondosos anõezinhos
É mil vezes mais bela ainda".

Quando ela ouviu a fala do espelho, tremeu de raiva e de ódio.

— Branca de Neve tem de morrer! — gritou ela, — ainda que isto me custe a própria vida!

E fechou-se num quarto secreto e solitário, onde ninguém entrava, e preparou uma maçã venenosa. Por fora era uma fruta bonita, branca, de bochechas vermelhas, de dar água na boca de quem a visse; mas quem comesse um pedaço dela, tinha de morrer.

Quando a maçã ficou pronta, a rainha pintou o rosto e se disfarçou em camponesa. E assim ela foi e passou os sete montes até a casa dos sete anões. Bateu na porta; Branca de Neve pôs a cabeça para fora da janela e disse:

— Eu não posso deixar ninguém entrar, os sete anões me proibiram.

— Para mim está bem, — respondeu a camponesa, — vou acabar me livrando das minhas maçãs! Aqui, quero dar-te uma de presente.

— Não, — disse Branca de Neve, — não posso aceitar nada.

— Tens medo de veneno? — disse a velha; — olha, vou cortar a maçã em duas metades: tu comerás a bochecha vermelha, e eu, a branca.

Mas a maçã fora preparada com tanta arte, que só o lado vermelho estava envenenado.

Branca de Neve olhou para a linda maçã, e quando viu que a camponesa comia dela, não conseguiu resistir mais, estendeu a mão e pegou a metade venenosa. Mas mal ela mordeu o primeiro bocado, caiu no chão, morta. A rainha examinou a mocinha com olhos cruéis, soltou uma gargalhada e zombou:

— Branca como a neve, rubra como o sangue, negra como o ébano! Desta vez os anões não poderão te acordar.

E quando em casa ela perguntou ao espelho:

"Espelho, espelho, fala e diz:
Quem é a mais bela em todo o país?"

o espelho finalmente respondeu:

"Senhora rainha, vós sois a mais bela".

E então seu invejoso coração sossegou, o quanto um coração invejoso pode sossegar.

Quando os anõezinhos chegaram em casa ao anoitecer, encontraram Branca de Neve caída no chão, e não saía alento nenhum da sua boca, porque ela estava morta. Eles a levantaram, procuraram ver se encontravam alguma coisa venenosa, soltaram seu corpete, pentearam seus cabelos, lavaram-na com água e vinho, mas nada adiantou; a querida menina estava morta e continuou morta.

Eles colocaram-na sobre uma maca e sentaram-se ao lado dela e lamentaram-na e choraram durante três dias. Então quiseram enterrá-la, mas ela ainda parecia tão viçosa como uma pessoa viva, e tinha ainda as faces coradas. E eles disseram:

— Não podemos sepultar a menina na terra escura.

E mandaram fazer um caixão de vidro transparente, para se poder ver a menina de todos os lados, colocaram-na dentro e escreveram o seu nome nele, com letras de ouro, e que ela era uma princesa. Um deles ficava sempre a seu lado, montando guarda ao esquife. E os animais também vieram e choraram por Branca de Neve, primeiro uma coruja, depois um corvo e por fim uma rolinha.

E Branca de Neve ficou muito, muito tempo naquele caixão, e não deteriorou, mas parecia estar dormindo; porque ela continuava branca como a neve, rubra como o sangue e de cabelos negros como ébano.

Aconteceu que um dia um príncipe passeava pela floresta e chegou à casa dos anões, para ali passar a noite. Ele viu o caixão no monte, e dentro a bela Branca de Neve, e leu o que lá estava escrito em letras de ouro. Então ele disse aos anões:

— Entreguem-me o caixão, eu lhes darei o que quiserem por ele.

Mas os anões responderam:

— Não o entregaremos nem por todo o ouro do mundo!

Aí ele disse:

— Então dêem-me o caixão de presente, porque eu não posso viver sem ver Branca de Neve! Eu a respeitarei e amarei como o meu bem mais precioso.

E quando ele falou assim, os bons anões sentiram pena dele e deram-lhe o caixão. E o príncipe mandou que seus servos o levassem nos ombros. Aí aconteceu que eles tropeçaram numa raiz, e com a sacudidela, o pedaço de maçã envenenada que Branca de Neve mordera saltou da sua garganta. Logo depois ela abriu os olhos, levantou a tampa do caixão, sentou-se e ficou viva de novo.

— Ai, meu Deus, onde é que eu estou? — exclamou ela.

O príncipe falou, cheio de alegria:

— Tu estás comigo, — e contou o que tinha acontecido. E disse:

— Eu te amo mais que tudo no mundo; vem comigo para o castelo do meu pai, para seres minha esposa.

E Branca de Neve ficou feliz e foi com ele, e o seu casamento foi celebrado com grande pompa e riqueza.

Mas para a festa também foi convidada a malvada madrasta de Branca de Neve. E assim que ela se vestiu com seus lindos trajes, foi para o espelho e disse:

"Espelho, espelho, fala e diz:
Quem é a mais bela deste país?"

E o espelho respondeu:

"Senhora rainha, sois muito linda,
Mas a jovem rainha é muito mais bela ainda".

Então a malvada mulher soltou uma praga, e ficou com tanto medo que não conseguia se conter. Primeiro ela não quis ir à festa de casamento; mas ela não tinha sossego, teve de ir para ver a jovem rainha. E quando ela entrou no salão, reconheceu Branca de Neve, e de susto e medo, ficou lá parada sem poder se mover.

Mas lá já estavam preparadas para ela pantufas de ferro sobre carvões acesos, e elas foram trazidas com tenazes e colocadas diante da malvada mulher. Então ela teve de calçar as pantufas rubras em brasa, e dançar até cair morta no chão.

MESINHA-TE-ARRUMA, BURRO DE OURO E PULA-PORRETE

Era uma vez, há muito tempo, um alfaiate que tinha três filhos e uma única cabra. Mas como a cabra os sustentava todos com o seu leite, tinha de ser bem alimentada e levada para o campo todos os dias. Os filhos faziam isso, um de cada vez. Um dia, o mais velho levou-a ao cemitério, onde cresciam as melhores ervas, e deixou-a comer e pular por ali.

Ao anoitecer, na hora de voltar para casa, ele perguntou:

— Cabra, estás bem saciada?

E a cabra respondeu:

> "Estou tão farta e saciada,
> nem quero comer mais nada, mé, mé!"

— Então vamos para casa, — disse o rapaz; pegou-a pela corda, levou-a para o curral e amarrou-a lá.

— Então — disse o velho alfaiate, — a cabra recebeu o alimento devido?

— Sim, — respondeu o filho, — ela ficou tão farta e saciada que nem quis comer mais nada.

Mas o pai queria certificar-se ele mesmo, fez um agrado no querido animal e perguntou:

— Cabra, estás bem saciada?

A cabra respondeu:

> "Como posso estar saciada
> se não pude comer nada,
> só saltei o riachinho,
> sem achar um capinzinho, mé, mé!"

— O que estou ouvindo! — gritou o alfaiate; saiu correndo e disse ao moço: — Ó mentiroso, disseste que a cabra estava saciada, quando a deixaste passar fome! — E na sua raiva, tirou da parede o côvado e enxotou o filho de casa a pancadas.

No dia seguinte foi a vez do segundo filho, que escolheu um lugar junto à cerca do jardim, onde cresciam muitas ervas boas, e a cabra comeu-as todas. E ao anoitecer, à hora de ir para casa, ele perguntou:

— Cabra, estás bem saciada?

E a cabra respondeu:

> "Estou tão farta e saciada,
> nem quero comer mais nada, mé, mé!"

— Então vem para casa, — falou o moço; levou-a para casa e amarrou-a no curral.

— Então — disse o velho alfaiate, — a cabra recebeu o alimento devido?

— Sim, — respondeu o filho, — ela ficou tão farta e saciada que nem quis comer mais nada.

O alfaiate não quis confiar nisso; foi para o curral e perguntou:

— Cabra, estás bem saciada?

E a cabra respondeu:

> "Como posso estar saciada
> se não pude comer nada,

só saltei o riachinho
sem achar um capinzinho, mé, mé!''

— Mas que patife malvado! — gritou o alfaiate, — deixar um bom animal como este passar fome! — E ele correu com o côvado e expulsou o filho de casa a pancadas.

Chegou a vez do terceiro filho. Este queria cumprir bem a sua tarefa; escolheu arbustos com a melhor folhagem e deixou a cabra comendo deles. Ao anoitecer, quando já ia para casa, ele perguntou:

— Cabra, estás bem saciada?

A cabra respondeu:

''Estou tão farta e saciada,
nem quero comer mais nada, mé, mé!''

— Então vem para casa, — disse o moço, e levou-a para o curral onde a amarrou.

— Então, — disse o velho alfaiate, — a cabra recebeu o alimento devido?

— Sim, — respondeu o filho, — ela ficou tão farta e saciada que nem quis comer mais nada.

O alfaiate não acreditou, desceu e perguntou:

— Cabra, estás bem saciada?

Mas o maldoso animal respondeu:

''Como posso estar saciada
se não pude comer nada,
só saltei o riachinho
sem achar um capinzinho, mé, mé!''

— Ó fementido enganador! — gritou o alfaiate, é cada qual tão mentiroso e irresponsável como o outro! Mas nunca mais me farão de tolo!

— E fora de si de raiva, ele correu para cima e, com o côvado, mimoseou tanto as costas do pobre rapaz, que ele fugiu de casa aos pulos.

Agora o velho alfaiate ficou sozinho com a sua cabra. Na manhã seguinte ele desceu ao curral, fez agrados na cabra e disse:

— Vem, meu querido bichinho, eu mesmo te levarei para o pasto.

Pegou-a pela corda e a levou para as cercas verdes e folhagens, e tudo o mais que as cabras gostam de comer: — Agora podes te fartar à vontade, — disse-lhe ele, e deixou-a pastando até o anoitecer. Então ele perguntou:

— Cabra, estás bem farta?

E a cabra respondeu:

"Estou tão farta e saciada,
nem quero comer mais nada!, mé, mé!"

— Então vem para casa, — disse o alfaiate; levou-a para o curral e amarrou-a. Quando ele já ia saindo, voltou-se mais uma vez e disse:

— Agora sim, estás bem farta e saciada!

Mas a cabra não fez melhor com ele do que com os outros e berrou:

"Como posso estar saciada
se não pude comer nada,
só saltei o riachinho
sem achar um capinzinho, mé, mé!"

Quando o alfaiate ouviu isso, parou e reconheceu que expulsara seus três filhos sem motivo.

— Espere aí! — gritou ele, — ó ingrata criatura! Exortar-te é muito pouco, vou deixar-te uma lembrança, para que nunca mais possas aparecer diante de honestos alfaiates!

E ele correu para cima, apressado, apanhou sua navalha de barbear, ensaboou a cabeça da cabra e raspou-a até ficar lisa como a palma da sua mão. E como o côvado fosse nobre demais, ele apanhou o chicote e deu-lhe tamanha surra que ela fugiu em grandes pulos.

E quando então o alfaiate ficou tão sozinho na sua casa, foi tomado de grande tristeza e bem gostaria de ter seus filhos de volta, mas ninguém sabia onde eles foram parar.

O mais velho foi ser aprendiz de marceneiro, com quem aprendeu contente e deligente, e quando o seu tempo venceu e chegou a hora de ele se pôr a caminho, o mestre deu-lhe de presente uma mesinha, que não tinha nada de especial no aspecto e era de madeira comum. Mas ela tinha uma boa qualidade. Quando era colocada num lugar e se lhe dizia: "Mesinha-te-arruma!", a boa mesinha de repente aparecia coberta com uma toalha limpa, e com um prato, faca e garfo ao lado, e travessas com assados e cozidos, quantos cabiam, e um grande copo de vinho tinto, faiscando de alegrar o coração.

O jovem aprendiz pensou consigo: "com isto tens o bastante para toda a vida", e partiu alegre pelo mundo, sem se importar se uma hospedaria era bem ou mal dirigida, ou se havia ou não alguma coisa nela. Quando lhe dava vontade, ele nem se hospedava de todo, mas tirava a sua mesinha das costas, no campo, no bosque, no pasto ou onde queria, colocava-a no chão e dizia: "arruma-te!" — e lá estava tudo o que seu coração desejava.

Finalmente, veio-lhe a idéia de voltar para a casa do pai: sua zanga já teria amainado, e com a mesinha-te-arruma ele o receberia de volta de bom grado.

A caminho de casa, ele chegou certa noite a uma hospedaria, que estava cheia de fregueses. Eles lhe deram as boas-vindas e o convidaram a sentar-se e a jantar com eles, senão lhe seria difícil encontrar ainda alguma comida.

— Não, — disse o marceneiro, — não quero tirar-vos da boca vossos poucos bocados, antes quero que sejais vós meus convidados.

Eles riram, pensando que ele mangava com eles. Mas ele colocou sua mesinha de madeira no meio do recinto e disse:

— "Mesinha-te-arruma!"

E no mesmo instante ela se cobriu de iguarias, tão boas como o dono não poderia arranjar, e o seu aroma subiu gostoso aos narizes dos comensais.

— Avançar, caros amigos! — disse o marceneiro, e quando os outros viram que era para valer, não se fizeram de rogados, aproximaram-se, puxaram as suas facas e avançaram com vontade. E o que mais os espantava era quando uma travessa se esvaziava, e imediatamente surgia outra cheia no seu lugar.

O estalajadeiro, parado num canto, observava tudo aquilo, sem saber o que dizer. Mas pensava consigo: "Um cozinheiro desses bem que te serviria na tua estalagem".

O marceneiro e seus companheiros regalaram-se e divertiram-se até tarde da noite. Finalmente, foram dormir, e o rapaz também foi para a cama e encostou sua mesinha de desejos na parede. Mas o estalajadeiro não conseguia parar de pensar. E veio-lhe à lembrança que no seu quarto de despejo havia uma mesinha velha, que tinha a mesma aparência. Então ele foi buscá-la bem de mansinho e trocou-a pela mesinha de desejos.

Na manhã seguinte, o marceneiro pagou pela noitada, pôs sua mesinha nas costas, sem pensar nem saber que estava levando uma falsa, e pôs-se a caminho. Chegou à casa do pai na hora do almoço, e foi recebido com grande alegria.

— Então, meu filho querido, o que foi que aprendeste? — perguntou-lhe o pai.

— Pai, eu me tornei marceneiro.

— Um bom ofício, — respondeu o velho. — Mas o que trouxeste da tua caminhada?

— Pai, a melhor coisa que eu trouxe é esta mesinha.

O alfaiate examinou-a de todos os lados e disse:

— Não fizeste nenhuma obra-prima, esta é uma mesinha velha e ruim.

— Mas é uma mesinha-te-arruma, — respondeu o filho. — Quando eu a ponho num lugar e mando que ela se arrume, imediatamente aparecem os melhores pratos em cima dela, e ainda um vinho de alegrar o coração. Convida agora todos os parentes e amigos, para que ve-

nham se regalar, porque a mesinha vai saciá-los todos.

Quando todos se reuniram, ele colocou a mesinha no meio da casa e disse: "Mesinha-te-arruma!" Mas a mesinha nem se mexeu e ficou tão vazia como todas as outras mesas que não entendem a língua. Então o pobre rapaz percebeu que a mesinha lhe fora trocada, e ficou envergonhado, porque estava ali como um mentiroso. Mas os parentes caçoaram dele e tiveram que voltar para casa sem ter comido ou bebido. O pai foi buscar seus tecidos para continuar a costurar, e o filho foi trabalhar na oficina de um mestre.

O segundo filho encontrara um moleiro e se engajara como aprendiz no moinho. Quando ele terminou o aprendizado, o mestre lhe disse:

— Porque te comportaste tão bem, eu te darei um burro de uma espécie fora do comum; ele não puxa carroça nem carrega sacos.

— De que serve ele então? — perguntou o jovem aprendiz.

— Ele cospe ouro, — respondeu o moleiro. — Se o colocares sobre uma toalha e disseres: "Briquelebrite", o bom animal cuspirá moedas de ouro, pela frente e por trás.

— Eis aqui uma coisa bem boa, — disse o aprendiz; agradeceu ao mestre e pôs-se a caminho pelo mundo. Quando precisava de dinhei-

ro, bastava-lhe dizer "Briquelebrite" ao seu burro, que choviam as moedas de ouro, e ele só tinha o trabalho de recolhê-las do chão. Onde quer que ele chegasse, só o melhor lhe servia, e quanto mais caro, tanto melhor, pois sempre tinha a bolsa cheia.

Depois de andar pelo mundo durante algum tempo, ele pensou: "Está na hora de rever o teu pai. Quando chegares com o burro de ouro, ele esquecerá a sua zanga e te receberá bem".

Quis o acaso que ele fosse parar na mesma estalagem onde fora substituída a mesinha do seu irmão. Ele trazia o seu burro pelo arreio, e o estalajadeiro quis pegar o bicho e amarrá-lo. Mas o jovem aprendiz falou:

— Não se incomode, o meu Pêlo-gris eu mesmo levo à estrebaria e eu mesmo o amarro, porque preciso saber onde ele vai ficar.

O estalajadeiro estranhou isso, e pensou que alguém que tinha de tratar seu burro com suas próprias mãos não teria muito para gastar. Mas quando o estranho meteu a mão no bolso, tirou duas moedas de ouro e lhe disse que fosse comprar alguma coisa boa para ele, o estalajadeiro arregalou os olhos e saiu correndo à procura do que havia de melhor. Após a refeição, o hóspede perguntou o que devia. O dono da estalagem quis cobrar-lhe o preço dobrado, e disse que precisava de mais duas moedas de ouro. O aprendiz meteu a mão no bolso, mas o seu dinheiro tinha acabado.

— Espera um momento, senhor, — disse ele, — eu vou sair e buscar o ouro. — Mas ele pegou e levou a toalha de mesa consigo.

O estalajadeiro não sabia o que significava aquilo, ficou curioso, seguiu-o sorrateiramente, e quando viu que ele trancava a porta da estrebaria, ficou espiando por um furo na madeira.

O estranho estendeu a toalha debaixo do burro, disse "Briquelebrite" e imediatamente o animal começou a cuspir moedas de ouro, que caíam no chão como uma verdadeira chuva.

— Que milheiro! — disse o estalajadeiro — aqui os ducados já vêm cunhados! Não me viria mal um saco de dinheiro como este!

O hóspede pagou o que devia e foi dormir. Mas o estalajadeiro esgueirou-se durante a noite para a estrebaria, levou o burro de ouro embora e deixou outro amarrado no seu lugar. Na manhã seguinte, o aprendiz partiu com o burro, pensando que estava levando o seu burro de ouro. Ao meio-dia ele chegou à casa do pai, que ficou contente de revê-lo e o recebeu de bom grado.

— O que aprendeste a ser, meu filho? — perguntou o velho.

— Moleiro, meu caro pai, — respondeu ele.

— E o que trouxeste da tua caminhada?

— Nada mais que um burro.

— Burros não faltam aqui, — disse o pai, — uma boa cabra seria bem melhor para mim.

— Sim, — respondeu o filho, — mas é que não se trata de um burro comum, mas de um burro de ouro. Quando eu lhe digo "Briquelebrite", o bom animal cospe e enche uma toalha de moedas de ouro. Manda chamar todos os parentes, vou fazer gente rica de todos eles.

— Isto bem que me agrada, — disse o alfaiate, — então não precisarei mais penar com esta agulha, e saiu ele mesmo para chamar os parentes.

Assim que eles se reuniram, o moleiro convidou-os a se sentarem, estendeu a sua toalha e trouxe o burro para dentro de casa.

— Agora, prestem atenção! — disse ele, e gritou "Briquelebrite", mas não foram moedas de ouro que caíram na toalha, e ficou claro que o animal não entendia nada daquela arte, pois nem todo o burro chega lá. E o pobre moleiro ficou de cara no chão, viu que fora enganado e pediu perdão aos parentes, que voltaram tão pobres como vieram. E não lhes restou nada, o velho teve que pegar na agulha de novo, e o jovem, engajar-se no serviço de um mestre moleiro.

O terceiro irmão foi ser aprendiz de torneiro, e porque esta é uma profissão cheia de arte, ele teve de aprender por mais tempo. Mas seus irmãos informaram-no por carta sobre os seus azares, e como o estalajadeiro, ainda por cima, os despojara dos seus belos presentes, na última noite das suas andanças.

Quando afinal o torneiro terminou o aprendizado e estava para partir para a sua caminhada, o mestre, em recompensa pelo seu bom comportamento, deu-lhe de presente um saco e disse:

— Aí dentro está um porrete.

— Posso pôr o saco a tiracolo, ele pode prestar-me bons serviços, mas o que faz um porrete aí dentro? Só o deixa pesado.

— Vou contar-te o quê, — respondeu o mestre. — Se alguém te fizer mal, diz apenas "Pula, porrete!" — e o porrete pulará para fora do saco para o meio dos culpados, e lhes dançará no lombo tão alegre-

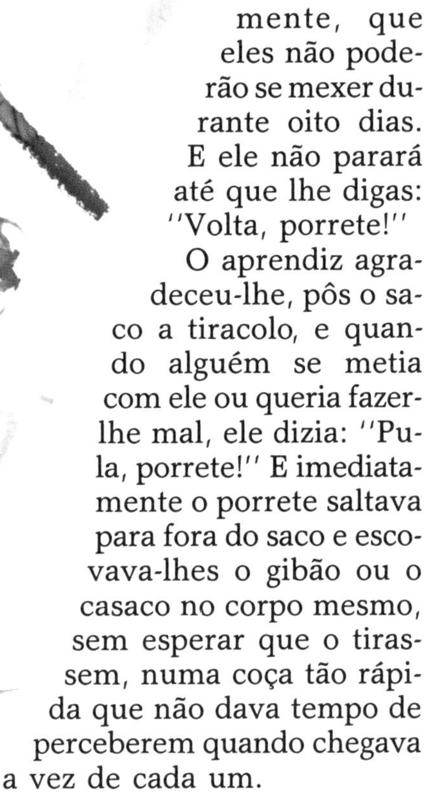

mente, que eles não poderão se mexer durante oito dias. E ele não parará até que lhe digas: ''Volta, porrete!''

O aprendiz agradeceu-lhe, pôs o saco a tiracolo, e quando alguém se metia com ele ou queria fazer-lhe mal, ele dizia: ''Pula, porrete!'' E imediatamente o porrete saltava para fora do saco e escovava-lhes o gibão ou o casaco no corpo mesmo, sem esperar que o tirassem, numa coça tão rápida que não dava tempo de perceberem quando chegava a vez de cada um.

O jovem torneiro chegou ao anoitecer àquela estalagem onde seus irmãos tinham sido enganados. Pôs a sacola na mesa na sua frente, e começou a contar quanta coisa curiosa e notável ele vira pelo mundo.

— Sim, — disse ele, — a gente encontra uma mesinha-te-arruma, um burro de ouro e semelhantes, tudo coisas boas que eu não desdenho; mas não são nada diante do tesouro que eu conquistei e que carrego comigo neste saco.

O estalajadeiro aguçou as orelhas: ''O que será que pode ser aquilo?'' — pensou ele, — ''o tal saco decerto está cheio de pedras preciosas; eu preciso ficar também com ele, porque as coisas boas têm de ser três!''

Quando chegou a hora de dormir, o hóspede estendeu-se no banco e pôs o seu saco debaixo da cabeça, como travesseiro. E quando o estalajadeiro pensou que o torneiro estivesse imerso em sono profundo, aproximou-se sorrateiramente, mexeu e puxou pelo saco bem devagarinho, com todo o cuidado, tentando tirá-lo e substituí-lo por outro. Mas o torneiro já estava esperando por aquilo, e quando o homem ia dar um puxão decisivo, ele gritou: — Pula, porrete! — E no mesmo instante o bom porrete saltou para fora, direto nos costados do dono

da estalagem, e deu-lhe uma sova que até estalava.

O homem gritava de dar dó, mas quanto mais alto ele berrava, mais fortes eram as pancadas do porrete, até que o homem caiu ao chão, esgotado.

Então o torneiro falou:

— Se não devolveres já a mesinha-te-arruma e o burro de ouro, a dança do porrete começará de novo.

— Ai, não! — gritou o estalajadeiro, de todo desanimado, — eu já devolvo tudo, só manda este duende maldito de volta para o saco!

Então o aprendiz falou:

— Usarei de clemência por justiça, mas cuidado, não queira enganar-me! — E gritou então: — Volta, porrete! — e deixou-o descansar.

Na manhã seguinte, o torneiro partiu com a mesinha-te-arruma e o burro de ouro de volta para a casa do seu pai. O alfaiate ficou contente de vê-lo de novo, e perguntou-lhe também o que aprendera nas suas andanças pelo mundo.

— Querido pai, eu me tornei torneiro, — respondeu ele.

— Uma profissão cheia de arte, — disse o pai. — E o que trouxeste das caminhadas?

— Uma peça preciosa, querido pai, — respondeu o filho. — É um pula-porrete.

— O quê! — exclamou o pai, — um porrete? Valeu o esforço! Um porrete tu podes cortar de qualquer árvore!

— Mas não um como este, querido pai! Quando eu digo: "Pula, porrete!" ele salta fora do saco e executa uma dança malvada no lombo de quem me quer fazer mal, e não pára até que ele caia no chão e peça água. Estás vendo, com este porrete eu recuperei a mesinha-te-arruma e o burro de ouro, que aquele estalajadeiro ladrão surripiou dos meus irmãos. Agora, chama-os, meu pai, e convida todos os parentes, quero recepcioná-los com comida e bebida e ainda encher-lhes os bolsos de ouro.

O velho alfaiate não queria confiar muito nessas palavras, mas reuniu os parentes mesmo assim. Então o torneiro estendeu uma toalha no recinto, trouxe o burro de ouro para dentro e disse ao seu irmão:

— Agora, mano querido, fala com ele!

O moleiro disse "Briquelebrite", e no mesmo momento as moedas de ouro começaram a cair na toalha, como uma chuva de verão, e o burro não parou até que todos ganharam tantas que não podiam carregar mais.

Então o torneiro trouxe a mesinha e disse:

— Mano querido, fala com ela agora!

E nem bem o marceneiro disse "mesinha-te-arruma!", que ela já estava coberta e cheia de travessas das mais ricas iguarias. Então teve lugar um repasto como o bom alfaiate nunca vira na sua casa, e toda a parentela ficou lá até tarde da noite, e todos estavam alegres e contentes.

O alfaiate trancou agulha e linha, côvado e ferro de passar num armário e viveu com seus três filhos em luxo e contentamento.

Mas onde foi parar a cabra, que foi a culpada da expulsão dos filhos do alfaiate da casa do pai? Eu vou contar. Ela ficou com vergonha da sua cabeça calva, correu para uma toca de raposa e escondeu-se ali. Quando a raposa voltou para casa, viu dois olhos grandes faiscando no escuro da toca, assustou-se e saiu correndo.

Encontrou-se com o urso, que vendo a raposa assim transtornada, falou:

— O que acontece contigo, mana raposa, que cara é essa?

— Ai, — respondeu a Ruiva, — um bicho feroz está na minha toca, e me encarou com olhos de fogo!

— Então vamos enxotá-lo depressa, — disse o urso; foi com ela até a toca e espiou para dentro. Mas quando deu com os olhos de fogo, assustou-se também, não quis nada com a fera selvagem e fugiu a bom correr.

A abelha encontrou-se com o urso e reparou que ele não estava à vontade dentro da própria pele, e então lhe disse:

— Urso, que cara desconsolada estás fazendo. Onde ficou a tua alegria?

— Para ti é fácil falar, — respondeu o urso; — uma fera medonha de olhos de fogo está lá dentro da toca da Ruiva, e não conseguimos expulsá-la.

A abelha disse:

— Tu me dás pena, urso; eu não passo de uma pobre e fraca criatura, que tu nem olhas no teu caminho, mas mesmo assim eu acho que posso ajudar-vos.

E ela voou para dentro da toca da raposa, pousou na cabeça raspada da cabra, e deu-lhe uma ferroada tão forte, que ela pulou, berrou "mé, mé!" e saiu pulando como louca pelo mundo afora. E até agora ninguém sabe para onde ela fugiu.

A BELA ADORMECIDA NO BOSQUE

Há muito tempo, viviam um rei e uma rainha, que diziam todos os dias: "Ai, se ao menos nós tivéssemos uma criança!" — e nunca conseguiam ter filhos. Então aconteceu, quando um dia a rainha estava no banho, que um sapo pulou da água para a terra e lhe disse:

— Teu desejo será satisfeito. Antes que passe um ano, terás uma filha.

O que o sapo disse, aconteceu, e a rainha teve uma menina, que era tão linda que o rei não cabia em si de contente

e deu uma grande festa. E convidou não só seus parentes, amigos e conhecidos, mas também as mulheres sábias, as magas, para que elas fossem amáveis e benevolentes para com a criança. Havia treze delas no reino — mas como ele só tivesse doze pratos de ouro, dos quais elas deveriam comer, uma delas teria de ficar em casa.

A festa foi celebrada com toda a pompa, e quando ela terminou, as sábias magas presentearam a criança com seus dons mágicos, uma com a virtude, outra com a beleza, a terceira com a riqueza, e assim com tudo o que se pode desejar no mundo.

Quando onze delas acabavam de falar, entrou de repente a décima terceira. Ela queria se vingar por não ter sido convidada, e sem cumprimentar, e mesmo sem olhar para ninguém, ela proclamou em alta voz:

— A filha do rei, ao completar quinze anos, se picará num fuso e cairá morta.

E sem outra palavra mais, ela se voltou e deixou o salão.

Todos estavam assustados. Então adiantou-se a décima segunda, que ainda não fizera o seu desejo e, porque não podia revogar o mau agouro, apenas amenizá-lo, ela disse:

— Mas não será a morte, porém um sono profundo de cem anos, no qual a princesa cairá.

O rei, que queria resguardar sua fi-

lha amada daquela desgraça, mandou emitir uma ordem para que todos os fusos do reino inteiro fossem queimados. Mas na menina, todos os dons das mulheres magas se realizaram: pois ela era tão bela, virtuosa, amável e compreensiva, que todos os que a viam tinham de amá-la.

No dia em que ela completou os seus quinze anos, o rei e a rainha não estavam em casa, e a menina ficou sozinha no castelo. Então ela perambulou por toda parte, examinou quartos e salas à vontade, e por fim chegou a uma velha torre. Subiu pela estreita escada em caracol e deu com uma pequena porta, com uma chave enferrujada na fechadura. Quando ela a virou, a porta se abriu, e lá, num quartinho pequenino, estava sentada uma velha com um fuso, fiando atarefada o seu linho.

— Bom-dia, vovozinha, — disse a princesa, — o que fazes aí?

— Estou fiando, — disse a velha, balançando a cabeça.
— E que coisa é essa que salta tão alegremente? — perguntou a menina, e pegou o fuso, querendo fiar também. Mas mal ela tocou no fuso, o feitiço se realizou e ela picou o dedo.

E no mesmo instante em que sentiu a picada, ela caiu na cama que se encontrava ali, mergulhada em sono profundo. E esse sono se espalhou pelo castelo inteiro. O rei e a rainha, que acabavam de voltar e entravam no salão, começaram a adormecer e a corte inteira com eles. E adormeceram também os cavalos na cocheira, os cães no pátio, as pombas no telhado, as moscas na parede, sim, até o fogo que ardia no fogão aquietou-se e adormeceu. O assado parou de crepitar, o cozinheiro, que ia puxar os cabelos do ajudante, por causa de alguma falta, soltou-o e dormiu. E o vento se deitou, e nas árvores na frente do castelo nenhuma folhinha estremecia mais.

Mas em volta de todo o castelo começou a crescer um espinheiro, que ficava mais alto a cada ano, e finalmente envolveu e cobriu o castelo todo, a ponto de não se poder ver mais nada dele, nem mesmo o estandarte no telhado.

E pelo país inteiro corria a lenda sobre a Bela Adormecida, pois assim era chamada a filha do rei, de modo que, de tempos em tempos, chegavam príncipes e queriam atravessar o espinheiro e penetrar no castelo. Mas não o conseguiam, pois os espinhos eram cerrados e agarravam como se tivessem mãos, de modo que os jovens ficavam presos neles, não podiam se desvencilhar e morriam de triste morte.

Depois de longos, longos anos, veio de novo um príncipe real ao país e ouviu um velho contando sobre o espinheiro, atrás do qual existiria um castelo, onde uma formosa princesa, denominada a Bela Adormecida, dormia já há cem anos, e com ela dormiam o rei e a rainha e a corte inteira. O velho ouvira também do seu avô que muitos príncipes já tinham vindo e tentado atravessar o espinheiro, mas ficaram enredados nele e morreram de morte lamentável. Mas o moço disse:
— Eu não tenho medo, eu vou lá e vou ver a Bela Adormecida.
E o bom velho, por mais que tentasse dissuadi-lo, não conseguiu fazê-lo ouvir suas palavras.

Agora porém os cem anos já haviam passado, e chegara o dia em que a Bela Adormecida devia acordar de novo. Quando o príncipe se aproximou do espinheiro, eram só lindas e grandes flores, que se afastavam sozinhas para deixá-lo passar incólume, fechando-se de novo atrás dele, como um espinheiro cerrado.

No pátio do castelo ele viu os cavalos e os cães de caça deitados dormindo, e no telhado estavam as pombas, com as cabecinhas escondidas debaixo das asas. E quando entrou no castelo, as moscas dormiam

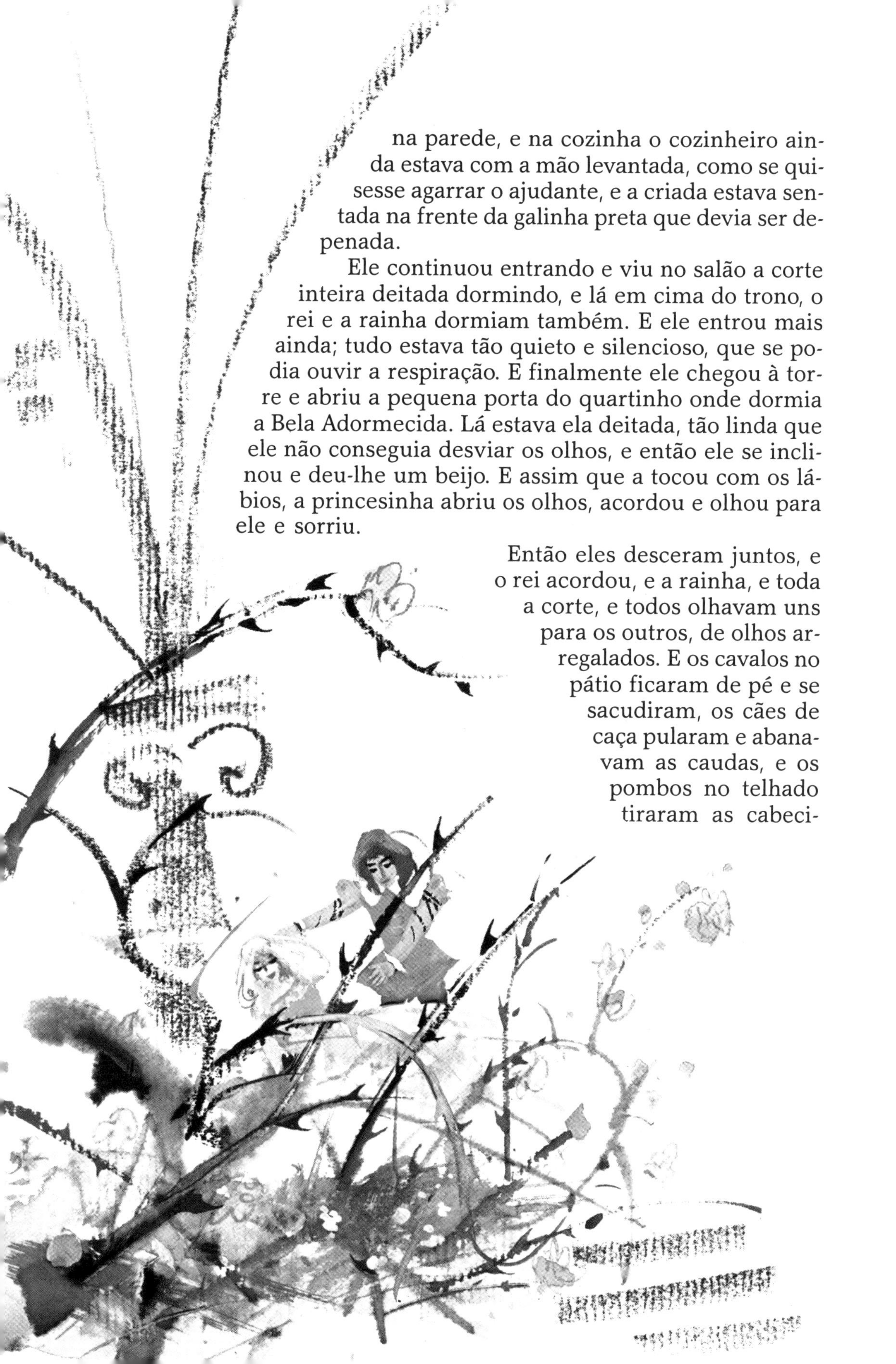

na parede, e na cozinha o cozinheiro ainda estava com a mão levantada, como se quisesse agarrar o ajudante, e a criada estava sentada na frente da galinha preta que devia ser depenada.

Ele continuou entrando e viu no salão a corte inteira deitada dormindo, e lá em cima do trono, o rei e a rainha dormiam também. E ele entrou mais ainda; tudo estava tão quieto e silencioso, que se podia ouvir a respiração. E finalmente ele chegou à torre e abriu a pequena porta do quartinho onde dormia a Bela Adormecida. Lá estava ela deitada, tão linda que ele não conseguia desviar os olhos, e então ele se inclinou e deu-lhe um beijo. E assim que a tocou com os lábios, a princesinha abriu os olhos, acordou e olhou para ele e sorriu.

Então eles desceram juntos, e o rei acordou, e a rainha, e toda a corte, e todos olhavam uns para os outros, de olhos arregalados. E os cavalos no pátio ficaram de pé e se sacudiram, os cães de caça pularam e abanavam as caudas, e os pombos no telhado tiraram as cabecinhas de sob as asas, espiaram em volta e saíram voando para o campo. As moscas na parede se arrastaram adiante, o fogo na cozinha despertou, chamejou e cozinhou a comida, o assado recomeçou a crepitar, e o cozinheiro deu um tapa no ajudante, que gritou, e a criada depenou a galinha.

E aí o casamento do príncipe com a Bela Adormecida foi celebrado com toda a pompa, e eles viveram alegres até o seu fim.

JOÃOZINHO E MARIAZINHA

Perto de grande floresta vivia um pobre lenhador com a sua mulher e os seus dois filhos; o menino chamava-se Joãozinho e a menina, Mariazinha. O homem tinha pouca coisa para mastigar, e certa vez, quando houve grande fome no país, ele não conseguia nem mesmo ganhar para o pão de cada dia. E quando ele estava, certa noite, pensando e se revirando na cama de tanta preocupação, suspirou e disse à mulher:

— O que será de nós? Como poderemos alimentar nossos pobres filhos, se não temos mais nada nem para nós mesmos?

— Sabes de uma coisa, — respondeu a mulher, — amanhã bem cedo levaremos as crianças para a floresta, onde o mato é mais espesso. Lá acenderemos uma fogueira e daremos a cada criança um pedaço de pão; então iremos trabalhar e as deixaremos sozinhas. Elas não acharão mais o caminho de volta para casa, e estaremos livres delas.

— Não, mulher, — disse o marido, eu não farei isso; como poderei forçar meu coração a deixar meus filhos abandonados na floresta? As feras selvagens viriam logo estraçalhá-los.

— És um tolo, — disse ela, — então teremos de morrer de fome, os quatro; já podes procurar as tábuas para os nossos caixões. — E não lhe deu sossego até que ele concordou.

— Mas eu tenho dó das pobres crianças, mesmo assim, — disse o marido.

As duas crianças, que também não conseguiram dormir por causa da fome, ouviram tudo o que a madrasta dissera ao seu pai. Mariazinha chorou lágrimas amargas e disse a Joãozinho:

— Agora estamos perdidos!

— Sossega Mariazinha, — disse Joãozinho; — não te preocupes. Eu vou encontrar um jeito de nos salvarmos.

E quando os velhos adormeceram, ele se levantou, vestiu o casaquinho, abriu a porta e se esgueirou para fora. A lua brilhava bem clara, e as pedrinhas brancas na frente da casa brilhavam como moedas de prata. Joãozinho abaixou-se e encheu os bolsos com aquelas pedrinhas, quantas cabiam. Então ele voltou depressa para casa e disse a Mariazinha:

— Consola-te, irmãzinha querida, e dorme tranqüila, Deus não vai nos abandonar, — e voltou a deitar-se na cama.

Quando começou a amanhecer, antes do sol nascer, a mulher já foi entrando e acordando as crianças:

— Acordem, seus preguiçosos; nós vamos para a floresta buscar lenha, — e ela deu a cada uma um pedacinho de pão e disse: — Isto é para o vosso almoço, mas não comais antes, porque depois não ganhareis mais nada.

Mariazinha pôs o pão debaixo do avental, porque os bolsos de Joãozinho estavam cheios de pedrinhas. Então puseram-se todos a caminho da floresta. Quando já tinham andado um pouco, Joãozinho parou e olhou para trás, para a casa, e fez isso outra vez e outra vez. O pai falou:

— Joãozinho, o que ficas olhando ali e te atrasando? Presta atenção e anda para a frente!

— Ora, pai, — falou Joãozinho, — estou olhando para o meu gatinho branco que está sentado no telhado e quer me dar adeus.

A mulher falou:

— Bobo, não é o gatinho; é o sol da manhã que brilha na chaminé.

Mas Joãozinho não olhava para o gatinho, e sim jogava cada vez uma pedrinha brilhante do bolso para o caminho.

Quando eles chegaram no meio da floresta, o pai falou:

— Agora juntem lenha, crianças, eu quero acender uma fogueira, para que não sintam frio.

Joãozinho e Mariazinha trouxeram gravetos, um montinho deles. Os gravetos foram acesos, e quando a chama já ardia bem alta, a mulher disse:

— Agora, deitem-se junto ao fogo, crianças, e descansem, enquanto nós entramos na floresta e procuramos lenha. Quando terminarmos, voltaremos para buscá-los.

Joãozinho e Mariazinha ficaram sentados junto ao fogo, e quando chegou o meio-dia, cada um comeu o seu pedaço de pão. E como estavam ouvindo os golpes do machado, pensaram que o pai estava perto. Mas não era o machado, era um galho que o pai amarrara a uma árvore seca, que o vento fazia bater de um lado para outro. Ficaram lá sentados muito tempo, até que seus olhos se fecharam de cansaço e ambos adormeceram profundamente. E quando acordaram, já era noite fechada.

Mariazinha começou a chorar e disse:

— Como é que vamos sair da floresta agora?

Mas Joãozinho a consolou:

— Espera um pouquinho, até que apareça a lua, então nós acharemos o caminho.

E quando surgiu a lua cheia, Joãozinho tomou a irmãzinha pela mão e seguiu as pedrinhas brancas que brilhavam como moedas de prata recém-cunhadas e mostravam o caminho às crianças. Caminharam a noite inteira e chegaram de madrugada à casa de seu pai. Bateram na porta, e quando a mulher abriu e viu que eram Joãozinho e Mariazinha, foi logo dizendo:

— Ó crianças más, por que ficaram tanto tempo dormindo na floresta? Nós pensamos que não queriam voltar mais para casa.

Mas o pai ficou contente, porque lhe doera o coração por ter deixado as crianças assim sozinhas e abandonadas.

Pouco depois houve novamente miséria por toda parte, e as crianças ouviram a madrasta falando ao pai, de noite na cama:

— Já consumimos tudo de novo; temos ainda meio filão de pão, depois será o fim de tudo. Temos de nos livrar das crianças; vamos levá-las para mais fundo na floresta, para que não encontrem mais o caminho de volta — não há outra salvação para nós.

Isto era doloroso para o coração do homem, e ele pensou: "Melhor seria repartir o último bocado com as crianças". Mas a mulher não queria ouvir nada do que ele dizia, ralhou com ele e repreendeu-o. Quem diz "A" tem de dizer "B", e já que ele cedera da primeira vez, tinha de fazê-lo também agora.

Mas as crianças ainda estavam acordadas e escutaram a conversa. Quando os velhos adormeceram, Joãozinho se levantou, como da outra vez, mas a mulher trancara a porta e ele não conseguiu sair. Mas ele consolou a irmãzinha e disse:

— Não chores, Mariazinha, e dorme tranqüila; o bom Deus vai nos ajudar. De manhã cedo a mulher veio e tirou as crianças da cama. Elas receberam o seu pedacinho de pão, que era ainda menor que o anterior. No caminho da floresta, Joãozinho esfarelou-o dentro do bolso, parou diversas vezes e jogou no chão uma migalha atrás da outra.

— Joãozinho, por que ficas parando e olhando para trás? — perguntou o pai. — Vai andando em frente.

— Estou olhando para a minha pombinha, que está pousada no telhado e quer me dar adeus, — respondeu Joãozinho.

— Bobo, — resmungou a mulher, — não é pombinha nenhuma, é o sol da manhã brilhando na chaminé.

Mas Joãozinho ia jogando migalha após migalha pelo caminho.

A mulher levou as crianças ainda mais fundo na floresta, onde elas nunca estiveram antes em toda a vida. Lá fizeram novamente uma grande fogueira, e a madrasta falou:

— Fiquem sentadas aqui, crianças, e quando estiverem cansadas, podem dormir um pouco; nós vamos para dentro do mato cortar lenha, e à tardinha, quando terminarmos, viremos buscá-las.

Quando foi meio-dia, Mariazinha repartiu o seu pão com Joãozinho, que espalhara o seu pelo caminho. Então eles adormeceram, e anoiteceu, mas ninguém veio buscar as pobres crianças. Elas acordaram quando já era noite fechada, e Joãozinho consolou a irmãzinha e disse:

— Espera só, Mariazinha, até que apareça a lua; aí poderemos ver as migalhas de pão que eu fui espalhando, e elas nos mostrarão o caminho de volta para casa.

Quando a lua surgiu, eles prepararam-se para ir: mas não encontraram nem uma só migalha, porque os milhares de pássaros que voavam na floresta e no campo as bicaram todas. Joãozinho disse a Mariazinha:

— Nós vamos encontrar o caminho!

Mas eles não o encontraram. Caminharam a noite inteira e mais um dia, da manhã até a noite, mas não conseguiram sair da floresta e estavam com muita fome, pois não tinham comido nada a não ser umas poucas bagas que acharam no chão. E como estavam tão cansados que as pernas não os carregavam mais, deitaram-se debaixo de uma árvore e adormeceram.

Agora já era o terceiro dia desde que eles saíram da casa do pai. Recomeçaram a caminhada, mas só se aprofundavam cada vez mais na floresta, e se não lhes viesse ajuda logo, morreriam de fome. Quando foi meio-dia, eles viram um lindo passarinho branco como a neve pousado num ramo, o qual cantava tão bem que eles pararam para escutá-lo. E quando ele terminou, bateu asas e saiu voando na frente deles, e eles o seguiram, até que ele chegou a uma casinha, sobre cujo telhado pousou. E quando eles chegaram bem perto, viram que a casinha era feita de pão e coberta de bolo, e as janelas eram de açúcar transparente.

— Agora vamos avançar nela, — disse Joãozinho, — e fazer uma refeição abençoada. Quero comer um pedaço do telhado! Mariazinha, tu podes comer um pedaço da janela, ela é doce.

Joãozinho estendeu a mão para o alto e arrancou um pedacinho do telhado, para provar o seu gosto, e Mariazinha ficou perto da vidraça, para mordiscá-la.

Mas aí eles ouviram uma voz fina gritando de dentro da casa:

"Roque, roque, roidinha, / Quem roeu minha casinha?"

As crianças responderam:

"Não foi ela, não fui eu,
Foi o vento quem roeu",

e continuaram a comer sem se deixarem perturbar. Joãozinho, que gostou muito do sabor do telhado, arrancou um bom pedaço dele, e Mariazinha soltou uma vidraça redonda inteira, sentou-se e ficou comendo.

De repente a porta se abriu, e apareceu, arrastando os pés, uma mulher muito, muito velha, apoiada numa muleta.

Joãozinho e Mariazinha ficaram tão assustados que deixaram cair o que tinham nas mãos. Mas a velha balançou a cabeça e disse:

— Ei, lindas crianças, quem vos trouxe aqui? Entrai, ficai comigo que não vos farei mal.

Ela tomou os dois pela mão e levou-os para dentro da casinha. E serviu-lhes boa comida, leite com panquecas e açúcar, maçãs e nozes. Depois, arrumou-lhes duas boas caminhas com alvos lençóis, e Joãozinho e Mariazinha deitaram-se nelas, pensando que estavam no céu.

Mas a velha só se fingira de boazinha, pois era uma bruxa malvada, que tocaiava crianças, e só construíra aquela casinha de pão para atraí-las. Quando uma criança caía em seu poder, ela a matava, cozinhava e comia, e era para ela um dia de festa. As bruxas têm olhos vermelhos e não enxergam muito longe, mas possuem um faro fino como os animais e percebem quando há gente se aproximando. Quando Joãozinho e Mariazinha estavam chegando, ela riu um riso mau e disse zombeteira:

— Estes eu já peguei, não me escaparão mais.

De manhã cedinho, antes que as crianças acordassem, ela se levantou, e quando as viu dormindo tão bonitas, com suas bochechas redondas e coradas, resmungou consigo mesma: "Este aqui será um bom bocado!"

Então ela agarrou Joãozinho com a sua mão ossuda, levou-o para um curralzinho e trancou-o atrás de uma porta gradeada: ele podia gritar à vontade, que não lhe adiantaria nada.

Aí ela foi até a Mariazinha, acordou-a com uma sacudidela e gritou:

— Acorda, preguiçosa, vai buscar água e cozinha alguma coisa boa para o teu irmão, que está lá fora no curral e precisa engordar. Quando ele estiver bem gordo, eu vou comê-lo.

Mariazinha começou a chorar amargamente,

mas era tudo em vão, ela tinha de fazer o que a bruxa malvada mandava.

Agora o pobre Joãozinho era alimentado com a melhor comida, enquanto Mariazinha só ganhava cascas de caranguejo. Todas as manhãs a velha manquitolava até o curralzinho e dizia:

— Joãozinho, mostra-me teus dedos, para eu sentir se já estás gordinho.

Mas Joãozinho lhe passava pela grade um ossinho de frango, e a velha, que tinha a vista fraca, não podia vê-lo e pensava que era um dedo do Joãozinho, e se admirava porque ele não queria engordar. Quando passaram quatro semanas e Joãozinho continuava magro, ela perdeu a paciência e não quis esperar mais.

— Aqui, Mariazinha! — gritou ela para a menina; — anda ligeiro e traz a água! O Joãozinho pode estar gordo ou magro, não importa; amanhã eu vou matá-lo e cozinhá-lo.

Ai, como se lamentava a pobre irmãzinha, obrigada a carregar a água, e como lhe escorriam as lágrimas pelas faces abaixo!

— Meu bom Deus, ajuda-nos! — exclamou ela, — antes as feras selvagens nos tivessem devorado na floresta, pelo menos teríamos morrido juntos!

— Poupa-me esta choradeira, — disse a velha; — não vai te adiantar nada.

De manhã cedo Mariazinha teve de sair para pendurar o caldeirão com água e acender o fogo.

— Primeiro vamos assar pão, — disse a velha, — eu já esquentei o forno e sovei a massa.

E ela empurrou a pobre Mariazinha para fora, para o forno de assar, do qual já escapavam as chamas do fogo.

— Enfia-te lá dentro, — ordenou a bruxa, — e vê se o fogo já está bem quente para que possamos empurrar o pão para dentro.

Assim que Mariazinha estava quase dentro, ela quis fechar o forno, para que Mariazinha lá ficasse assada, porque ela queria devorá-la também.

Mas Mariazinha percebeu o que a bruxa tinha em mente e disse:

— Não sei como fazer isso — como é que eu posso entrar lá?

— Menina burra, — disse a velha, — a abertura é grande o bastante; olha, eu mesma posso passar por ela, — e ela chegou pertinho e enfiou a cabeça no forno.

Então Mariazinha deu-lhe um empurrão tão forte que ela caiu lá dentro inteira, e a menina bateu a portinhola de ferro e puxou o ferrolho.

"Uuu!" Aí ela começou a uivar horrivelmente, mas Mariazinha saiu correndo e a bruxa perversa teve de perecer queimada.

Então Mariazinha correu direto para o Joãozinho, abriu o seu curralzinho e gritou:

— Joãozinho, estamos livres, a bruxa velha está morta!

Então Joãozinho saltou fora como um passarinho libertado da gaiola. Como eles ficaram felizes, como se abraçaram e pularam e se beijaram! E como não precisavam mais ter medo, eles entraram na casa da bruxa. E lá estavam, em todos os cantos, caixinhas cheias de pérolas e pedras preciosas.

— Estas são ainda melhores que as pedrinhas brancas, — disse Joãozinho, e encheu os bolsos com quanto cabia neles, e Mariazinha disse:

— Eu também quero levar alguma coisa para casa, — e encheu o seu aventalzinho.

— Mas agora vamos embora, — disse Joãozinho, — para que possamos sair desta floresta enfeitiçada.

Depois que eles caminharam algumas horas, chegaram a um grande lago.

— Não podemos passar, — disse Joãozinho; — não vejo prancha nem ponte.

— E também não há barquinho nenhum, — respondeu Mariazinha, — mas lá está um pato branco nadando; se eu lhe pedir, ele nos ajudará. E ela gritou:

— Patinho, patinho, aqui estão Mariazinha e Joãozinho. Não vemos nem prancha nem ponte, leva-nos no teu alvo dorso!

O patinho aproximou-se logo, e Joãozinho montou nele e pediu que a irmãzinha montasse junto.

— Não, — disse Mariazinha, — assim será pesado demais para o patinho; ele que leve um de nós de cada vez.

Foi o que fez o bom animalzinho, e quando os dois já estavam seguros do outro lado, e caminharam um pouco mais adiante, o mato começou a parecer-lhes mais conhecido, e finalmente eles avistaram de longe a casa do seu pai.

Então eles puseram-se a correr, precipitaram-se para dentro da casa e caíram nos braços do pai.

O homem não tivera nem um momento de paz desde que deixara os filhos na floresta, mas a mulher já morrera.

Mariazinha sacudiu seu aventalzinho, e as pérolas e as pedras preciosas saíram pulando pelo chão, e Joãozinho tirava dos bolsos um punhado atrás do outro e as juntava àquelas.

Então todas as tristezas tiveram fim, e eles viveram juntos e felizes.

OS SETE CORVOS

Um homem tinha sete filhos, mas ainda nenhuma filhinha, por mais que a desejasse; mas finalmente chegou uma menina. A alegria era grande, mas a criança era franzina e miúda e, por causa da sua fraqueza, teve de ser batizada às pressas.

O pai mandou um dos meninos para a fonte, buscar água para o batizado; os outros seis correram junto com ele, e como cada um queria ser o primeiro a tirar a água, acabaram deixando a jarra cair no poço. Lá estavam eles parados, sem saber o que fazer, e nenhum tinha coragem de voltar para casa. E como eles demoravam tanto para voltar, o pai ficou impaciente e gritou na sua raiva:

— Eu quero que os meninos se transformem todos em corvos!

Mal ele acabou de pronunciar essas palavras, ouviu um ruflar de asas no ar sobre a sua cabeça, olhou para o alto e viu sete corvos negros como carvão voando embora.

Os pais não podiam desfazer a maldição, e por mais tristes que estivessem pela perda dos seus sete filhos, eles se consolaram um pouco com a filhinha querida, que pouco a pouco criou forças e ficava mais bonita a cada dia. Durante muito tempo ela nem soube que tinha irmãos, pois os pais se guardavam de mencionar os meninos, até que um dia ela ouviu por acaso a gente falar que a menina era bonita, sim, mas afinal de contas, era culpada pela desgraça dos seus sete irmãos.

A menina ficou muito triste, foi falar com o pai e com a mãe e perguntou se já tivera irmãos e onde eles foram parar. Agora os pais não podiam mais guardar segredo, mas disseram que foram os desígnios do céu, e que o seu nascimento fora apenas o inocente pretexto. Mas a menina sentia dores de consciência todos os dias e pensava que era seu dever libertar os irmãos. E não teve sossego até que se preparou às escondidas e partiu para o vasto mundo, para em algum lugar encontrar os irmãos e libertá-los, custasse o que custasse. Ela não levou nada consigo, a não ser um anelzinho dos pais como lembrança, um filão de pão para a fome, uma jarrinha de água para sede e uma cadeirinha para o cansaço.

Então a menina caminhou e caminhou, para longe, bem longe, até o fim do mundo. Aí ela chegou ao sol — mas este era quente e medonho demais, e devorava criancinhas. A menina fugiu às pressas e correu para a lua, mas esta era fria demais e também cruel e malvada, e quando viu a menina, falou: "Sinto cheiro, cheiro de carne humana!"

Então ela fugiu correndo e chegou até as estrelas. Estas eram gentis e amáveis com ela, e cada uma estava sentada numa cadeirinha especial. A Estrela Matinal, porém, levantou-se, deu um ossinho à menina e disse:

— Se não tiveres o ossinho, não poderás destrancar a Montanha de Vidro, e é na Montanha de Vidro que vivem os teus irmãos.

A menina pegou o ossinho, embrulhou-o num lencinho e continuou a caminhada, até que chegou à Montanha de Vidro. O portão estava trancado, e ela quis tirar o ossinho, mas quando desdobrou o lencinho, este estava vazio. Ela perdera o presente das boas estrelas. Que fazer agora? Ela queria salvar seus irmãos e não tinha chave para a Montanha de Vidro. A boa irmãzinha pegou uma faca, decepou o dedo mindinho, enfiou-o na fechadura e teve a sorte de abrir o portão. Quando ela entrou, veio-lhe ao encontro um anãozinho, que lhe perguntou:

— Minha filha, o que procuras?

— Procuro os meus irmãos, os sete corvos, — respondeu a menina.

O anão disse:

— Os senhores corvos não estão em casa, mas se quiseres esperar aqui até que eles cheguem, podes entrar.

Aí o anãozinho trouxe a comida dos corvos em sete pratinhos e sete tacinhas, e de cada pratinho a irmãzinha comeu um bocadinho, e de cada tacinha ela bebeu um golezinho; mas na última tacinha ela deixou cair o anelzinho que levara consigo.

De repente, ela ouviu no ar um ruflar e um zunir, e o anãozinho disse: — Os senhores corvos estão chegando. — E lá estavam eles, queriam comer e beber e procuraram seus pratinhos e suas tacinhas. E falaram, um depois do outro: — Quem comeu do meu pratinho? Quem bebeu da minha tacinha? Foi uma boca humana.

E quando o sétimo corvo chegou ao fundo da taça, o anelzinho rolou-lhe ao encontro. Então ele o viu e reconheceu o anel do pai e da mãe, e disse:

— Deus queira que a nossa irmã esteja aqui, então estaremos livres!

Quando a menina, que estava escutando atrás da porta, ouviu esse desejo, ela saiu e se mostrou.

Então todos os corvos recuperaram a sua forma humana. E eles se abraçaram e se beijaram e voltaram alegres para casa.

RUMPELSTILSEQUIM

Era uma vez um moleiro, que era pobre, mas tinha uma filha linda. E aconteceu um dia que ele chegou a falar com o rei, e lhe disse, para se dar importância:

— Eu tenho uma filha que sabe fiar palha para virar ouro.

O rei disse ao moleiro:

— Esta é uma arte que me agrada. Se a tua filha é tão prendada como dizes, traze-a amanhã para o meu castelo, desejo pô-la à prova.

Quando a moça foi levada à presença do rei, ele a levou para uma sala que estava cheia de palha, entregou-lhe roca e fuso e disse:

— Agora põe mãos à obra, e se até amanhã cedo não tiveres fiado esta palha em ouro, terás de morrer.

E o rei trancou a porta da sala com suas próprias mãos e deixou-a lá sozinha.

E lá ficou a pobre filha do moleiro sem saber o que fazer da sua vida. Ela não entendia nada de fiar palha em ouro, e seu medo ficava cada vez maior, até que ela começou a chorar.

Então a porta abriu-se de repente, e entrou um homenzinho pequenino, que disse:

— Boa-tarde, donzela moleira, por que choras tanto?
— Ai de mim, — disse a moça, — eu devo fiar palha para virar ouro e não sei fazê-lo.
Então falou o homenzinho:
— O que me darás se eu a fiar para ti?
— O meu colar, — disse a moça.
O anãozinho pegou o colar, sentou-se diante da roda, e purr, purr, purr, puxou três vezes e o fuso estava cheio. Aí ele colocou outro, e purr, purr, purr, puxou três vezes, e o segundo também estava cheio. E assim foi até o romper da manhã, e toda a palha já estava fiada, e todos os fusos estavam cheios de ouro.
Já ao nascer do sol o rei chegou, e quando viu aquele ouro, ficou espantado e satisfeito; mas o seu coração ficou ainda mais ávido de ouro. Ele mandou levar a filha do moleiro para outra sala cheia de palha, muito maior que a primeira, e ordenou-lhe que a fiasse toda numa só noite, se tivesse amor à vida.
A moça não sabia o que fazer de novo e chorou. Então a porta tornou a se abrir, e o homúnculo apareceu e disse:
— O que me darás se eu fiar esta palha em ouro para ti?
— O anel do meu dedo, — respondeu a moça.
O anãozinho pegou o anel, recomeçou a zunir com a roda, e antes da manhã ele já tinha fiado toda a palha em ouro cintilante.
O rei alegrou-se sobremaneira ao vê-lo, mas continuava ávido por mais ouro. Mandou levar a filha do moleiro para uma sala ainda maior, cheia de palha, e disse:
— Deves fiar tudo isso em ouro ainda esta noite; se o conseguires de fato, serás então minha esposa.
"Mesmo que ela seja apenas uma filha de moleiro, uma esposa mais rica não encontrarei no mundo inteiro", pensou ele.
Quando a moça ficou sozinha, o homenzinho voltou pela terceira vez e disse:
— O que me darás se eu fiar a palha mais uma vez?
— Eu não tenho mais nada que te possa dar, — respondeu a moça.
— Então promete dar-me o teu primeiro filho, quando fores rainha.
"Quem sabe lá o que será até então", pensou a filha do moleiro, que não sabia o que fazer na sua aflição. Então ela prometeu ao homenzinho o que ele exigia, e em troca ele fiou mais uma vez a palha, transformando-a em ouro. E quando o rei chegou de manhã e encontrou tudo como desejara, fez celebrar o casamento e a bela filha do moleiro tornou-se sua rainha.
Um ano depois ela teve uma linda criança e nem pensava mais naquele homenzinho. Mas de repente ele entrou na sua alcova e disse:

— Agora entrega-me o que me prometeste.

A rainha assustou-se e ofereceu ao homúnculo todas as riquezas do reino, se ele lhe deixasse a criança. Mas o homenzinho retrucou:

— Não, um ente vivo me é mais precioso que todos os tesouros do mundo.

Então a rainha começou a chorar e a se lamentar tanto, que o homenzinho teve pena dela:

— Vou deixar-te três dias, — disse ele, — e se até então tu souberes o meu nome, poderás ficar com a criança.

Agora a rainha passou a noite inteira pensando em todos os nomes que ela jamais ouvira, e enviou um mensageiro por todo o país, para se informar por toda parte que outros nomes existiam. Quando o homenzinho chegou no dia seguinte, ela começou com Gaspar, Melquior, Baltasar, e disse todos os nomes que conhecia, um atrás do outro. Mas a cada um o homenzinho dizia:

— Eu não me chamo assim.

No segundo dia, ela mandou perguntar pela vizinhança como as pessoas se chamavam ali, e disse ao homenzinho os nomes mais desusados e esquisitos:

— Será que te chamas Ripelbiste ou Iamelvade ou Esnurobim?

Mas ele respondia:

— Eu não me chamo assim.

No terceiro dia o mensageiro voltou e relatou:

— Nomes novos eu não consegui encontrar um que seja, mas quando eu passava perto de um morro alto na beira da floresta, onde a raposa e a lebre trocam cumprimentos, avistei uma casinha, e na frente da casinha ardia uma fogueira, e em volta da fogueira pulava um homenzinho ridículo demais, saltava num pé só e gritava:

"Hoje a alegria é minha,
Meu é o filho da rainha.
Ninguém sabe além de mim
Que sou Rumpelstilsequim!"

Agora podeis imaginar como a rainha ficou feliz quando ouviu esse nome! Quando pouco depois o homúnculo entrou e perguntou:

— Então, senhora rainha, qual é o meu nome?

Ela perguntou primeiro:

— Teu nome é Kunzo?

— Não.

— Teu nome é Hinzo?

— Não.

— Será teu nome por acaso Rumpelstilsequim?

— Foi o diabo que te contou isso, foi o diabo que te contou isso! — gritou o homenzinho, e de raiva deu uma patada tão forte com o pé direito no chão, que se afundou até a cintura. Então, na sua fúria, ele agarrou o pé esquerdo com as duas mãos e rasgou-se a si mesmo em duas metades.

O LOBO E OS SETE CABRITINHOS

Era uma vez uma velha cabra, que tinha sete cabritinhos novos e gostava deles como uma mãe gosta dos filhos. Um dia ela quis ir para a floresta buscar comida; então chamou todos os sete e disse:

— Filhos queridos, eu quero sair para a floresta; tomem cuidado com o lobo; se ele entrar, come-os todos com pele e osso. O malvado se disfarça muitas vezes, mas vocês poderão reconhecê-lo pela sua voz grossa e pés negros.

Os cabritinhos disseram:

— Querida mãe, nós vamos ter muito cuidado. Pode sair sem receio.

Então a velha despediu-se e pôs-se a caminho sossegada.

Não demorou muito e alguém bateu na porta da casa e gritou:

— Abram, filhos queridos, a sua mãe está aqui e trouxe alguma coisa para cada um de vocês!

Mas os cabritinhos perceberam pela voz grossa que era o lobo.

— Não vamos abrir!, — gritaram eles. — Você não é nossa mãe; ela tem uma voz fina e delicada, mas a sua voz é grossa: você é o lobo!

Então o lobo foi a uma venda e comprou um grande pedaço de giz, que ele comeu e com isso afinou a sua voz. Então ele voltou, bateu na porta e gritou:

— Abram, filhos queridos, a sua mãe está aqui e trouxe alguma coisa para cada um de vocês!

Mas o lobo pusera a sua pata preta na beira da janela, os pequenos viram isso e gritaram:

— Não vamos abrir, nossa mãe não tem um pé preto como o seu: você é o lobo!

Então o lobo correu até um padeiro e disse:

— Eu machuquei o pé, passe-me massa de pão nele.

E quando o padeiro lhe untou a pata de massa, ele correu para o moleiro e disse:

— Salpique farinha branca na minha pata.

O moleiro pensou: "Ele quer enganar alguém", e recusou. Mas o lobo disse:

— Se você não fizer o que eu mando, vou devorá-lo!

O moleiro ficou com medo e branqueou-lhe a pata.

Agora o malvado foi lá pela terceira vez, bateu na porta e disse:

— Abram para mim, a sua querida mãezinha voltou para casa e trouxe da floresta alguma coisa para cada um de vocês.

Os cabritinhos gritaram:

— Mostre-nos primeiro a sua pata, para que vejamos se você é a nossa querida mãezinha!

Então ele pôs a pata na janela, e quando eles viram que a pata era branca, pensaram que era tudo verdade, e abriram a porta. Mas quem entrou foi o lobo!

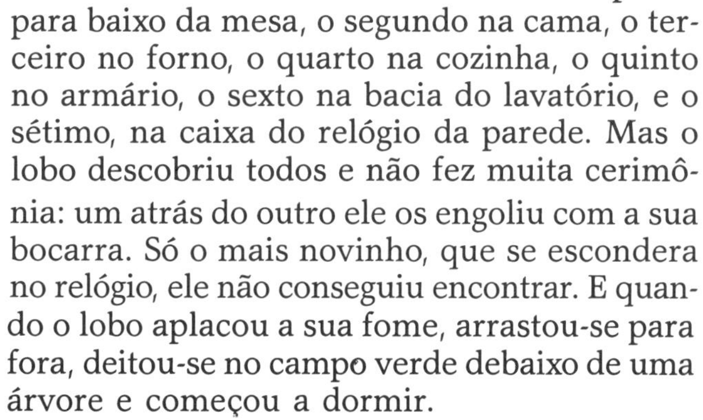

Os cabritinhos se assustaram e tentaram esconder-se. Um pulou para baixo da mesa, o segundo na cama, o terceiro no forno, o quarto na cozinha, o quinto no armário, o sexto na bacia do lavatório, e o sétimo, na caixa do relógio da parede. Mas o lobo descobriu todos e não fez muita cerimônia: um atrás do outro ele os engoliu com a sua bocarra. Só o mais novinho, que se escondera no relógio, ele não conseguiu encontrar. E quando o lobo aplacou a sua fome, arrastou-se para fora, deitou-se no campo verde debaixo de uma árvore e começou a dormir.

Pouco depois a cabra voltou da floresta para casa. Ai, o que os seus olhos viram! A porta da casa estava escancarada: mesas, cadeiras e bancos estavam derrubados, a bacia estava em cacos, cobertores e travesseiros arrancados da cama. Ela procurou pelos seus filhos, mas não os achava em lugar algum. Chamou cada um pelo nome, mas ninguém respondia.

Finalmente, quando ela chamou o menorzinho, uma vozinha fina respondeu:

— Mamãe querida, estou na caixa do relógio!

Ela tirou-o de lá e ele contou-lhe que o lobo viera e devorara todos os outros.

Na sua aflição, a mãe saiu correndo da casa

e o cabritinho menor correu atrás dela. E quando chegou ao campo, lá estava o lobo deitado debaixo da árvore, roncando de fazer tremer os galhos. Ela examinou-o por todos os lados e reparou que na sua barriga estufada algo se mexia e esperneava. "Ai, meu Deus", pensou ela, "será que os meus pobres filhos que ele engoliu para o jantar ainda estão vivos?"

Então o cabritinho teve que voltar correndo para casa, buscar tesoura, agulha e linha. Aí ela abriu a barriga do monstro com a tesoura, e nem bem ela fez o primeiro corte, que um cabritinho já pôs a cabeça para fora, e quando ela continuou a cortar, todos os seis foram pulando para fora, um atrás do outro, e eles nem sequer estavam machucados, porque a fera, na sua gana, os tinha engolido inteirinhos.

Foi uma grande alegria! Eles abraçavam a sua mãezinha querida e pulavam e saltavam como um alfaiate no seu próprio casamento.

Mas a velha disse:

— Vão agora e achem umas pedras grandes: com elas vamos encher a pança desta fera selvagem, enquanto ela ainda dorme.

Então os sete cabritinhos arrastaram depressa umas pedras e as enfiaram na barriga do lobo, quantas cabiam. E a velha mais que depressa costurou a barriga, e ele nem percebeu nada e nem se mexeu.

Quando o lobo se fartou de dormir, pôs-se de pé, e como estava com muita sede, quis ir até um poço para beber água. Mas quando ele começou a se mover, as pedras na sua barriga começaram a se chocar e a barulhar. Então ele gritou:

"Na minha pança, o que faz barulho?
Pensei que eram cabritos seis,
Mas o que eu percebo ao invés
É um rebolar de pedregulho!"

Quando ele chegou ao poço e se debruçou para beber, as pesadas pedras arrastaram-no para o fundo e ele morreu miseravelmente afogado.

Quando os sete cabritinhos viram isso, vieram correndo e gritaram bem alto:

— O lobo está morto! O lobo está morto!

E puseram-se a dançar de alegria junto com a sua mãe em redor do poço.

UM-OLHINHO, DOIS-OLHINHOS, TRÊS-OLHINHOS

Era uma vez uma mulher que tinha três filhas. A mais velha chamava-se Um-olhinho, porque tinha um único olho bem no meio da testa; a do meio chamava-se Dois-olhinhos, porque tinha dois olhos como as outras pessoas; e a mais nova chamava-se Três-olhinhos, porque tinha três olhos, e o terceiro se encontrava também no meio da testa. Mas como Dois-olhinhos não era diferente de toda a gente comum, as irmãs e a mãe não a suportavam. Elas lhe diziam:

— Tu, com os teus dois olhos, não és melhor que o povo ordinário; tu não és uma de nós.

E elas a empurravam e só lhe jogavam vestidos velhos e não lhe davam para comer nada além do que sobrava delas, e lhe faziam mal sempre que podiam.

Um dia Dois-olhinhos teve de sair para o campo, para guardar a cabra, mas estava com muita fome, porque as irmãs lhe tinham dado muito pouco para comer. Então ela sentou-se numa beira de mato e começou a chorar tão amargamente que dois riachinhos escorriam dos seus olhos. E quando, na sua aflição, ela levantou os olhos, lá estava uma mulher na sua frente, e lhe perguntou:

— Dois-olhinhos, por que choras?

Dois-olhinhos respondeu:

— E não é para eu chorar? Só porque eu tenho dois olhos como os outros seres humanos, as minhas irmãs e minha mãe não me suportam; elas me empurram de um lado para outro, jogam-me vestidos velhos e não me dão nada para comer a não ser o que sobra delas. Hoje elas me deram tão pouco, que ainda estou de todo faminta.

Então a sábia mulher respondeu:

— Dois-olhinhos, enxuga o rosto; eu vou te dizer uma coisa, para que tu nunca mais tenhas fome. Deves só dizer à tua cabra:

"Berra, cabrinha, / Põe-te, mesinha",

e então aparecerá na tua frente uma mesinha bem posta, com as melhores comidas, que poderás comer até te fartares. E quando estiveres satisfeita e não precisares mais da mesinha, dize apenas:

"Berra, cabrinha, / Some, mesinha",

e ela desaparecerá diante dos teus olhos.

E com isso a sábia mulher foi embora.

Dois-olhinhos, porém, pensou: "Preciso experimentar logo, se é verdade o que ela me disse, porque estou com muita fome", e disse:

"Berra, cabrinha, / Põe-te, mesinha".

E nem bem ela pronunciou essas palavras, surgiu uma mesinha, coberta com alva toalha, com um prato, faca, garfo e colher de prata, e com as mais belas iguarias fumegando ainda quentes, como recém-trazidas da cozinha.

Então Dois-olhinhos rezou a prece mais curta que sabia: "Senhor Deus, sê nosso comensal em todas as horas, amém", avançou e regalou-se à vontade. E quando ficou satisfeita, falou como lhe ensinara a sábia mulher:

"Berra, cabrinha, / Some, mesinha".

E imediatamente a mesinha, com tudo o que estava em cima dela, sumiu de novo. "Isto é que é um bom arranjo", pensou Dois-olhinhos, e ficou bem contente e de bom humor.

Ao anoitecer, quando ela voltou para casa com a sua cabra, encontrou uma tigelinha de barro com comida que as irmãs lhe deixaram, mas não tocou em nada.

No dia seguinte, a moça saiu de novo com a sua cabra e deixou na tigela as poucas migalhas que lhe deixaram. Da primeira e da segunda vez, as irmãs não repararam nisso; mas quando a mesma coisa acontecia todas as vezes, elas o notaram e disseram:

— Alguma coisa não está certa com a Dois-olhinhos, que todas as vezes deixa a comida sem tocá-la, quando antes ela consumia tudo o que lhe dávamos. Ela deve ter encontrado outros caminhos.

Então, quando Dois-olhinhos se preparava para sair de novo, Um-olhinho chegou para ela e disse:

— Quero ir contigo para o campo, para ver se a cabra é bem guardada e levada para um bom pasto.

Mas Dois-olhinhos percebeu o que Um-olhinho tinha em mente, e levou a cabra para um gramado alto, e disse:

— Vem, Um-olhinho, sentemo-nos e eu vou cantar alguma coisa para ti.

Um-olhinho sentou-se, cansada do caminho desusado e do calor do sol, e Dois-olhinhos começou a cantar e cantava sempre:

"Um-olhinho, velas tu? / Um-olhinho, dormes tu?"

Então Um-olhinho fechou o seu único olho e adormeceu. E quando Dois-olhinhos viu que Um-olhinho dormia profundamente e não poderia descobrir nada, ela disse:

"Berra, cabrinha, / Põe-te, mesinha",

e sentou-se à sua mesinha e comeu e bebeu até se fartar. Então falou de novo:

"Berra, cabrinha, / Some, mesinha",

e tudo desapareceu no mesmo instante.

Então Dois-olhinhos acordou Um-olhinho e disse:

— Um-olhinho, queres ser guardadora e pegas no sono! Nesse meio tempo a cabra podia ter fugido pelo mundo afora; vem, vamos para casa.

E elas voltaram para casa, e Dois-olhinhos deixou novamente a sua tigela de comida sem tocá-la. Um-olhinho não pôde revelar à mãe porque a irmã não queria comer, e disse para se desculpar:

— Eu adormeci lá fora.

No dia seguinte a mãe falou a Três-olhinhos:

— Desta vez irás tu com ela e prestarás atenção para ver se Dois-olhinhos come lá fora e se alguém lhe traz comida e bebida; porque é certo que ela come e bebe às escondidas.

Então Três-olhinhos disse a Dois-olhinhos:

— Eu vou contigo para ver se a cabra é bem guardada e bem alimentada.

Mas Dois-olhinhos percebeu o que Três-olhinhos tinha em mente, e tocou a cabra para a grama alta e disse:

— Vamos sentar, Três-olhinhos. Vou te cantar alguma coisa.

Três-olhinhos sentou-se, cansada do caminho e do calor do sol, e Dois-olhinhos recomeçou a cantiga de antes, e cantou:

"Três-olhinhos, velas tu?"

Mas em vez de continuar com:

"Três-olhinhos, dormes tu?"

ela cantou inadvertidamente:

"Dois-olhinhos, dormes tu?"

e cantava sempre:

"Três-olhinhos, velas tu?" / Dois-olhinhos, dormes tu?"

E então fecharam-se dois dos olhos de Três-olhinhos, e dormiram, mas o terceiro não adormeceu, porque a falinha não se dirigiu a ele. Mas Três-olhinhos fechou o terceiro olho, só de esperteza, fingindo que ele também dormia; mas ele piscava e podia ver tudo muito bem. E quando Dois-olhinhos pensou que Três-olhinhos estava bem adormecida, ela disse a sua falinha:

"Berra, cabrinha, / Põe-te, mesinha",

e comeu e bebeu até se fartar, e depois mandou a mesinha embora:

"Berra, cabrinha, / Some, mesinha",

e Três-olhinhos assistiu e viu tudo.

Então Dois-olhinhos foi e acordou-a e disse:

— Ei, Três-olhinhos, tu caíste no sono? És uma boa guardadora! Vem, vamos para casa.

E quando chegaram em casa, Dois-olhinhos não quis comer nada de novo, e Três-olhinhos disse à mãe:

— Agora eu sei porque essa coisinha orgulhosa não come; quando ela fica lá fora com a cabra, e lhe diz:

"Berra, cabrinha, / Põe-te, mesinha",

aparece na frente dela uma mesinha posta e coberta com as melhores comidas, muito melhores que as que temos aqui; e quando ela está farta, ela diz:

"Berra cabrinha, / Some, mesinha",

e tudo desaparece na hora. Eu assisti tudo isso direitinho. Dois dos meus olhos ela fez adormecer com uma falinha, mas o da testa felizmente ficou acordado.

Então a mãe invejosa gritou:

— Queres estar melhor do que nós? Esta vontade vai-te passar já e já!

E ela apanhou um facão e cravou-o no coração da cabra, que caiu morta.

Quando Dois-olhinhos viu isso, saiu cheia de tristeza, sentou-se na beira do mato e chorou lágrimas amargas.

Aí de repente surgiu de novo ao seu lado aquela sábia mulher e disse:

— Dois-olhinhos, por que choras?

— E não é para eu chorar? — respondeu ela. — A cabra que me punha aquela linda mesinha quando eu lhe dizia a falinha que a senhora me ensinou, foi abatida por minha mãe. Agora terei de sofrer fome e aflição novamente.

A sábia mulher falou:

— Dois-olhinhos, eu vou te dar um bom conselho. Pede às tuas irmãs que te dêem as vísceras da cabra morta, e enterra-as no chão na frente da porta da casa; isto será a tua sorte.

Então ela sumiu, e Dois-olhinhos foi para casa e disse às irmãs:

— Queridas irmãs, dai-me alguma coisa da minha cabra: eu não peço nada de bom, dai-me só as suas vísceras.

Então elas riram e disseram:

— Podes ficar com elas, se não queres nada mais.

E Dois-olhinhos pegou as vísceras e enterrou-as à noite, às escondidas, seguindo o conselho da sábia mulher, na frente da porta da casa.

Quando na manhã seguinte todas elas acordaram e saíram para a porta da casa, lá estava uma árvore suntuosa e maravilhosa, que tinha folhas de prata e frutos de ouro, como decerto não existia nada mais belo e precioso em todo o vasto mundo. Mas elas não sabiam como aquela árvore fora parar ali durante a noite; só Dois-olhinhos observou que ela nascera das vísceras da cabra — pois crescia no lugar exato onde a moça as enterrara na véspera.

Então a mãe disse a Um-olhinho:

— Sobe na árvore, minha filha, e traze-nos os seus frutos!

Um-olhinho subiu, mas toda vez que ela queria agarrar um dos pomos de ouro, o galho escapava-lhe das mãos; e isto aconteceu todas as vezes, de modo que ela não conseguiu pegar nem uma só maçã, por mais que se esforçasse.

Então a mãe falou:

— Três-olhinhos, sobe tu, com os teus três olhos podes ver em volta melhor que Um-olhinho.

Um-olhinho desceu da árvore e Três-olhinhos subiu. Mas Três-olhinhos não foi mais jeitosa que a irmã, e podia olhar à vontade, que as maçãs de ouro lhe escapavam sempre. Finalmente a mãe perdeu a paciência e subiu ela mesma, mas não conseguiu nada mais que Um-olhinho e Três-olhinhos, e só agarrava o ar vazio.

Então falou Dois-olhinhos:

— Eu vou subir, quem sabe tenho mais sorte.

E embora as irmãs gritasse: "Não arranjarás nada, tu com os teus dois olhos", Dois-olhinhos subiu assim mesmo, e as maçãs de ouro não fugiam dela, mas entravam sozinhas na sua mão, de modo que ela pôde colher uma após outra, trazendo para baixo o aventalzinho cheio delas.

A mãe tomou-as dela, mas em vez de Um-olhinho e Três-olhinhos tratarem a pobre Dois-olhinhos melhor depois disso, elas só ficaram cheias de inveja porque Dois-olhinhos era a única que podia colher os frutos, e trataram-na ainda mais duramente.

Certa vez, quando elas estavam todas juntas em volta da árvore, apareceu ali um jovem cavaleiro.

— Ligeiro, Dois-olhinhos, — gritaram as duas irmãs, — desaparece, para que nós não tenhamos de nos envergonhar de ti! E viraram com a maior pressa um barril vazio, que estava lá ao lado da árvore, em cima da pobre Dois-olhinhos, e esconderam as maças de ouro que ela tinha trazido debaixo do mesmo barril.

Quando o cavaleiro se aproximou, viram que era um belo rapaz. Ele parou, admirou a suntuosa árvore de ouro e prata e disse às duas irmãs:

— A quem pertence esta linda árvore? Quem me der um ramo dela poderá pedir o que bem quiser em troca.

Então Um-olhinho e Três-olhinhos responderam que a árvore lhes pertencia, e que elas lhe dariam um ramo de bom grado. E elas bem que tentaram com grande esforço, mas não o conseguiram, porque os ramos e os frutos recuavam sempre diante delas.

Então o cavaleiro disse:

— É muito estranho que a árvore vos pertença e vós não tenhais o poder de tirar alguma coisa dela!

As moças insistiram que a árvore era sua propriedade. Mas enquanto elas falavam assim, Dois-olhinhos fez rolar de sob o barril duas maçãs de ouro, de modo que elas rolaram até os pés do cavaleiro; pois Dois-olhinhos estava zangada porque Um-olhinho e Três-olhinhos não disseram a verdade.

Quando o cavaleiro viu as maçãs, admirou-se e perguntou de onde elas vieram. Um-olhinho e Três-olhinhos responderam que tinham mais uma irmã, que, porém, não podia se mostrar porque tinha só dois olhos como as outras pessoas. Mas o cavaleiro exigiu vê-la e chamou:

— Dois-olhinhos, sai e aparece!

Então Dois-olhinhos apareceu bem calmamente de sob o barril. O cavaleiro admirou-se da sua beleza e disse:

— Tu, Dois-olhinhos, decerto podes quebrar um ramo da árvore para mim.

— Sim, — disse Dois-olhinhos, — certamente posso fazer isso, porque a árvore me pertence.

E ela subiu e quebrou sem esforço um raminho com finas folhas de prata e frutos de ouro e entregou-o ao cavaleiro.

Então o cavaleiro falou:

— Dois-olhinhos, o que devo dar-te em troca disto?

— Ai, — respondeu Dois-olhinhos, — eu sofro fome e sede, aflição e tristeza desde a manhã até tarde da noite; se vós quisésseis levar-me e libertar-me, eu ficaria feliz.

Então o cavaleiro pôs Dois-olhinhos na garupa do seu cavalo e levou-a para casa, para o castelo paterno. Lá ele deu-lhe lindos vestidos, comida e bebida à vontade, e porque gostava muito dela, quis casar-se com ela, e as bodas foram celebradas com grande alegria.

Quando Dois-olhinhos foi levada pelo belo cavaleiro, as duas irmãs invejaram-na mais ainda por sua felicidade. "Mas a árvore maravilhosa fica conosco", pensaram elas; "embora não possamos arrancar os frutos dela, toda gente vai parar na frente dela, virá aqui e a louvará; quem sabe o que a sorte ainda nos reserva!"

Mas na manhã seguinte a árvore tinha sumido e a esperança delas foi-se com ela. E quando Dois-olhinhos espiou pela janela do seu quarto no castelo, viu para sua grande alegria que a árvore estava agora debaixo da sua janela, pois a tinha seguido.

Dois-olhinhos viveu muito tempo, alegre e feliz. Certa vez vieram duas mulheres pobres ao seu castelo, pedindo esmola. Dois-olhinhos fitou-as no rosto e reconheceu suas irmãs Um-olhinho e Três-olhinhos, que caíram em tamanha pobreza que tinham de andar de porta em porta para procurar alimento. Dois-olhinhos, porém, deu-lhes as boas-vindas e tratou-as bem e cuidou delas, de modo que as duas se arrependeram de coração do mal que na juventude fizeram à sua irmã.

ALVA-NEVE E ROSA-RUBRA

Uma pobre viúva vivia solitária em pequena cabana, na frente da qual havia um jardim. Nele havia duas roseiras, uma de rosas brancas, outra de rosas vermelhas. A mulher tinha duas filhas, que se pareciam com as duas roseirinhas, uma se chamava Alva-neve e a outra, Rosa-rubra. Eram ambas tão boas e devotas, tão trabalhadeiras e bem-

humoradas, como poucas crianças no mundo inteiro, mas Alva-neve era mais quieta e mais suave que Rosa-rubra.

Rosa-rubra gostava de pular pelos campos e prados, colher flores e caçar borboletas; Alva-neve, porém, ficava em casa com a mãe, ajudava-a nos serviços caseiros ou lia para ela, quando não havia o que fazer. As duas meninas gostavam tanto uma da outra, que andavam de mãos dadas sempre que saíam juntas. Quando Alva-neve dizia: — Nós nunca nos separaremos, Rosa-rubra respondia: — Nunca, enquanto vivermos, e a mãe acrescentava: — O que uma possuir, deverá repartir com a outra.

Muitas vezes elas corriam sozinhas pela floresta e colhiam bagas, mas animal algum jamais lhes fez mal; muito pelo contrário, os bichos aproximavam-se delas, confiantes: o coelhinho comia uma folha de repolho das suas mãos, a corça pastava ao seu lado, o veado passava pulando alegre, e os passarinhos continuavam pousados nos ramos e cantavam a plenos pulmões. Nenhum acidente lhes acontecia. Se elas se atrasavam no mato e a noite as surpreendia, deitavam-se lado a lado sobre o musgo e dormiam até o romper da manhã, e a mãe sabia disso e nunca se preocupava por causa delas.

Certa vez, quando elas pernoitaram na floresta e a aurora as despertou, viram uma linda criança, de vestidinho branco brilhante, sentada ao lado delas. Ela se levantou e fitou-as muito gentilmente, mas não disse nada e entrou pelo mato adentro. E quando elas se voltaram, viram que estiveram dormindo bem perto de um abismo, e teriam certamente caído nele, se tivessem andado mais alguns passos no escuro. A mãe porém lhes disse que aquele deve ter sido o anjo da guarda das crianças boas.

Alva-neve e Rosa-rubra conservavam a casinha da mãe tão limpa que dava gosto de ver. No verão, Rosa-rubra cuidava da casa e toda

a manhã punha ao lado da mãe, antes que ela acordasse, um raminho de flores, no qual havia uma rosa de cada roseirinha do jardim. No inverno, Alva-neve acendia o fogo e pendurava o caldeirão no gancho. O caldeirão era de cobre, mas brilhava como ouro, tão bem areado estava. À noite, quando caíam os flocos de neve, a mãe dizia:

— Vai, Alva-neve, e fecha o ferrolho.

E então elas se sentavam junto ao fogão, e a mãe pegava os óculos e lia trechos de um grande livro, e as duas meninas escutavam, sentadinhas, fiando. Ao seu lado, deitado no chão, estava um cordeirinho, e atrás delas, num poleiro, pousava uma pombinha, com a cabecinha debaixo da asa.

Certa noite, quando elas estavam assim aconchegadas, alguém bateu na porta, como se quisesse entrar. A mãe falou:

— Depressa, Rosa-rubra, abre; deve ser um forasteiro que procura abrigo.

Rosa-rubra correu e tirou a tranca da porta, pensando que era um homem pobre. Mas não era um homem, e sim um urso, que enfiou

pela porta a sua grossa cabeça negra. Rosa-rubra soltou um grito e pulou para trás; o cordeirinho baliu, a pombinha bateu asas e voou, e Alva-neve escondeu-se atrás da cama da mãe.

Mas o urso começou a falar e disse:

— Não tenham medo, eu não lhes farei mal; estou enregelado e só quero aquecer-me um pouco aqui.

— Pobre urso, — disse a mãe, — deita-te junto ao fogo, mas tem cuidado para não chamuscar o pêlo. — E chamou então: — Alva-neve, Rosa-rubra, apareçam! O urso não lhes fará nada, ele fala sério.

Então as duas apareceram, e pouco a pouco também o cordeirinho e a pombinha se aproximaram, já sem medo. O urso disse:

— Meninas, sacudam um pouco a neve do meu pêlo!

E elas pegaram a vassoura e limparam o pêlo do urso; ele porém espichou-se na frente do fogo, resmungando contente e acomodado.

Não demorou que elas ficassem confiantes de todo e brincassem com o desajeitado hóspede. Puxavam-lhe o pêlo com as mãos, punham-lhe os pezinhos nas costas e sapateavam para lá e para cá, ou pegavam uma varinha de nogueira e batiam nele, e quando ele rosnava, elas riam. O urso porém deixava-as fazer o que queriam, e só quando elas passavam da conta, ele gritava:

— Deixem-me vivo, meninas!

"Rosa-rubra, Alva-neve, / Batam menos por favor,
Se matar vocês não querem / Este seu libertador".

Quando chegou a hora de dormir, e as meninas foram para a cama, a mãe disse ao urso:

— Podes pousar aqui mesmo, junto ao fogo, em nome de Deus, pois aqui estarás protegido do frio e do mau tempo.

Assim que amanheceu, as duas meninas deixaram-no sair, e ele voltou pela neve para a sua floresta. E de então em diante, o urso vinha todas as tardes à mesma hora, deitava-se junto ao fogão e deixava as crianças se divertirem com ele à vontade, e elas ficaram tão acostumadas com ele, que não punham a tranca na porta até que chegasse o negro companheiro.

Quando chegou a primavera e tudo estava verde lá fora, certa manhã o urso disse a Alva-neve:

— Agora tenho de ir embora, e não poderei voltar durante o verão inteiro.

— E para onde vais, urso querido? — perguntou Alva-neve.

— Devo voltar para a floresta e proteger os meus tesouros contra os anões malvados. No inverno, quando a terra está congelada, os anões têm de ficar lá embaixo e não conseguem sair. Mas agora que o sol degelou a terra e a esquentou, eles a furam, e sobem, para procurar e roubar. O que cai nas suas mãos e vai parar nas suas cavernas não sai facilmente para a luz do dia.

Alva-neve ficou muito triste com essa despedida, e quando abriu a porta para o urso e ele se esgueirou para fora, ficou enganchado no gonzo, e um pedaço do seu pêlo ficou preso ali. Então pareceu a Alva-neve que ela viu brilhar alguma coisa, como se fosse ouro, mas não tinha certeza disso. O urso saiu correndo apressado e logo sumiu por detrás das árvores.

Algum tempo depois, a mãe mandou as filhas para a floresta, juntar gravetos. Aí elas deram com uma grande árvore derrubada no chão, e

junto daquele tronco alguma coisa pulava para cá e para lá no meio da grama. Quando elas se aproximaram, viram um anão, de rosto velho e encarquilhado, e longa barba branca como a neve. A ponta da barba ficara presa numa fresta do tronco caído, e o pequerrucho pulava de um lado para outro tal qual um cachorrinho na corrente, e não sabia o que fazer para se livrar. Ele lançou um olhar furioso dos seus olhos vermelhos de fogo nas meninas e gritou:

— Por que estais paradas aí sem fazer nada?! Não podeis vir me ajudar não?

— O que foi que aprontaste, homenzinho? — perguntou Rosa-rubra.

— Ó menina burra e curiosa, — respondeu o anão, — eu quis rachar este tronco, para ter lenha miúda na cozinha; com as achas graúdas, fica logo queimado o pouquinho de comida que consumimos nós outros, que não devoramos tanta coisa como o teu povo grosseiro e glutão. E eu já tinha cravado a cunha, e estaria tudo bem conforme eu desejava, mas o pedaço de pau era liso demais e saltou fora de repente, e a fenda fechou-se tão depressa que eu não tive tempo de puxar para fora a minha linda barba branca. Agora ela está presa, e eu não posso ir embora. E vós ainda ficais rindo, com vossas caras branquelas e lambidas! Irra, como sois nojentas!

As meninas tentaram e fizeram força, mas não conseguiram livrar-lhe a barba; ela estava presa demais.

— Vou correndo buscar gente, — disse Rosa-rubra.

— Suas estúpidas malucas, — rosnou o anão, — quem é que vai logo chamar mais gente? Vós duas já sois demais para mim. Será que não vos vem uma idéia melhor?

— Não fiques impaciente, — disse Alva-neve, — eu já vou te ajudar. E ela tirou do bolso a sua tesourinha e cortou a ponta da barba.

Assim que o anão se viu livre, agarrou um saco cheio de ouro, que estava entre as raízes da árvore, arrancou-o de lá e resmungou:

— Gente grosseira, cortar um pedaço de minha bela barba! O diabo que vos recompense!

Com isso ele jogou o saco nas costas e foi embora, sem ao menos um olhar para as meninas.

Algum tempo depois, Alva-neve e Rosa-rubra quiseram sair para pescar peixes. Quando chegaram perto do ribeirão, viram algo que parecia um grande gafanhoto pulando em direção à água, como se quisesse se atirar dentro dela. Aproximaram-se mais e reconheceram o anão.

— Para onde vais? Não queres pular na água?

— Não sou tão tolo assim, — gritou o anão, — será que não estais vendo que é o maldito peixe que está me puxando para dentro?

O anão estivera sentado ali, pescando, e por azar o vento enroscou sua barba na linha do anzol. Quando logo em seguida um grande peixe mordeu a isca, faltaram forças à frágil criatura para puxá-lo para fora. O peixe levou a melhor e puxava o anão para junto de si. E embora ele se agarrasse a todas as moitas e gramas, não conseguia segurar-se e tinha de acompanhar os movimentos do peixe, com grande perigo de ser arrastado para dentro da água.

As meninas chegaram bem na hora, seguraram-no e tentaram livrar a barba da linha; mas em vão, barba e linha estavam muito embaraçadas. Não restava nada a fazer a não ser tirar a tesourinha e cortar a barba, no que se perdeu uma pequena parte dela.

Quando o anão viu isso, berrou com elas:

— Que maneira é essa, suas burras, de envergonhar a cara de uma pessoa? Não contentes de cortar a ponta da minha barba, agora me cortais a melhor parte dela? Não posso mais me mostrar na frente dos

meus! E ele apanhou um saco cheio de pérolas preciosas, que estava entre os juncos, e sem mais uma palavra, arrastou-o consigo e sumiu por trás de uma pedra.

Pouco tempo depois, a mãe mandou as meninas para a cidade, comprar linhas, agulhas, cordões e fitas. O caminho levou-as através de uma charneca, na qual havia, espalhados, enormes pedaços de rocha. Súbito elas viram um grande pássaro voando em círculos por cima delas, descendo cada vez mais, até pousar não muito longe, junto de uma pedra. E imediatamente elas ouviram um grito agudo e lamentoso. Correram e viram assustadas que a águia agarrara o anão, seu velho conhecido, e queria levá-lo embora. As meninas compadecidas seguraram logo o homenzinho e lutaram com a águia até que ela soltou a presa.

Quando o anão se refez do primeiro susto, gritou com voz estridente:

— Não podíeis me tratar um pouco melhor? Vós puxastes pelo meu fino casaquinho até que ele ficou todo rasgado e esfarrapado, gentinha grosseira e desajeitada que sois!

E ele pegou o seu saco de pedras preciosas e se enfiou de novo na sua toca debaixo da pedra. As meninas, que já estavam acostumadas com a sua ingratidão, continuaram o seu caminho e providenciaram as compras na cidade. Quando, no caminho de volta, passaram

de novo pela charneca, surpreenderam o anão que esvaziara o seu saco de pedras preciosas num lugarzinho limpo, sem pensar que alguém ainda passaria por lá, tão tarde. O sol poente iluminava as pedras cintilantes, que brilhavam tão suntuosamente em todas as cores, que as meninas pararam para contemplá-las.

— Por que estais paradas aí de olhos arregalados feito macacos? — gritou o anão, e sua cara cinzenta ficou escarlate de raiva. Ele ia continuar com os seus insultos, quando se ouviu um forte resmungar e um urso negro saiu de dentro do mato.

O anão deu um pulo de susto, mas já não lhe dava tempo de voltar para o seu esconderijo, o urso já estava diante dele. Então ele gritou, transido de medo:

— Urso querido, poupa-me! Eu te darei todos os meus tesouros. Olha as lindas pedras preciosas na tua frente. Poupa a minha vida; de que te serve um sujeitinho franzino e miúdo como eu? Não sentirás nem mesmo o meu gosto entre os dentes. Olha aí, pega essas duas meninas imprestáveis, isso sim te será um bom bocado, tenras e gordas como codorninhas novas, devora-as logo, pelo amor de Deus!

O urso não se importou com as suas palavras, deu uma só patada na perversa criatura, e ela não se mexeu mais.

As meninas tinham fugido, mas o urso gritou-lhes ao encalço:

— Alva-neve e Rosa-rubra, não tenham medo! Esperem, que eu vou com vocês!

Então elas reconheceram a sua voz e pararam, e quando o urso chegou até elas, a sua pele de animal caiu de repente, e lá estava ele, um belo homem todo vestido de ouro.

— Eu sou o filho de um rei, — disse ele, — e fui enfeitiçado pelo perverso anão, que me roubou meus tesouros, para correr pela floresta na forma de urso selvagem, até ser libertado pela sua morte. Agora ele recebeu o castigo merecido.

Alva-neve casou-se com o príncipe e Rosa-rubra, com o irmão dele e eles repartiram os grandes tesouros que o anão acumulara na sua caverna. A velha mãe viveu ainda por muitos anos, feliz ao lado das suas filhas. Mas ela levou consigo as duas roseirinhas, que ficaram debaixo da sua janela e deram todos os anos as mais lindas rosas, brancas e vermelhas.

MONTE SIMELI

Eram dois irmãos, um era rico e outro era pobre. O rico porém não dava nada ao pobre, e este tinha de se manter penosamente, vendendo grãos, e nisso ele ia tão mal que muitas vezes não ganhava o suficiente para o pão da mulher e dos filhos.

Certa vez ele passava pela floresta com seu carrinho de mão, quando viu de um lado um grande monte pelado, e como nunca o tinha visto antes, parou e examinou-o, admirado. Quando estava parado assim, ele viu chegarem doze homens grandalhões, de aspecto selvagem. Pensando que eram salteadores, ele empurrou o carro para dentro de uns arbustos, subiu numa árvore e esperou pelos acontecimentos.

Os doze homens postaram-se diante do monte e gritaram:

— Monte Semsi, Monte Semsi, abre-te!

Imediatamente o monte pelado abriu-se no meio, e os doze entraram, e assim que estavam dentro, o monte se fechou. Logo depois, porém, ele tornou a se abrir, e os doze homens saíram, carregando sacos nas costas. E quando já estavam todos fora e à luz do dia, disseram:

— Monte Semsi, Monte Semsi, fecha-te!

E o monte se fechou, não se podia ver entrada alguma, e os doze foram embora.

Quando o irmão pobre já os perdera inteiramente de vista, desceu da árvore, e ficou curioso de saber o que de secreto se ocultava dentro do monte. Por isso, ficou na frente dele e disse:

— Monte Semsi, Monte Semsi, abre-te!

E o monte abriu-se diante dele. Então ele entrou, e o monte todo era uma caverna de prata e ouro, e no fundo havia grandes montes de pérolas e pedras preciosas cintilantes, amontoados como grãos. O pobre não sabia por onde começar, ou se podia pegar alguma coisa dentre aqueles tesouros. Finalmente, encheu os seus bolsos de ouro, mas deixou sem tocar as pérolas e as pedras preciosas.

Quando o pobre saiu de lá, disse tambem:

— Monte Semsi, Monte Semsi, fecha-te!

E o monte se fechou e o pobre voltou para casa com o seu carro.

Agora ele não precisava se preocupar mais, e podia, com aquele ouro, comprar pão e até vinho para a sua mulher e filhos e viveu alegre e honestamente, dando aos pobres e fazendo o bem a todos.

Mas quando o ouro acabou, ele foi ao seu irmão, pediu uma medida emprestada e foi buscar mais ouro no monte; mas não tocou nos grandes tesouros. Quando quis buscar alguma coisa no monte, pela terceira vez, pegou novamente a medida do irmão emprestada. Mas o rico há muito que já estava com inveja da fortuna do irmão e da bela casa em que ele se instalara, e não podia compreender de onde vinha aquela riqueza e o que o irmão queria fazer com a sua medida. Então inventou um estratagema: untou o fundo da medida com piche.

Quando ele recebeu a medida de volta, uma moeda de ouro estava grudada no fundo. Imediatamente ele procurou o irmão e perguntou:

— O que mediste com a minha medida?

— Trigo e cevada, — disse o outro.

Então o irmão lhe mostrou a moeda de ouro, e ameaçou denunciá-lo à justiça, se ele não lhe contasse toda a verdade. Aí o irmão contou-lhe tudo que lhe acontecera.

O rico, porém, mandou logo atrelar um carro, e saiu para a floresta, querendo aproveitar melhor aquela oportunidade e trazer outros e bem maiores tesouros.

Quando ele chegou ao monte, pôs-se na frente dele e falou:

— Monte Semsi, Monte Semsi, abre-te!

O monte se abriu e ele entrou. Lá estavam aquelas riquezas todas diante dele, e durante muito tempo ele não soube o que pegar primeiro. Por fim ele juntou pedras preciosas, tantas quantas podia carregar. E já ia levar a sua carga para fora, mas como estava com a cabeça cheia daqueles tesouros, acabou esquecendo o nome do monte e gritou:

— Monte Simeli, Monte Simeli, abre-te!

Mas esse não era o nome correto, e o monte não se moveu e continuou trancado. Então o rico ficou com medo, mas quanto mais ele pensava, mais confusos ficavam seus pensamentos, e todos os tesouros não lhe serviram de nada.

Ao anoitecer, o monte se abriu e os doze salteadores entraram. Quando eles o viram, puseram-se a rir e gritaram:

— Ladrão, até que enfim te agarramos! Pensas que não percebemos que vieste cá duas vezes? Só não conseguíamos

encontrar-te. Mas da terceira vez não sairás mais.

Então ele gritou:

— Não fui eu, foi meu irmão!

Mas ele podia implorar pela sua vida e dizer o que quisesse, os salteadores não o libertaram mais.

O REI BARBA-DE-MELRO

Um rei tinha uma filha que era muito linda, mas tão orgulhosa e arrogante que nenhum pretendente a satisfazia. Ela recusava um após outro e ainda por cima zombava deles.

Certa vez o rei mandou dar uma grande festa, para a qual convidou os homens casadouros de todos países, próximos e distantes. Todos eles foram colocados numa fila, por posição e categoria: primeiro os reis, depois os duques, os príncipes, os condes, os barões e por fim os fidalgos.

A princesa passou as fileiras em revista, mas achava algum defeito em cada um deles. Um era gordo demais para o seu gosto: "O barril de vinho!", disse

ela. O outro, comprido demais: "Comprido e oscilante, deselegante!" O terceiro, curto demais: "Curto e atarracado, desajeitado!" O quarto, pálido demais: "Lívido de morte, não dá sorte!" O quinto, vermelho demais: "Crista de galo!" O sexto, pouco aprumado: "Lenha verde, secada atrás da estufa!" E assim ela achava alguma falha em cada um deles. Mas a princesa divertiu-se especialmente à custa de um jovem rei, bem na ponta da fila, que tinha o queixo um pouco torto.

— Ora, vejam, — exclamou ela rindo, — este aqui tem queixo como o bico de melro. E desde então ele ficou com o apelido de Queixo-de-melro.

Mas quando o rei viu que sua filha não fazia outra coisa a não ser zombar das pessoas, e insultar todos os pretendentes ali reunidos, ficou irado e jurou que ela se casaria com o primeiro mendigo que aparecesse diante da sua porta.

Alguns dias depois, um músico ambulante começou a cantar debaixo da janela, para com isso ganhar uma pequena esmola. Quando o rei ouviu isso, falou:

— Deixem-no entrar!

Então o músico, nos seus trajes sujos e esfarrapados, entrou e cantou diante do rei e da sua filha, e quando terminou, pediu uma humilde doação.

O rei falou:

— Teu canto me agradou tanto, que quero dar-te a minha filha em casamento.

A princesa assustou-se, mas o rei disse:

— Eu fiz o juramento de te dar ao primeiro mendigo e vou cumpri-lo.

Não adiantaram os protestos; o padre foi chamado e ela teve de se casar imediatamente com aquele músico. E quando isto foi feito, o rei falou:

— Agora não fica bem que tu, a mulher de um mendigo, continues vivendo no meu palácio. Agora podes partir com o teu marido.

O mendigo levou-a embora pela mão e ela foi obrigada a segui-lo a pé.

Quando eles chegaram a um grande bosque, ela perguntou:

— Ai, a quem pertence este lindo bosque?

"O Rei Barba-de-melro é o dono seu,
se o tivesses aceito, seria teu!"
"Ai de mim, não estaria eu neste estado,
se o Rei Barba-de-melro eu tivesse aceitado!"

Depois eles passaram por uma grande cidade, e ela perguntou de novo:

— A quem pertence esta linda cidade?

"O Rei Barba-de-melro é o dono seu,
se o tivesses aceito, seria teu".
"Ai de mim, não estaria eu neste estado,
se o Rei Barba-de-melro eu tivesse aceitado!"

— Não me agrada nem um pouco, — disse o músico, — que tu estejas sempre desejando outro homem para marido; não sou bastante bom para ti?

Finalmente, chegaram a uma pequena casinha, e ela perguntou:

"Meu Deus, que casa pequenininha!
A quem pertence esta casinha?"

O músico respondeu:
— A casa é minha e tua, nós dois vamos viver juntos nesta casa.
Ela teve de se curvar para poder passar pela porta baixinha.
— Onde estão os criados? — perguntou a princesa.
— Que criados? — respondeu o mendigo. — Terás de fazer sozinha o que quiseres ver feito. Acende já o fogo e põe água para ferver, para cozinhar a minha comida. Estou muito cansado.
Mas a filha do rei não entendia nada de acender fogo e cozinhar, e o mendigo teve de pôr as próprias mãos à obra para que as coisas andassem mais ou menos. E quando eles terminaram a parca refeição, foram logo para a cama.
Mas de manhã ele já a tocou para fora bem cedo, para cuidar da casa.
Eles viveram dessa forma, mal e mal durante alguns dias, e aí acabaram as suas provisões. Então o marido disse:
— Mulher, não dá para continuarmos assim, comendo e não ganhando nada. Tu terás de fazer cestas.
Ele saiu, cortou juncos e trouxe-os para casa. Ela começou a trançá-los, mas os juncos duros feriram suas delicadas mãos.
— Estou vendo que isso não dá certo, — disse o marido. — É melhor que comeces a fiar, talvez faças isso melhor.
Ela sentou-se para fiar, mas a linha áspera cortou-lhe logo os dedos macios, que começaram a sangrar.
— Estás vendo, — disse o marido, — não serves para trabalho algum; fiz um mau negócio contigo. Vou tentar começar um comércio com potes e outras vasilhas de barro; agora tu irás para o mercado, te sentarás ali e venderás a mercadoria.

"Ai de mim", pensou ela, "se no mercado aparecerem pessoas do reino do meu pai, e me virem sentada ali, vendendo, como elas zombarão de mim!"

Mas de nada adiantou, ela teve de se conformar, se os dois não quisessem morrer de fome. Da primeira vez foi tudo bem, pois as pessoas compravam as mercadorias da mulher, porque ela era bonita, e pagavam o que ela pedia: muitos até lhe davam o dinheiro e deixavam as vasilhas. E então eles viveram do que foi ganho, enquanto o dinheiro durou. Aí o marido comprou mais uma porção de potes e tigelas, e ela sentou-se numa esquina do mercado, cercada de vasilhas que oferecia à venda. De repente, chegou galopando um hussardo embriagado, e meteu o cavalo bem no meio daqueles potes, fazendo tudo voar em cacos e pedaços. Ela começou a chorar sem saber o que fazer, de medo.

— Ai, o que será de mim! — exclamou ela. — O que será que o meu marido vai dizer?! — E correu para casa e contou-lhe a sua desgraça.

— E quem é que é tolo de se sentar na esquina do mercado, com louça de barro! — disse o marido. — Pára de chorar, estou vendo que tu não prestas para nenhum trabalho decente. Ainda há pouco estive no castelo do nosso rei e perguntei se eles não precisavam de uma servente de cozinha, e eles me prometeram que te aceitariam ali; em paga do teu trabalho, terás comida de graça.

Então a filha do rei tornou-se servente de cozinha, tinha que obedecer ao cozinheiro e fazer o trabalho mais desagradável. Ela prendeu um potinho em cada bolso, para levar para casa o que lhe era deixado das sobras, e este era o alimento do casal.

Pouco depois foi anunciada a festa de casamento do filho mais velho do rei. Então a pobre mulher subiu, e postou-se perto da porta do salão, para poder observá-lo. E quando as luzes se acenderam e todos foram entrando, cada um mais belo que o outro, e tudo estava cheio de esplendor e de pompa, ela pensou tristemente no seu destino e maldisse o seu orgulho e arrogância, que a humilharam e a precipitaram em tamanha miséria. E dos manjares deliciosos que eram levados e trazidos, e cujo aroma chegava até ela, os criados lhe jogavam de vez em quando algumas migalhas, que ela punha nos seus potinhos, para levá-los para casa.

De repente, entrou o filho de um rei. Trajava sedas e veludos e tinha correntes de ouro no pescoço. E quando ele viu a bela mulher parada na porta, agarrou-a pela mão e quis dançar com ela. Mas ela recusou, assustada, pois viu que ele era o Rei Barba-de-melro, que fora pretendente à sua mão e que ela desdenhara com zombarias. Mas sua

resistência de nada adiantou, ele arrastou-a para o salão. Aí rompeu-se a fita que amarrava os dois potinhos nos seus bolsos, e eles caíram ao chão. E quando os presentes viram isso, prorromperam em risos e caçoadas, e ela ficou tão envergonhada que desejou estar mil palmos debaixo da terra. Saiu correndo pela porta afora, tentando fugir, mas um homem alcançou-a na escadaria e a trouxe de volta, e quando ela o encarou viu que era de novo o rei Barba-de-melro.

Ele lhe disse gentilmente:

— Não tenhas medo, eu e o músico, com quem moraste naquele casebre miserável, somos a mesma pessoa. Foi por amor de ti que eu me disfarcei assim. E o hussardo que pisoteou as tuas vasilhas também era eu. Tudo isso aconteceu, para dobrar o teu gênio orgulhoso e te castigar pela tua arrogância, com a qual zombaste de mim.

Então ela chorou amargamente e disse:
— Eu fiz muito mal e não sou digna de ser tua esposa.
Porém ele disse:
— Consola-te, os dias amargos já passaram, agora nós vamos celebrar as nossas bodas.
Então vieram as camareiras e vestiram-na com trajes suntuosos e veio o rei seu pai e toda a corte, e todos lhe desejaram felicidade no seu enlace com o rei Barba-de-melro, e a verdadeira alegria só começou então.

MANINHO E MANINHA

Maninho pegou sua Maninha pela mão e disse:
— Desde que a nossa mãe morreu, não tivemos mais uma única hora boa; a madrasta bate-nos todos os dias, e quando a procuramos ela nos enxota a pontapés. As duas crostas de pão que sobram são o nosso alimento, até o cãozinho debaixo da mesa passa melhor que nós: às vezes ela até lhe joga um bocado melhor. Deus tenha misericórdia, se a nossa mãe soubesse disso! Vem, vamos embora juntos para o vasto mundo.
Caminharam o dia inteiro por prados, campos e pedras, e quando chovia, Maninha dizia:
— Deus e os nossos corações, eles choram juntos!
Ao anoitecer, chegaram a uma grande floresta, e estavam tão cansados de tristeza, fome e da longa caminhada, que se sentaram num tronco oco e adormeceram.
Na manhã seguinte, quando acordaram, o sol já estava alto no céu e brilhava para dentro do mato. Então Maninho falou:
— Maninha, estou com sede. Se eu soubesse de uma fonte iria lá e beberia; parece que estou ouvindo um marulhar.
Maninho levantou-se, tomou Maninha pela mão e foram procurar a fonte. Mas a malvada madrasta, que era uma bruxa, vira muito bem quando as crianças partiram, seguira-as sorrateiramente, às escondidas, arrastando-se como as bruxas se arrastam, e enfeitiçara todas as fontes da floresta. Quando então eles encontraram uma fonte que saltava clara e alegre por cima das pedras; Maninho quis beber da sua água; mas Maninha ouviu a fala do riacho marulhando:
— Quem beber de mim, vira tigre, vira tigre.
Então Maninha exclamou:
— Eu te peço, Maninho, não bebas, senão vais virar fera selvagem e vais me estraçalhar!

Maninho não bebeu, apesar de sentir muita sede, e disse:

— Vou esperar até a próxima fonte.

Quando eles chegaram à segunda nascente, Maninha ouviu também a voz desta, que dizia:

— Quem beber de mim, vira lobo; quem beber de mim, vira lobo.

A Maninha gritou:

— Maninho, eu te peço, não bebas, senão virarás lobo e me devorarás!

Maninho não bebeu e disse:

— Esperarei até chegarmos à próxima fonte, mas então terei de beber, não importa o que disseres. Minha sede é grande demais.

E quando eles chegaram à terceira nascente, Maninha ouviu a sua voz no marulhar, dizendo:

— Quem beber de mim, vira corça; quem beber de mim, vira corça.

Maninha disse:

— Meu Maninho, eu te peço, não bebas, senão virarás corça e fugirás de mim.

Mas Maninho já se abaixara junto da fonte, se inclinara sobre ela e bebera da sua água, e assim que a primeira gota tocara seus lábios, lá estava ele, transformado em veadinho.

Agora Maninha chorava pelo pobre Maninho enfeitiçado, e o veadinho também chorava, triste, sentado ao seu lado. Então a menina falou:

— Sossega, veadinho querido, eu não vou te abandonar, nunca.

Então ela tirou a sua liga dourada, e

colocou-a no pescoço do veadinho; colheu juncos e trançou uma corda macia, na qual amarrou o bichinho e levou-o adiante, embrenhando-se cada vez mais pela floresta adentro.

E depois de andarem muito, muito tempo, acabaram chegando a uma casa pequenina. Maninha espiou para dentro, e como estava vazia, pensou: "Aqui podemos ficar e morar". Então ela juntou folhagens e musgos e fez um leito macio para o veadinho, e todas as manhãs ela saía e colhia raízes, bagas e nozes para si mesma. Para o veadinho, ela trazia grama fresca e delicada, que o veadinho comia da sua mão, ficava alegre e brincava diante da menina. À noite, quando Maninha estava cansada, fazia a sua oração e deitava a cabeça sobre as costas do bichinho, e esse era o seu travesseiro no qual ela adormecia suavemente. E se ao menos Maninho tivesse a sua forma humana, aquela seria uma vida maravilhosa.

Assim eles viveram algum tempo sozinhos naquela selva. Um dia, aconteceu que o rei do país promoveu grande caçada na floresta. Então soaram por entre as árvores os clarins, os latidos dos cães e os gritos alegres dos caçadores, e o veadinho os ouvia e tinha muita vontade de participar daquilo tudo.

— Ai, — disse ele à Maninha, — deixa-me sair para a caçada, eu não agüento mais ficar aqui, — e pediu tanto, até que a menina concordou.

— Porém, — disse ela, — volta para casa ao anoitecer! Porque vou trancar a porta diante dos turbulentos caçadores. E para que eu te reconheça, bate e fala: "Maninha minha, abre a portinha!" E se não falares assim, não destrancarei minha porta.

Então o veadinho saltou para fora, e sentiu-se tão bem, e ficou muito alegre ao ar livre.

O rei e seus caçadores viram o belo animal e partiram ao seu encalço, mas não conseguiram alcançá-lo. E quando pensaram que já o tinham apanhado, ele pulou por cima dos arbustos e desapareceu. Quando escureceu, ele correu para a casinha, bateu e disse: "Maninha minha, abre a portinha!" E a pequena porta se abriu para ele, ele saltou para dentro e descansou a noite inteira no seu macio leito.

Na manhã seguinte, a caça recomeçou, e quando o veadinho ouviu de novo as clarinadas e os gritos dos caçadores, não teve sossego e insistiu:

— Maninha, abre, deixa-me sair!

Maninha abriu a porta e disse:

— Mas ao anoitecer deves voltar e tornar a dizer a tua falinha.

Quando o rei e seus caçadores tornaram a ver o veadinho com a coleira dourada, correram-lhe todos ao encalço, mas ele era ligeiro e

ágil demais para eles. A caçada durou o dia inteiro, mas afinal os caçadores conseguiram cercá-lo, e um deles feriu-o um pouco no pé, de modo que ele começou a mancar e só conseguiu fugir mais devagar. Então um dos caçadores seguiu-o furtivamente até a casinha, e ouviu como ele chamava: "Maninha minha, abre a portinha!", e viu então como a porta se abria e se trancava no mesmo instante. O caçador marcou bem isso, voltou ao rei e contou-lhe o que vira e ouvira. Então o rei falou:

— Amanhã faremos outra caçada.

Maninha, porém, assustou-se muito, quando viu que o seu veadinho estava ferido. Ela lavou-lhe o sangue do pé, pôs ervas no ferimento e disse:

— Deita-te na tua cama, veadinho querido, para que sares logo.

O ferimento, porém, era tão pequeno, que na manhã seguinte o veadinho já não sentia mais nada. E quando ele ouviu de novo os ruídos do grupo da caçada lá fora, falou:

— Eu não agüento ficar, preciso estar lá com eles; tão cedo ninguém vai me apanhar.

Maninha começou a chorar e disse:

— Agora eles vão te matar, e eu vou ficar abandonada na floresta, sozinha no mundo. Não vou te deixar sair.

— Então eu vou morrer de tristeza aqui, — respondeu o veadinho; — quando ouço o clarim dos caçadores, sinto que vou pular fora da minha pele!

Então Maninha não pôde fazer nada e abriu-lhe a porta, de coração pesado, e o veadinho saltou para o mato, são e satisfeito. Quando o rei pôs os olhos nele, gritou para os seus caçadores:

— Agora corram atrás dele o dia inteiro e pela noite adentro, mas que ninguém lhe faça mal algum!

Assim que o sol se pôs, o rei falou a um dos seus caçadores:

— Agora vem e mostra-me a casinha na floresta.

E quando ele chegou diante da pequena porta, bateu e disse:

— Maninha minha, abre a portinha!

Então a porta se abriu, mas quem entrou foi o rei. Diante dele estava uma menina, que era tão linda como ele nunca vira igual. A menina assustou-se ao ver que não era o seu veadinho que entrava, mas sim um homem com uma coroa de ouro na cabeça. Mas o rei fitou-a gentilmente, estendeu-lhe a mão e disse:

— Queres vir comigo para o meu castelo para ser minha amada esposa?

— Oh, sim — respondeu a menina, — mas o veadinho tem de vir comigo, eu não vou abandoná-lo.

Então o rei disse:

— Ele ficará contigo enquanto viveres, e nada lhe faltará.

E o veadinho também já estava chegando aos pulos. Então Maninha prendeu-o de novo com a corda de juncos, que segurou na mão, e saiu com ele para fora da casinha da floresta.

O rei colocou a bela moça no seu cavalo e levou-a para o seu castelo, onde o casamento foi celebrado com grande pompa, e Maninha era agora a Senhora Rainha, e eles viveram muito tempo juntos e contentes. O veadinho era cuidado e tratado e pulava alegre pelos jardins do castelo.

A perversa madrasta, por causa de quem os dois irmãos saíram para o vasto mundo, pensava, porém, que Maninha tinha sido devorada pelas feras selvagens da floresta, e que Maninho, na forma de veadinho, fora morto a tiros pelos caçadores. E quando ela soube que ambos estavam bem e muito felizes, a inveja e a maldade despertaram no seu coração e não lhe deram sossego. Ela não tinha outro pensamento a não ser como causar a desgraça daqueles dois. A sua própria filha, que era feia como a noite e só tinha um olho, fazia-lhe censuras e reclamava:

— Chegar a ser rainha, esta sorte era a mim que caberia!

— Fica sossegada, — disse-lhe a velha, procurando tranqüilizá-la. — Quando chegar a hora, eu estarei a postos.

Quando a rainha teve um lindo menino e o rei estava justamente caçando, a bruxa velha assumiu a forma de camareira, entrou no quarto onde a rainha descansava, deitada, e disse à doente:

— Vem, senhora, o banho está pronto, ele te fará bem e te dará novas forças: depressa, antes que esfrie.

A sua filha também estava lá. As duas carregaram a debilitada rainha para o quarto de banho e a deitaram na banheira; então elas trancaram a porta e fugiram. Mas antes elas tinham aceso um fogo tão infernal na estufa do quarto de banho, que a jovem e bela rainha logo morreu sufocada.

Feito isso, a velha colocou uma touca na cabeça da filha e a fez deitar-se na cama no lugar da rainha. Deu-lhe também a forma e o aspecto da rainha, menos o olho perdido, que ela não pôde lhe devolver. E para que o rei não o notasse, ela devia ficar deitada sobre o lado onde faltava um olho.

Quando à noite o rei voltou e soube que lhe nascera um filhinho, alegrou-se de coração e quis se aproximar da cama da sua querida esposa, para ver como ela passava. Mas a velha gritou depressa:

— Não, não! Deixe o cortinado fechado, a rainha ainda não pode olhar para a luz, e tem que ficar em repouso!

O rei se afastou, sem saber que na cama estava deitada uma falsa rainha.

Quando, porém, bateu meia-noite, e tudo dormia, a ama, que estava sentada ao lado do berço e era a única que velava, viu a porta se abrindo e a verdadeira rainha entrando. Ela tirou a criança do berço, pegou-a no colo e deu-lhe de mamar. Então, sacudiu o seu travesseirinho, colocou-a de volta no berço e cobriu-a com a colchinha. Mas não esqueceu o veadinho, que estava deitado num canto, foi lá e acariciou-lhe o pêlo das costas. Depois disso, ela saiu em silêncio pela porta, e a ama perguntou na manhã seguinte aos guardas se durante a noite alguém entrara no castelo. Esses responderam:

— Não, nós não vimos ninguém.

Ela veio assim muitas noites, e nunca disse uma só palavra. A ama sempre via a mãe, mas não se atrevia a falar disso a ninguém.

Quando passou assim algum tempo, a rainha começou a falar durante a noite, e disse:

"Como vai o meu filho? Meu veado o que faz?
Volto mais duas vezes, depois nunca mais".

A ama não lhe respondeu, mas quando ela desapareceu de novo, foi ao rei e contou-lhe tudo. Então o rei disse:

— Meu Deus, o que é isso? Na próxima noite eu mesmo velarei ao lado do meu filho.

À noite ele foi para o quarto da criança, e à meia-noite a rainha apareceu de novo e disse:

"Como vai meu filho? Meu veado o que faz?
Volto mais uma vez, depois nunca mais".

Então ela amamentou a criança, como costumava fazer, antes de desaparecer. O rei não ousou dirigir-se a ela, mas ficou velando também na noite seguinte. Ela falou de novo:

"Como vai meu filho? Meu veado o que faz?
Eu vim desta vez, depois nunca mais".

Então o rei não resistiu, precipitou-se para ela e gritou:

— Tu não podes ser outra senão minha esposa amada!

E ela respondeu:

— Sim, eu sou tua esposa amada, e no mesmo instante, pela graça de Deus, ela recuperou a vida, ficou sã, viçosa e corada.

Então ela contou ao rei o crime que a bruxa malvada e sua filha cometeram contra ela.

O rei ordenou que elas fossem julgadas, e elas foram condenadas. A filha foi levada para a floresta, onde as feras selvagens a devoraram. A bruxa, porém, foi para a fogueira, onde teve de morrer queimada. Mas assim que ela se transformou em cinzas, quebrou-se o feitiço do veadinho e ele recobrou a sua figura humana. E Maninha e Maninho viveram juntos e felizes até o fim.

OS TRÊS HOMENZINHOS DA FLORESTA

Era uma vez um homem, cuja mulher morreu, e uma mulher, cujo marido morreu. O homem tinha uma filha e a mulher também tinha uma filha. As duas moças se conheciam e foram passear juntas e depois vieram à casa da mulher. Então a mulher disse à filha do homem:

— Ouça, diga ao seu pai que eu quero me casar com ele; então você poderá tomar banho de leite e beber vinho todos os dias; a minha filha, porém, só poderá tomar banho de água e beber só água, também.

A moça foi para casa e contou ao pai o que a mulher lhe dissera.

O homem disse:

— O que devo fazer? Casar é uma alegria, mas é também um tormento.

Finalmente, por não saber o que fazer, ele descalçou uma bota e disse:

— Pegue esta bota, que tem um buraco na sola, suba com ela ao sótão, pendure-a no grande prego e derrame água dentro. Se a água parar dentro dela, eu tomarei outra esposa; mas se a água vazar, eu não me casarei mais.

A moça fez o que ele mandava. A água fez o buraco se contrair e a bota ficou cheia até em cima. A moça contou ao pai o que acontecera. Então ele mesmo subiu e quando viu que era realmente verdade, foi até a viúva, fez-lhe a proposta e o casamento foi celebrado.

Na manhã seguinte, quando as duas moças se levantaram, havia para a filha do homem leite para se banhar e vinho para beber, e para a filha da mulher, água para se banhar e água para beber. Na manhã seguinte, havia água para se banhar e água para beber preparada para a filha do homem e para a filha da mulher. E na terceira manhã, havia água para se lavar e água para beber para a filha do homem, e leite para se lavar e vinho para beber para a filha da mulher, e assim permaneceu.

A mulher começou a odiar a enteada e não sabia o que fazer a fim de piorar as coisas para ela, de um dia para outro. E também estava com inveja, porque a enteada era bela e amável, mas a sua própria filha era feia e desagradável.

Certo dia no inverno, quando tudo estava congelado e montes e vales estavam cobertos de neve profunda, a mulher fez um vestido de papel, chamou a moça e disse:

— Aqui, ponha este vestido, vá para a floresta e traga-me uma cestinha de morangos silvestres; estou com vontade de comê-los.

— Meu Deus do céu, — disse a moça, — no inverno não há morangos silvestres, a terra está congelada e a neve cobre tudo. E por que devo sair com este vestido de papel? Está tão frio lá fora, que congela até o alento: o vento vai varar esta roupa e os espinhos vão arrancá-la do meu corpo.

— Você se atreve a contradizer-me? — disse a madrasta. — Ponha-se daqui para fora e não me apareça mais enquanto não tiver a cestinha cheia de morangos.

Então ela deu-lhe ainda um pedacinho de pão seco e disse:

— Isto é para você comer durante o dia todo, — mas pensou: "Lá fora a menina vai morrer de frio e de fome, e nunca mais eu porei os olhos nela".

A moça obedeceu, pôs o vestido de papel e saiu com a cestinha. Fora não havia nada além de neve por toda parte, nem uma graminha verde à vista. Quando ela entrou na

floresta, viu uma casinha pequenina, da qual espiavam três homenzinhos miúdos. Ela desejou-lhes bom-dia e bateu modestamente na porta. Eles gritaram: — Entre! A moça entrou, e sentou-se no banco junto à estufa, pois queria se aquecer e comer o seu almoço. Os homenzinhos disseram:

— Dê-nos também um pouco disso.

— De bom grado, — disse ela, e partiu seu pedacinho de pão em dois e deu-lhes a metade.

Eles perguntaram:

— O que você quer aqui na floresta, com este seu vestidinho ralo?

— Ai, — disse ela, — eu tenho de encher a cestinha de morangos e não posso voltar para casa antes de tê-la cheia.

Quando ela terminou de comer o seu pão, eles lhe entregaram uma vassoura e disseram:

— Vá varrer a neve da nossa porta dos fundos.

Quando a moça saiu, os três homenzinhos conversaram entre si:

— O que vamos dar-lhe de presente, por ela ser tão obediente e boa, e por ter repartido o seu pão conosco?

Então falou o primeiro:

— O meu presente é que ela fique cada dia mais bela.

O segundo disse:

— O meu presente é que lhe caiam moedas de ouro da boca, a cada palavra que ela disser.

O terceiro disse:

— O meu presente é que chegará um rei e a tomará para esposa.

A moça, no entanto, fez o que os homenzinhos desejavam; varreu com a vassoura toda a neve de trás da porta da casinha, e o que pensam vocês que ela encontrou? Uma porção de morangos maduros, despontando bem vermelhos de sob a neve. Então ela, muito alegre, encheu a cestinha de morangos, agradeceu aos homenzinhos e correu para casa, para entregar à madrasta o que ela exigira.

Assim que ela entrou e disse boa-noite, ja lhe caiu da boca uma moeda de ouro. Então ela contou o que lhe acontecera na floresta, mas a cada palavra que pronunciava, caíam-lhe moedas de ouro da boca, até cobrir o chão de toda a casa.

— Ora, vejam que arrogância, — exclamou a irmã, — jogar dinheiro dessa maneira!

Mas no fundo, ela estava com inveja e queria também sair para a floresta à procura de morangos.

A mãe retrucou:

— Não, minha filhinha, está frio demais, você poderia ficar gelada.

Mas como a moça não lhe dava sossego, ela acabou cedendo; fez-

lhe um belo casaco de peles, que ela teve de vestir, e deu-lhe pão com manteiga e bolo para o caminho.

A moça entrou na floresta e chegou logo àquela casinha. Os três homenzinhos pequeninos espiaram de novo pela janela, mas a moça não os cumprimentou e, sem olhar para eles, invadiu a casa, sentou-se ao lado da estufa e começou a comer o seu pão com manteiga e o seu bolo.

— Dê-nos um pouco disso! — pediram os pequeninos, mas ela respondeu:

— Isto não basta nem para mim, como posso dividi-lo com os outros?

Quando ela acabou de comer, os homenzinhos disseram:

— Aqui tem uma vassoura, varra-nos a neve atrás da nossa porta.

— Ora, varram sozinhos, — respondeu ela. — Eu não sou sua criada.

Quando a moça viu que eles não queriam dar-lhe nada de presente, foi saindo pela porta. Então os homenzinhos falaram entre si:

— O que vamos dar a ela, por ser tão desobediente e ter um coração maldoso e invejoso, que não quer dar nada a ninguém?

O primeiro disse:

— O meu presente é que ela fique cada dia mais feia.

O segundo falou:

— O meu presente é que a cada palavra que ela disser lhe pule da boca um sapo.

O terceiro disse:
— O meu presente é que ela morra de uma morte infeliz.
A moça procurou por morangos, do lado de fora. Mas quando não os encontrou, voltou para casa aborrecida. E assim que ela abriu a boca, querendo contar à mãe o que lhe acontecera na floresta, pulou-lhe a cada palavra um sapo da boca, de modo que todos ficaram com nojo da moça.
Aí a madrasta ficou ainda mais irritada e pôs-se a pensar em que nova maldade fazer contra a filha do homem, cuja beleza ficava maior a cada dia. Finalmente, ela pegou uma panela, colocou-a no fogo e ferveu linha dentro dela. Quando estava fervida, colocou-a no ombro da pobre moça e entregou-lhe um machado, com o qual ela teria de ir até o rio congelado, abrir um buraco no gelo e enxaguar ali aquela linha. A moça obedeceu e abriu com o machado um buraco no gelo. Quando ela estava no meio desse trabalho, passou por ali uma suntuosa carruagem, na qual viajava o rei. A carruagem parou e o rei perguntou:
— Minha filha, quem é você e o que faz aqui?
— Sou uma pobre moça, e estou enxaguando linha.
Então o rei ficou compadecido, e quando viu como ela era bonita, perguntou:
— Você quer vir comigo?
— Oh, sim, de todo o coração, — respondeu ela, porque estava contente por poder sair da frente da madrasta e da irmã.
Então a moça subiu na carruagem e partiu com o rei, e quando eles chegaram ao castelo, o casamento foi celebrado com grande pompa, de acordo com o presente dos três homenzinhos.
Passado um ano, a jovem rainha teve um filhinho. Quando a madrasta soube dessa grande felicidade, veio com a filha ao castelo, fingindo que queria fazer-lhe uma visita. E como o rei tivesse saído e ninguém mais estivesse presente, a perversa mulher agarrou a rainha pela cabeça e sua filha agarrou-a pelos pés, e as duas arrancaram-na da cama e atiraram a infeliz pela janela, no rio que passava embaixo. E quando o rei voltou e quis falar com a pessoa, a velha gritou:
— Silêncio, silêncio, não pode falar agora; ela está suando muito, é preciso deixá-la em repouso hoje.
O rei não achou nada de errado nisso, e só voltou na manhã seguinte. Mas quando ele se dirigiu à sua esposa e ela lhe respondeu, pulou-lhe da boca um sapo a cada palavra, em lugar de uma moeda de ouro, como antes. Ele perguntou então o que era aquilo, mas a velha explicou que isto acontecera por causa da febre forte, e que logo iria embora.

De noite, porém, o ajudante de cozinha viu chegar, nadando pela sarjeta, uma pata, que perguntou: "Rei, o que fazes tu? Dormes ou velas tu?"

E como ele não respondeu, ela tornou a perguntar: "Que fazem minhas visitantes?"

Então o menino respondeu: "Elas dormem, como antes".

E a pata perguntou de novo: "E que faz o meu filhinho?"

E o menino disse: "Ele dorme no seu bercinho".

Então a pata tomou a forma da rainha, subiu para o quarto, deu de mamar à criança, arrumou-lhe a caminha, cobriu-a e foi-se embora, nadando pela sarjeta, na forma de pata. Assim ela voltou por mais duas noites, e na terceira, disse ao ajudante de cozinha: — Vá e diga ao rei que ele pegue a sua espada e vá brandi-la sobre mim na soleira da porta, três vezes!

Então o menino correu e comunicou tudo ao rei. Este veio com a sua espada e agitou-a três vezes sobre a aparição, e na terceira vez surgiu na sua frente a sua esposa, viçosa, viva e saudável, como dantes.

Agora o rei estava muito feliz. Mas ele manteve a rainha escondida num quarto até o domingo, quando a criança seria batizada. E quando ela já recebera o batismo, ele falou: — O que merece uma pessoa que tira outra da cama e a joga nas águas do rio? — Nada melhor, — respondeu a velha, — do que meter aquela perversa num barril fechado com pregos, e fazê-lo rolar montanha abaixo para as águas do rio.

Então falou o rei: — Pronunciaste a tua própria sentença.

E ele mandou buscar um grande barril e meter a velha com a filha dentro dele. Então o barril foi fechado com pregos, e rolado pela encosta da montanha, até cair no rio e afundar.

A COBRA BRANCA

Já faz muito tempo, existia um rei, cuja sabedoria era conhecida no país inteiro. Nada lhe era desconhecido, e era como se as notícias das coisas mais ocultas lhe fossem trazidas pelos ares.

Ele tinha, porém, um costume estranho. Após cada almoço, quando tudo já estava tirado da mesa e não havia mais ninguém presente, um criado de confiança tinha de lhe trazer mais uma travessa. Esta, porém, estava tampada, e o próprio criado não sabia o que havia dentro, e pessoa alguma o sabia, porque o rei não a destampava, nem comia dela, até ficar completamente sozinho.

Isto já acontecia há muito tempo. Então um dia a curiosidade venceu o criado, ao levar a travessa embora, e ele não resistiu e carregou a travessa para o seu quarto. Depois de fechar cuidadosamente a porta, ele levantou a tampa e viu que lá dentro estava uma cobra branca. Ao vê-la, o criado não conseguiu resistir à vontade de prová-la; cortou um pedacinho dela e meteu-o na boca. Mas nem bem ele tocou a ponta da língua, quando ouviu diante da sua janela um estranho sussurrar de vozes finas. Ele foi e escutou, e percebeu que eram os pardais, conversando entre eles e contando toda sorte de coisas que eles viram e ouviram no campo e na floresta. Saborear a cobra dera-lhe a capacidade de entender o idioma dos animais.

Justamente naquele dia, aconteceu que sumiu o mais belo anel da rainha, e a suspeita de furto caiu sobre o criado de confiança, que tinha acesso a tudo. O rei convocou-o à sua presença, e ameaçou-o, entre palavras de dura repreensão, de severo castigo e punição, se até amanhã ele não pudesse indicar o culpado. Não lhe adiantou nada afirmar sua inocência, e ele foi despedido sem melhor alternativa.

Na sua angústia, ele desceu para o pátio e ficou pensando como se livrar daquela aflição. Lá estavam os patos, muito tranqüilos na água corrente, descansando, alisando-se com os bicos e conversando entre si. O criado parou e ficou escutando. Eles contavam uns aos outros por onde estiveram andando naquela manhã e que boa comida encontraram. Então um deles disse, aborrecido:

— Pois eu sinto um peso no estômago; engoli, na pressa, um anel que estava embaixo da janela da rainha.

Aí o criado agarrou-o logo pelo pescoço, levou-o para a cozinha e disse ao cozinheiro:

— Mata este pato logo; ele já está bem nutrido.

— Sim, — disse o cozinheiro, — este aqui não teve preguiça de se cevar, e já estava há muito com vontade de ser assado.

Elc cortou-lhe o pescoço, e quando o pato foi eviscerado, o anel da rainha foi encontrado no seu bucho.

Agora o criado pôde facilmente provar a sua inocência perante o rei, e como este queria consertar a sua injustiça, permitiu que ele pedisse uma recompensa, prometendo-lhe o lugar mais honroso que ele desejasse na sua corte.

O criado recusou tudo e só pediu um cavalo e dinheiro para o caminho, pois tinha vontade de ver o mundo e de viajar por algum tempo.

Quando o seu desejo foi atendido, ele se pôs a caminho e um dia passou por um lago, onde ele reparou em três peixes que ficaram presos num cano e se debatiam por água. Embora se diga que os peixes são mudos, ele ouviu, no entanto, os seus queixumes por terem de morrer tão miseravelmente. E porque tinha coração compassivo, ele desceu do cavalo e soltou os prisioneiros de volta na água. Eles rebolaram de alegria, puseram as cabeças para fora e gritaram para ele:

— Pensaremos em ti e te recompensaremos por nos teres salvo!

O homem cavalgou adiante e, pouco depois, pareceu-lhe ouvir uma voz na areia, aos seus pés. Prestou atenção e ouviu uma rainha das formigas se queixando:

— Se ao menos os homens, com seus animais desajeitados, nos deixassem em paz! Esse cavalo estúpido pisou meu povo sem dó, com os seus cascos pesados!

O criado desviou o cavalo para um caminho calçado de pedras, e a rainha das formigas gritou para ele:

— Nós pensaremos em ti e te recompensaremos!

O caminho levou-o para uma floresta, e lá ele viu um casal de corvos que atirava os seus filhotes para fora do ninho: — Fora convosco, seus imprestáveis, — gritavam eles. — Não podemos mais alimentar-vos, já estais bem crescidos e podeis vos cuidar sozinhos.

Os pobres filhotes, caídos no chão, esperneavam e se debatiam, gritando:

— Coitados de nós, crianças desamparadas, temos de nos alimentar sozinhos e ainda nem sabemos voar! Só nos resta morrermos aqui de fome!

Então o bondoso jovem apeou, matou o cavalo com o seu punhal e deixou-o como alimento aos filhotes de corvo. Estes se aproximaram aos pulinhos, satisfizeram sua fome e gritaram:

— Nós pensaremos em ti e te recompensaremos!

Agora ele tinha de usar suas próprias pernas, e depois de caminhar muito tempo, ele chegou a uma grande cidade. Lá havia muito barulho e aglomeração pelas ruas, e chegou um homem a cavalo e anunciou que a filha do rei procurava um marido. Mas quem quisesse conquistá-la teria de executar uma tarefa difícil, e se não conseguisse resolvê-la direito, perderia a vida. Muitos já o haviam tentado, mas em vão, e pagaram com a vida. Mas quando o jovem viu a princesa, ficou

tão deslumbrado pela sua beleza que se esqueceu de qualquer perigo; apresentou-se ao rei e se declarou candidato.

Imediatamente ele foi levado à beira do mar, e diante dos seus olhos, um anel de ouro foi atirado nas ondas. Então o rei lhe ordenou que fosse buscar o anel no fundo do mar, e acrescentou:

— Se voltares à tona sem ele, serás novamente atirado às ondas, até que morras lá no fundo.

Todos lamentaram o belo jovem e depois o deixaram sozinho à beira do mar. O moço ficou lá parado, pensando no que iria fazer. Aí, ele viu três peixes nadando, e eram os mesmos cuja vida ele salvara. O do meio tinha na boca uma concha, que ele depositou aos pés do moço. Quando este a pegou e abriu, lá estava o anel de ouro dentro dela.

Cheio de alegria, ele levou o anel ao rei e esperou que ele lhe desse a recompensa prometida.

Mas a orgulhosa princesa escarneceu dele, quando soube que ele não era de linhagem nobre, e exigiu que ele antes cumprisse uma segunda tarefa. Ela mesma desceu ao jardim e espalhou dez sacos de milho miúdo na grama.

Ele tem de recolher tudo isso antes do sol nascer, — disse ela, — e não pode faltar nem um só grãozinho.

O jovem sentou-se no jardim c ficou pensando como seria possível cumprir essa tarefa. Mas não conseguiu descobrir nada, e lá ficou sentado, muito triste, esperando pela madrugada, quando seria levado para a morte.

Mas quando os primeiros raios de sol caíram no jardim, ele viu os dez sacos enfileirados um junto ao outro, bem cheios, sem que faltasse um só grãozinho. A rainha das formigas chegara no meio da noi-

te com as suas milhares e mais milhares de formigas, e os bichinhos agradecidos tinham diligentemente recolhido todos os grãos de milho devolvendo-os aos sacos.

A filha do rei desceu pessoalmente ao jardim e viu com espanto que o jovem cumprira o encargo que ela lhe dera. Mas ela não conseguiu vencer o seu coração orgulhoso e disse:

— Embora ele tenha resolvido os dois problemas, não poderá ser meu esposo, antes de me trazer uma maçã da árvore da vida.

O jovem não sabia onde se encontrava a árvore da vida. Ele se levantou e se dispôs a caminhar enquanto suas pernas o carregassem, mas não tinha esperança de encontrá-la.

Quando ele já atravessara três reinos, e chegara ao anoitecer a uma floresta, o moço sentou-se debaixo de uma

árvore para dormir. Aí, ele ouviu um farfalhar entre os galhos, e uma maçã de ouro caiu na sua mão. Ao mesmo tempo, três corvos vieram voando, pousaram no seu joelho e disseram:

— Nós somos os três filhotes de corvo que tu salvaste da fome. Quando crescemos e soubemos que tu procuravas a maçã de ouro, voamos por cima do mar até o fim do mundo, onde está a árvore da vida, e te trouxemos aquela maçã.

Cheio de alegria, o jovem pôs-se a caminho de volta, e trouxe a maçã de ouro para a bela princesa, a quem não restava mais nenhuma desculpa. Eles repartiram a maçã da vida e a comeram juntos. Então o coração da moça se encheu de amor pelo jovem, e eles viveram felizes até a profunda velhice.

CHAPEUZINHO VERMELHO

Era uma vez uma meninazinha mimosa, que todo o mundo amava assim que a via, mas mais que todos a amava a sua avó. Ela não sabia mais o que dar a essa criança. Certa vez, ela deu-lhe de presente um capuzinho de veludo vermelho, e porque este lhe ficava tão bem, e a menina não queria mais usar outra coisa, ficou se chamando Chapeuzinho Vermelho.

Certo dia, sua mãe lhe disse:

— Vem cá, Chapeuzinho Vermelho; aqui tens um pedaço de bolo e uma garrafa de vinho, leva isto para a vovó; ela está doente e fraca e se fortificará com isto. Sai antes que comece a esquentar, e quando saíres, anda direitinha e comportada e não saias do caminho, senão podes cair e quebrar o vidro e a vovó ficará sem nada. E quando chegares lá, não esqueças de dizer bom-dia, e não fiques espiando por todos os cantos.

— Vou fazer tudo como se deve, — disse Chapeuzinho Vermelho à mãe, dando-lhe a mão como promessa.

A avó, porém, morava lá fora na floresta, a meia hora da aldeia. E quando Chapeuzinho Vermelho entrou na floresta, encontrou-se com o lobo. Mas Chapeuzinho Vermelho não sabia que fera malvada era aquela, e não teve medo dele.

— Bom-dia, Chapeuzinho Vermelho, — disse ele.

— Muito obrigada, lobo.

— Para onde vai tão cedo, Chapeuzinho Vermelho?

— Para a casa da vovó.

— E o que trazes aí debaixo do avental?

— Bolo e vinho. Foi assado ontem, e a vovó fraca e doente vai saboreá-lo e se fortificar com o vinho.

— Chapeuzinho Vermelho, onde mora a tua avó?

— Mais um bom quarto de hora adiante no mato, debaixo dos três grandes carvalhos, lá fica a sua casa; embaixo ficam as moitas de avelã, decerto já sabes isso, — disse Chapeuzinho Vermelho.

O lobo pensou consigo mesmo: "Esta coisinha nova e tenra, ela é um bom bocado que será ainda mais saboroso do que a velha. Tenho de ser muito esperto, para apanhar as duas".

Então ele ficou andando ao lado de Chapeuzinho Vermelho e logo falou:

— Chapeuzinho Vermelho, olha só para as lindas flores que crescem aqui em volta! Por que não olhas para os lados? Acho que nem ouves o mavioso canto dos passarinhos! Andas em frente como se fosses para a escola, e no entanto é tão alegre lá no meio do mato.

Chapeuzinho Vermelho arregalou os olhos, e quando viu os raios de sol dançando de lá para cá por entre as árvores, e como tudo estava tão cheio de flores, pensou: ''Se eu levar um raminho de flores frescas para a vovó, ela ficará contente; ainda é tão cedo, que chegarei lá no tempo certo''.

Então ela saiu do caminho e correu para o mato, à procura de flores. E quando apanhava uma, parecia-lhe que mais adiante havia outra mais bonita, e ela corria para colhê-la e se embrenhava cada vez mais pela floresta adentro.

O lobo, porém, foi direto para a casa da avó e bateu na porta.

— Quem está aí fora?

— É Chapeuzinho Vermelho, que te traz bolo e vinho, abre!

— Aperta a maçaneta, — disse a vovó, — eu estou muito fraca e não posso me levantar.

O lobo apertou a maçaneta, a porta se abriu, e ele foi, sem dizer uma palavra, direto para a cama da vovó e engoliu-a. Depois, ele se vestiu com a roupa dela, pôs a sua touca na cabeça, deitou-se na cama e puxou o cortinado.

Chapeuzinho Vermelho, porém, correu atrás das flores, e quando juntou tantas que não podia carregar mais, lembrou-se da vovó e se pôs a caminho da sua casa. Admirou-se ao encontrar a porta aberta, e quando entrou, percebeu alguma coisa tão estranha lá dentro, que pensou: "Ai, meu Deus, sinto-me tão assustada, eu que sempre gosto tanto de visitar a vovó!" E ela gritou:

— Bom-dia!

Mas não recebeu resposta. Então ela se aproximou da cama e abriu as cortinas. Lá estava a vovó deitada, com a touca bem afundada na cabeça, e um aspecto muito esquisito.

— Ai, vovó, que orelhas grandes que você tem!

— É para te ouvir melhor!

— Ai, vovó, que olhos grandes que você tem!

— É para te enxergar melhor.

— Ai, vovó, que mãos grandes que você tem!

— É para te agarrar melhor.

— Ai, vovó, que bocarra enorme que você tem!

— É para te devorar melhor.

— E nem bem o lobo disse isso, deu um pulo da cama e engoliu a pobre Chapeuzinho Vermelho.

Quando o lobo satisfez a sua vontade, deitou-se de novo na cama, adormeceu e começou a roncar muito alto. O caçador passou perto da casa e pensou: "Como a velha está roncando hoje! Preciso ver se não lhe falta alguma coisa". Então ele entrou na casa, e quando olhou para a cama, viu que o lobo dormia nela.

— É aqui que eu te encontro, velho malfeitor, — disse ele, — há muito tempo que estou à tua procura.

Aí ele quis apontar a espingarda, mas lembrou-se de que o lobo podia ter devorado a vovó, e que ela ainda poderia ser salva. Por isso, ele não atirou, mas pegou uma tesoura e começou a abrir a barriga do lobo adormecido. E quando deu algumas tesouradas, viu logo o vermelho do chapeuzinho, e mais um par de tesouradas, e a menina saltou para fora e gritou:

— Ai, como eu fiquei assustada, como estava escuro lá dentro da barriga do lobo!

E aí também a velha avó saiu para fora ainda viva, mal conseguindo respirar. Mas Chapeuzinho Vermelho trouxe depressa umas grandes pedras, com as quais encheu a barriga do lobo. Quando ele acordou, quis fugir correndo, mas as pedras eram tão pesadas, que ele não pôde se levantar e caiu morto.

Então os três ficaram contentíssimos. O caçador arrancou a pele do lobo e levou-a para casa, a vovó comeu o bolo e bebeu o vinho que Chapeuzinho Vermelho trouxera, e logo melhorou, mas Chapeuzinho Vermelho pensou: "Nunca mais eu sairei do caminho sozinha, para correr dentro do mato, quando a mamãe me proibir fazer isso".

O PÁSSARO DE OURO

Era uma vez um rei que tinha belo jardim atrás do seu castelo, onde havia uma árvore que dava maçãs de ouro. Quando as maçãs ficaram maduras, elas foram contadas, mas logo na manhã seguinte, faltava uma. Isto foi comunicado ao rei, e ele ordenou que fosse montada guarda debaixo da árvore, todas as noites.

O rei tinha três filhos, e ele mandou o mais velho deles para o jardim, ao cair da noite. Mas quando chegou a meia-noite, ele não resistiu ao sono, e na manhã seguinte tornou a faltar uma maçã. Na noite seguinte, o segundo filho foi montar guarda, mas não se saiu melhor. Quando bateram as doze horas, ele adormeceu, e de manhã faltava mais uma maçã. Então chegou a vez do terceiro filho montar guarda. Ele estava disposto, mas o rei não confiava muito nele, achando que ele conseguiria ainda menos que os dois irmãos; mas por fim, acabou consentindo.

O jovem deitou-se, pois, debaixo da árvore, montou guarda e não permitiu que o sono o vencesse. Quando bateu doze horas, algo zuniu pelo ar, e ele viu à luz da lua um pássaro, cujas penas brilhavam como ouro puro. O pássaro pousou na árvore, e acabava de arrancar uma maçã, quando o rapaz disparou uma flecha nele. O pássaro fugiu, mas a flecha acertara na sua plumagem, e uma das suas penas de ouro caiu. O rapaz apanhou-a e a levou de manhã ao rei, contando-lhe o que vira durante a noite. O rei reuniu o seu Conselho, e todos concordaram que uma pena daquelas valia mais que o reino inteiro.

— Se a pena é tão preciosa, disse o rei, — então uma só não me basta, mas eu preciso ter o pássaro inteiro.

O filho mais velho pôs-se a caminho, confiante na sua própria inteligência, achando que encontraria o pássaro de ouro. Depois de andar um pouco, ele viu à beira de uma floresta uma raposa sentada, e apontou sua espingarda para ela. A raposa gritou:

— Não me mates, eu te darei em troca um bom conselho. Estás no caminho do pássaro de ouro, e chegarás hoje à noite a uma aldeia, onde há duas estalagens, uma em frente da outra. Uma está toda iluminada e cheia de alegria. Mas não entres nela, mas sim na outra, ainda que ela te pareça pior.

"Como pode um bicho tolo desses dar-me um conselho sensato?" — pensou o filho do rei, e apertou o gatilho, mas errou a pontaria, e a raposa esticou o rabo e fugiu para a floresta. Então ele continuou o seu caminho, e ao anoitecer chegou à aldeia onde estavam as duas estalagens. Numa delas havia cantos e danças, mas a outra tinha aspecto pobre e miserável.

"Eu serei tolo", pensou ele, "se entrar na estalagem indigente em vez da outra, bonita". Então ele entrou naquela alegre, ficou morando ali no meio do ruído e das festas, e esqueceu o pássaro, o pai e todos os bons ensinamentos.

Quando passou um bom tempo e o filho mais velho não voltava para casa, o segundo pôs-se a caminho, à procura do pássaro de ouro. Como o mais velho, ele se encontrou com a raposa que lhe deu o bom conselho, que ele não obedeceu. Chegou às duas estalagens, onde o seu irmão olhava pela janela da qual soava o ruído da alegria. O irmão o chamou, e ele não resistiu, entrou, e lá ficou vivendo e se divertindo.

Novamente o tempo passou, e o príncipe mais jovem quis partir para tentar a sorte, mas o pai não queria permitir.

— É inútil, — disse o rei, — ele tem ainda menos capacidade de encontrar o pássaro de ouro que seus irmãos, e se lhe acontecer alguma desgraça, não saberá o que fazer: falta-lhe determinação.

Mas, finalmente, o rei deixou-o partir.

À beira da floresta, lá estava a raposa, suplicou pela sua vida e deu o bom conselho. O moço foi benevolente e disse:

— Sossega, raposinha, eu não te farei mal.

— Pois não te arrependerás, — respondeu a raposa, — e para que chegues mais depressa, monta na minha cauda.

E nem bem ele montou, a raposa disparou a correr, zunindo por sobre paus e pedras, até o vento silvar nos seus cabelos. E quando chegaram à aldeia, o rapaz desmontou, seguiu o bom conselho e entrou, sem olhar para trás, na estalagem simples, onde pernoitou tranqüilamente.

Quando de manhã ele chegou ao campo, a raposa já estava lá e lhe disse:

— Eu vou dizer-te o que deves fazer daqui em diante. Caminha sempre em frente até chegares a um castelo, diante do qual está um grande grupo de soldados, deitados. Mas não te importes com eles, pois estarão todos dormindo e roncando. Passa por entre eles, e entra direto no castelo, atravessando todos os compartimentos. Por fim chegarás a um quarto, onde está um pássaro de ouro dentro de gaiola de madei-

ra. Ao seu lado está uma gaiola suntuosa de ouro puro, mas toma cuidado, não tires o pássaro da sua gaiola simples para colocá-lo na rica, pois poderás te dar muito mal.

Com essas palavras a raposa esticou de novo o seu rabo e o príncipe montou nele, e lá se foram eles, zunindo sobre paus e pedras, até o vento silvar nos seus cabelos.

Quando ele chegou ao castelo, encontrou tudo tal qual a raposa dissera. O príncipe entrou no quarto onde o pássaro de ouro estava preso na gaiola de madeira, com uma gaiola de ouro ao lado. E as três maçãs de ouro estavam espalhadas pelo chão. Aí ele pensou que era ridículo deixar o belo pássaro naquela gaiola de pau, abriu a portinhola, agarrou-o e o colocou na gaiola de ouro. Nesse instante, porém, o pássaro de ouro soltou um grito estridente. Os soldados acordaram, invadiram o quarto e levaram o moço para a prisão. Na manhã seguinte, ele foi levado a julgamento, e como confessou tudo, foi condenado à morte. O rei disse, porém, que lhe pouparia a vida, sob uma condição: se ele lhe trouxesse o cavalo de ouro que corre mais depressa que o vento, e então ele ainda ganharia o pássaro de ouro, como recompensa.

O príncipe pôs-se a caminho, mas ia suspirando tristemente, pois onde poderia encontrar aquele cavalo de ouro? Aí ele viu de repente a sua velha amiga raposa sentada na estrada.

— Estás vendo, — disse a raposa, — isso aconteceu porque não escutaste as minhas palavras. Mas anima-te, eu cuidarei de ti e te direi como poderás chegar até o cavalo de ouro. Deves andar reto em frente, e chegarás a um castelo, onde o cavalo está numa cocheira. Diante

da cocheira estarão os cavalariços, mas eles estarão dormindo e roncando, e poderás retirar o cavalo da cocheira, tranqüilamente. Mas presta atenção: coloca nele a sela velha de couro e madeira, e de modo algum a sela de ouro, pendurada ao seu lado, senão te darás muito mal.

E a raposa esticou o rabo, o príncipe montou nele, e lá foram eles, zunindo sobre paus e pedras até o vento silvar em seus cabelos.

Tudo aconteceu como a raposa dissera. Ele chegou à cocheira onde estava o cavalo de ouro; mas quando ia colocar a sela velha nele, o moço pensou: "Um animal tão belo fica desfigurado se eu não lhe puser a sela nova que lhe cabe".

Mas nem bem a sela de ouro tocou o cavalo, este começou a relinchar com toda a força. Os cavalariços acordaram, agarraram o jovem e atiraram-no na prisão.

Na manhã seguinte ele foi julgado e condenado à morte, mas o rei prometeu poupar-lhe a vida e ainda dar-lhe o cavalo de ouro, se ele conseguisse trazer a bela princesa do castelo de ouro.

De coração pesado, o moço pôs-se a caminho, mas por sorte, logo encontrou a fiel amiga raposa.

— Eu devia abandonar-te ao teu infortúnio, disse a raposa, — mas tenho compaixão de ti e vou ajudar-te mais uma vez a sair das tuas dificuldades. O teu caminho te levará diretamente até o castelo de ouro. Chegarás lá ao anoitecer, e de noite, quando tudo estiver em silêncio, a bela princesa sairá para a casa de banhos, para se banhar. Quando ela estiver passando por ti, agarra-a e dá-lhe um beijo. Então ela te seguirá e poderás levá-la contigo. Mas não permitas que ela se despeça dos seus pais, senão te darás muito mal.

E a raposa esticou o rabo, o príncipe montou nele, e lá foram eles zunindo por sobre paus e pedras até o vento silvar em seus cabelos.

Quando ele chegou ao castelo de ouro, tudo aconteceu como a raposa dissera. Ele esperou até meia-noite. Quando tudo estava mergulhado em sono profundo, e a linda donzela saiu para o seu banho, ele saltou e deu-lhe um beijo. Ela disse que o seguiria de bom grado, mas implorou com lágrimas que ele a deixasse antes despedir-se dos seus pais. Ele resistiu no começo às suas súplicas, mas quando ela chorou cada vez mais e se atirou aos seus pés, acabou cedendo. Mas assim que a moça chegou até a cama do seu pai, ele acordou e com ele todos os outros que estavam no castelo, e o rapaz foi preso e trancado na cadeia.

Na manhã seguinte o rei lhe disse:

— Tua vida está perdida, mas poderás encontrar clemência somente se retirares a montanha que está diante da minha janela e me atrapalha a visão. E tens de consegui-lo dentro de oito dias. Se o conseguires, terás a minha filha em recompensa.

O príncipe pôs mãos à obra, começou a cavar e a cavar sem descanso. Mas quando viu, no fim de sete dias, quão pouco conseguira, e que todo o seu trabalho fora em vão, caiu em profunda tristeza e perdeu toda a esperança.

Ao anoitecer do sétimo dia, porém, apareceu a raposa e disse:

— Tu não mereces que eu me preocupe contigo, mas vai, deita-te e dorme, que eu farei o trabalho em teu lugar.

Quando ele acordou na manhã seguinte e olhou pela janela, a montanha havia desaparecido. O jovem correu muito alegre para o rei e comunicou-lhe que a tarefa estava cumprida, e o rei, quisesse ou não, teve de manter sua palavra e entregar-lhe a filha.

Então os dois partiram juntos, e não demorou muito para a fiel raposa reunir-se a eles.

— Já tens o melhor, é verdade, — disse ela, — mas à donzela do castelo de ouro deve pertencer também o cavalo de ouro.

— Como poderei consegui-lo? — perguntou o jovem.

— Isto eu te direi, — respondeu a raposa. — Primeiro leva ao rei que te mandou para o castelo de ouro a formosa donzela que ele pediu. Então haverá enorme alegria, eles te darão o cavalo de ouro de bom grado, e o trarão para ti. Monta imediatamente nele, e dá a mão em despedida a todos, por último à bela donzela, e quando pegares na sua mão, puxa-a para junto de ti com uma arrancada e parte a galope. E ninguém será capaz de alcançar-te, pois esse cavalo corre mais que o vento.

Tudo foi feito conforme combinado, e o príncipe levou consigo a bela donzela no cavalo de ouro. A raposa não ficou para trás e disse ao jovem:

— Agora te ajudarei também a conseguir o pássaro de ouro. Quando estiveres perto do castelo onde está o pássaro, faz a moça descer do cavalo, eu tomarei conta dela. Então, entra no pátio do castelo, montado no cavalo de ouro. Quando o virem, eles ficarão muito contentes, e te trarão o pássaro de ouro. Assim que tiveres a gaiola na mão, galopa de volta para nós e apanha a tua donzela!

Quando a empreitada terminou, bem sucedida, e o príncipe quis voltar para casa com os seus tesouros, a raposa falou:

— Agora deves recompensar-me pela minha ajuda.

— O que tu queres por ela? — perguntou o jovem.

— Quando chegarmos lá na floresta, mata-me com um tiro e decepame a cabeça e as patas.

— Bela gratidão seria essa, — disse o príncipe. — De modo algum eu posso concordar com isso.

Então a raposa falou:

— Se não quiseres fazer-me isso, terei de te abandonar. Mas antes de ir-me embora, quero dar-te ainda um bom conselho. Guarda-te de duas coisas: não compres carne de forca e nem te sentes à beira de nenhum poço.

E com isso ela fugiu para a floresta.

O moço pensou: "Que animal estranho é este, que tem vontades tão esquisitas. Quem é que vai comprar carne de forca? E a vontade de me sentar à beira de um poço ainda nunca me veio".

Ele continuou a cavalgar com a bela donzela, e o caminho levou-o de novo para a aldeia onde haviam ficado os seus dois irmãos. Lá havia grande tumulto e correria, e quando ele perguntou o que estava acontecendo, soube que dois homens iriam ser enforcados. Quando ele se aproximou mais, viu que esses homens eram os seus dois irmãos, que praticaram toda sorte de ruindades e esbanjaram todos os seus haveres. Ele perguntou se eles não poderiam ser libertados.

— Se o senhor quiser pagar por eles, — respondeu aquela gente; — mas por que deseja gastar o seu dinheiro para libertar esses homens perversos?

Mas ele não caiu em si, pagou por eles, e quando eles foram soltos, partiram todos juntos, continuando a viagem.

Eles chegaram à floresta onde encontraram a raposa pela primeira vez, e lá estava fresco e agradável, e como o sol estava muito quente os dois irmão disseram:

— Vamos descansar um pouco aqui junto ao poço, para comer e beber.

Ele concordou, e durante a conversa, esqueceu a advertência da raposa e sentou-se na beira do poço, sem pensar nada de mau. Mas os dois irmãos empurraram-no e o jogaram no poço de costas, pegaram a donzela, o cavalo e o pássaro e voltaram para o reino do pai.

— Aqui trazemos não só o pássaro de ouro, — disseram eles, — mas também o cavalo de ouro e a donzela do castelo de ouro, que conquistamos.

Então houve grande alegria. Mas o cavalo não comia, o pássaro não trinava e a donzela, esta ficava sentada, chorando.

O irmão mais novo, porém, não perecera. Por sorte o poço estava seco e ele caiu sobre musgo macio, sem se machucar, mas não podia sair de lá para fora. E também nessa aflição não o abandonou a fiel raposa, pulou para junto dele e repreendeu-o por ter esquecido o seu conselho.

— Mas não posso deixar tudo assim, disse ela, vou ajudar-te a sair para a luz do dia.

Então mandou que ele se agarrasse fortemente ao seu rabo, e puxou-o assim para fora.

— Ainda não estás livre de todo o perigo, — disse a raposa. — Teus irmãos não têm certeza de que estás realmente morto, e cercaram a floresta de sentinelas, que deverão matar-te assim que te mostrares.

À beira da estrada estava sentado um mendigo, o jovem trocou de roupa com ele e dessa maneira chegou ao pátio do rei, seu pai. Ninguém o reconheceu, mas o pássaro começou a trinar, o cavalo começou a comer e a donzela parou de chorar.

O rei perguntou, admirado:

— O que significa isto?

Então a donzela falou:

— Não sei, mas eu estava tão triste, e agora sinto-me tão alegre. É como se o meu verdadeiro noivo tivesse chegado.

Ela contou ao rei tudo o que acontecera, embora os outros irmãos a tivessem ameaçado de morte se ela revelasse alguma coisa. O rei mandou chamar à sua presença todas as pessoas que estavam no seu castelo, e aí veio também o jovem nos seus andrajos, mas a donzela reconheceu-o imediatamente e atirou-se nos seus braços. Os perversos irmãos foram agarrados e castigados; ele, porém, casou-se com a formosa donzela e foi nomeado herdeiro e sucessor do rei.

Mas o que aconteceu com a pobre raposa? Muito tempo depois, o príncipe foi novamente para a floresta, e lá encontrou a raposa, que lhe disse:

— Tu tens agora tudo o que podias desejar, mas a minha desgraça não tem fim, e no entanto está em teu poder libertar-me.

E novamente ela pediu e implorou que o jovem a matasse e lhe decepasse a cabeça e as patas. Então o moço obedeceu, e assim que o fez, a raposa transformou-se num homem, que não era outro senão o irmão da bela princesa, que finalmente estava livre do feitiço que o prendia.

E agora nada mais faltava para a sua felicidade, pelo resto da vida.

AS TRÊS FIANDEIRAS

Era uma vez uma moça preguiçosa, que não queria fiar. A mãe podia falar o que quisesse, que não conseguia convencê-la a trabalhar. Finalmente a mãe ficou zangada e impaciente, a ponto de dar-lhe umas pancadas, e a moça começou a chorar em voz alta. Naquele momento, a rainha ia passando por ali, na sua carruagem, e quando ouviu o choro, mandou parar, entrou na casa e perguntou à mãe por que ela batia tanto na filha, que se ouviam os gritos na rua. Então a mulher ficou com vergonha de confessar a preguiça da filha, e disse:

— Eu não consigo fazê-la parar de fiar, ela quer fiar o tempo todo, e eu sou pobre e não posso arranjar tanto linho.

Então a rainha respondeu:

— Não há nada de que eu goste mais do que ouvir fiar, e nada me dá mais prazer que o ronronar das rodas da roca. Deixe-me levar a sua filha comigo para o castelo, eu tenho linho à vontade e ela poderá fiar quanto quiser.

A mãe concordou de todo o coração, e a rainha levou a moça consigo.

Quando chegaram ao castelo, ela levou a moça para três quartos que estavam cheios do mais belo linho, de alto a baixo.

— Agora, fia-me este linho, disse ela, — e quando o terminares, terás o meu filho mais velho por esposo. Mesmo que sejas pobre, eu não me importo: a tua valente diligência é dote suficiente.

A moça assustou-se por dentro, pois não poderia fiar aquele linho, ainda que vivesse até trezentos anos e ficasse todos os dias fiando desde a manhã até a noite. E quando ficou sozinha, ela começou a chorar e ficou assim três dias, sem mover um dedo.

No terceiro dia, chegou a rainha, e quando viu que nada tinha sido fiado, admirou-se muito. Mas a moça desculpou-se, dizendo que não conseguira começar a trabalhar, por causa da grande tristeza que a separação da mãe lhe causara. A rainha aceitou a desculpa, mas disse ao sair:

— Amanhã tens de começar a trabalhar!

Quando a moça tornou a ficar sozinha, não sabia o que fazer e, na sua aflição, foi para a janela. Aí ela viu três mulheres chegando. Uma tinha um pé largo e chato, a segunda tinha um beiço tão grande que lhe caía por cima do queixo, e a terceira tinha um polegar muito largo. Elas pararam embaixo da janela, olharam para cima e perguntaram à moça o que ela tinha. Ela queixou-se da sua infelicidade. Então elas lhe ofereceram a sua ajuda e disseram:

— Se nos convidares para o teu casamento, nos chamares de primas, sem te envergonhares de nós, e nos puseres à tua própria mesa, nós te fiaremos todo o linho, e num tempo bem curto.

— De todo o coração, — respondeu a moça; — entrem e comecem a trabalhar logo!

E ela deixou entrar as três estranhas mulheres, arranjou-lhes lugar para se sentarem e elas começaram a fiar. A primeira puxava o fio e pisava o pedal da roca, a outra molhava o fio, e a terceira torcia-o e batia com o dedo na mesa, e cada vez que ela batia, caía ao chão uma meada de linha da mais fina fiação.

A moça escondeu as três fiandeiras da rainha, e sempre que ela vinha, mostrava-lhe a grande quantidade de linha fiada, e colhia muitos elogios.

Quando o primeiro quarto foi esvaziado, começou o trabalho no segundo, e logo mais no terceiro, até que este também ficou arrumado. Então as três mulheres despediram-se da moça e disseram:

— Não te esqueças do que nos prometeste; isso será a tua felicidade!

Quando a moça mostrou à rainha os três quartos vazios e o grande monte de linha, a rainha preparou tudo para o casamento, e o noivo ficou muito contente, porque ganhava uma esposa tão jeitosa e diligente, e cobriu-a de elogios.

— Eu tenho três primas, — disse a moça, — e como elas me fizeram muita coisa boa, não quero esquecê-las na minha felicidade; permiti-me, pois, que eu as convide para o casamento e as faça sentarem à minha mesa.

A rainha e o noivo disseram: — Por que não permitiríamos isso?

Quando a festa começou, entraram as três mulheres em trajes estranhos, e a noiva disse: — Sejam bem-vindas, queridas primas!

— Ah, disse o noivo, — onde arranjaste essas parentas tão feias?

E ele foi até aquela do pé largo e chato e perguntou:

— Do que lhe vem este pé tão largo?

— De pisar o pedal, — respondeu ela, — de tanto pisar!

O noivo então dirigiu-se à segunda e perguntou:

— Do que lhe vem esse beiço caído?

— De lamber, — respondeu ela, — de tanto lamber!

— E de onde lhe vem este polegar achatado? — perguntou ele à terceira.

— De torcer o fio, — respondeu ela, — de tanto torcer!

Então o príncipe ficou assustado e disse: — De agora em diante minha bela noiva nunca mais tocará uma roca de fiar!

E com isso a jovem noiva ficou livre da odiosa fiação de linho.

AS TRÊS PENAS

Era uma vez um rei que tinha três filhos. Dois deles eram inteligentes e sensatos, mas o terceiro não falava muito, era simplório e só chamado de Bobalhão.

Quando o rei ficou velho e fraco e começou a pensar no seu fim, não sabia qual dos seus filhos deveria herdar o seu reino. Então ele lhes disse:

— Ide-vos em viagem, e aquele que me trouxer o mais belo tapete, este será o meu herdeiro, após a minha morte.

E para que não houvesse discussões entre eles, o rei levou-os para a frente do castelo, soprou três penas para o ar e falou:

— Para onde elas voarem, para lá ireis.

A primeira voou para Oeste, a segunda, para Leste, e a terceira voou reto para a frente, mas não foi longe, logo caiu ao chão. Então um irmão partiu para a direita, outro para a esquerda, e eles zombaram do Bobalhão, que teria de ficar lá mesmo, no lugar onde ela caiu.

O Bobalhão sentou-se no chão, tristonho. Aí ele reparou de repente que ao lado da pena havia uma porta de alçapão. Ele levantou-a, viu uma escada e desceu por ela. Então chegou a outra porta, bateu e ouviu lá dentro uma voz, chamando:

"Donzela menina, / Verde e pequenina,
Pula de cá pra lá, / Ligeiro, vai olhar / Quem lá na porta está".

A porta se abriu, e ele viu uma grande e gorda sapa sentada, rodeada por uma porção de sapinhos pequenos. A sapa gorda perguntou o que ele queria. Ele respondeu:

— Eu gostaria de ter o mais lindo e mais fino tapete.

Aí ela chamou uma sapinha jovem e disse:

"Donzela menina, / Verde e pequenina,
Pula de cá pra lá, / Ligeiro, vai buscar / A caixa que lá está".

A sapa jovem trouxe uma grande caixa, e a sapa gorda abriu-a e tirou de dentro dela um tapete tão lindo e tão fino como não havia igual na superfície da terra, e o entregou ao Bobalhão. Ele agradeceu e subiu de volta.

Os outros dois, porém, julgavam o irmão caçula tão tolo, que achavam que ele não encontraria nem traria nada.

— Para que vamos nos dar ao trabalho de procurar, disseram eles.

Então, pegaram a primeira pastora de ovelhas que encontraram, tiraram-lhe do corpo as suas mantas grosseiras e levaram-nas ao rei.

Mas na mesma hora voltou o Bobalhão, trazendo o seu belo tapete. Quando o rei o viu, admirou-se e disse:

— Por direito e justiça, o reino deve pertencer ao caçula.

Mas os outros dois não davam sossego ao pai, dizendo que não era possível que o Bobalhão, a quem faltava principalmente juízo, se tornasse rei e pediram-lhe que exigisse mais uma condição. Então o pai falou:

— Herdará o meu reino aquele que me trouxer o anel mais belo.

E ele levou os três irmãos para fora e soprou para o ar as três penas que eles deviam seguir.

Os dois mais velhos partiram de novo para Oeste e Leste, e para o Bobalhão a pena tornou a voar em frente e a cair junto do alçapão. Então ele desceu de novo, e disse à sapa gorda que precisava do mais lindo anel. Ela mandou logo buscar a caixa, e tirou de dentro um anel que coruscava de pedras preciosas e era tão lindo como nenhum ourives da terra seria capaz de fazer.

Os dois mais velhos zombaram do Bobalhão, que queria encontrar um anel de ouro, e nem se esforçaram. Arrancaram os pregos de um velho aro de roda e levaram-no ao rei. Mas quando o Bobalhão mostrou o seu anel de ouro, o pai disse novamente:

— O reino pertence a ele.

Mas os dois mais velhos não paravam de atormentar o rei, até que ele impôs uma terceira condição, e declarou que herdaria o reino aquele que trouxesse a jovem mais bonita. Ele soprou de novo para o ar as três penas, que voaram como das vezes anteriores.

Então o Bobalhão desceu de novo até a sapa gorda e disse:

— Eu devo levar para casa a mulher mais bonita de todas.

— Ah, — disse a sapa — a mulher mais bonita? Esta não está à mão assim de repente, mas tu vais recebê-la.

E ela deu-lhe um nabo oco, com seis camundongos atrelados nele. Aí o Bobalhão falou, bastante tristonho:

— O que é que eu vou fazer com isto?

A sapa respondeu:

— Ponha uma das minhas sapinhas pequenas aí dentro.

Então ele agarrou a esmo uma sapinha do grupo e colocou-a dentro do nabo amarelo; mas nem bem ela se sentou dentro, transformou-se numa lindíssima senhorita, o nabo virou carruagem e os seis camun-

dongos, cavalos. Aí ele beijou a senhorita, atiçou os cavalos e partiu com ela, para levá-la ao rei.

Os seus irmãos vieram em seguida, e não tinham feito esforço algum para encontrarem mulheres bonitas, mas levaram as primeiras campônias que encontraram. Quando o rei as viu, disse logo:

— Depois da minha morte, o reino ficará para o caçula.

Mas os mais velhos atordoaram de novo os ouvidos do rei com a sua gritaria: — Não podemos permitir que o Bobalhão seja rei!

E exigiram que o preferido fosse aquele cuja mulher conseguisse saltar através de um aro que pendia no salão. Eles pensavam: "As camponesas vão consegui-lo com certeza, elas são fortes e robustas, mas a delicada senhorita vai se matar, pulando".

O velho rei cedeu ainda essa vez. Então as duas campônias saltaram através do aro, mas eram tão desajeitadas que caíram e quebraram seus grosseiros braços e pernas. Então saltou a linda senhorita que o Bobalhão trouxera, e atravessou o aro leve como uma corça, e então todos os protestos tiveram de cessar.

Assim o Bobalhão herdou a coroa e reinou por muito tempo com sabedoria.

JORINDA E JORINGEL

Era uma vez um velho castelo com grande e densa floresta. Dentro dele vivia sozinha uma velha, que era feiticeira. De dia ela se transformava em gata ou em coruja noturna, mas à noite ela retomava a aparência humana. Ela sabia atrair a caça silvestre e as aves, que ela matava, cozinhava e assava. Se alguém se aproximava a cem passos do castelo, era obrigado a parar e ficar sem mover-se do lugar até que ela o desencantasse. Quando moça donzela entrava nesse círculo, ela a transformava em pássaros, que trancava num cesto, e levava esse cesto para uma das salas do castelo. Ela tinha bem uns sete mil desses cestos com aves raras no seu castelo.

E era uma vez uma moça que se chamava Jorinda. Ela era mais bonita que todas as outras moças. Ela e belo rapaz chamado Joringel estavam prometidos entre si. Estavam nos seus dias de noivado e tinham a maior alegria em estar juntos. Para poderem conversar à vontade, sem serem perturbados, eles foram passear na floresta.

— Tome cuidado, — disse Joringel, — para não chegar muito perto do castelo!

Fazia linda tarde, o sol brilhava entre os troncos das árvores, muito claro sobre o verde-escuro da floresta, e a rolinha cantava tristonha nos ramos das velhas faias.

Por vezes Jorinda chorava, sentava-se ao sol e se queixava, e Joringel também se queixava. Estavam tão abalados como se fossem morrer; porque estavam perdidos na floresta, sem saber como voltar para casa. Metade do sol ainda aparecia por cima do monte, mas a outra metade já se escondera. Joringel espiou por entre os arbustos e viu o velho muro do castelo bem perto; assustou-se e sentiu medo mortal. Jorinda cantou:

> "Meu passarinho de rubra golinha,
> canta mágoa, mágoa, mágoa,
> canta a morte da pobre rolinha,
> canta mágoa, má.. pfiu-pfiu-pfiu..."

Joringel procurou por Jorinda. Jorinda se transformara num rouxinol, que cantava pfiu-pfiu-pfiu. Uma coruja de olhos de brasa voou três vezes em volta dela e gritou três vezes: "Chu...uuu...uuu..." Mas Joringel não podia se mover, parado, imóvel como pedra, sem poder chorar, nem falar, nem mexer um braço ou perna.

Agora o sol já se escondera; a coruja voou para dentro de um arbusto, e logo em seguida saiu de lá uma velha toda torta, amarela e magra, de grandes olhos vermelhos e nariz tão recurvo que tocava o queixo com a ponta. Ela resmungou, apanhou o rouxinol e levou-o embora na mão.

Joringel não podia dizer nada e nem podia sair do lugar; o rouxinol lá se fora. Finalmente a velha voltou e disse com voz abafada:

— Cumprimentos, Zaquiel. Quando a luazinha brilhar no cestinho, esteja livre, Zaquiel, em boa hora!

E Joringel ficou livre. Ele caiu de joelhos na frente da mulher e

implorou que ela lhe devolvesse Jorinda; mas ela disse que nunca mais ele a teria de volta, e foi-se embora. Ele chamou, chorou, lamentou-se, mas tudo em vão.

Joringel foi embora e acabou chegando a uma aldeia desconhecida. Ficou ali muito tempo, como pastor de ovelhas. Muitas vezes ele rodeou o castelo, mas sem chegar muito perto. Finalmente, certa noite, sonhou que encontrara uma flor rubra como sangue, com grande e linda pérola no meio. Colheu a flor e foi com ela para o castelo. Tudo

o que ele tocava com a flor ficava livre do feitiço. Ele sonhou também que desencantara e reconquistara a sua Jorinda.

De manhã, quando acordou, ele começou a procurar, por montes e vales, tentando encontrar uma flor como aquela. Procurou até o nono dia, quando encontrou a flor rubra como sangue, de manhã bem cedo. No meio dela havia uma grande gota de orvalho, do tamanho da mais linda das pérolas. Ele carregou essa flor dia e noite, até o castelo.

Quando chegou a cem passos do castelo, ele não ficou enfeitiçado, continuou a caminhar em frente, até o portão. Entrou, atravessou o pátio e procurou o lugar onde ouviria as muitas vozes dos pássaros presos; finalmente ele os ouviu. Andou mais e encontrou o salão. Lá estava a feiticeira, alimentando os pássaros nos sete mil cestos. Quando ela viu Joringel, ficou raivosa, enfurecida, xingou, cuspiu peçonha e fel, mas não podia aproximar-se dele mais que a dois passos de distância. Joringel nem se voltou para ela, e foi examinar todos os cestos com os pássaros. Mas lá estavam milhares de rouxinóis, como é que ele iria reconhecer a sua Jorinda?

Enquanto procurava assim, reparou que a velha retirava disfarçadamente um cestinho com um pássaro, e corria com ele para a porta. Joringel alcançou-a de um salto, e com a flor tocou o cestinho e a velha também. Agora ela não podia mais fazer bruxarias, e Jorinda apareceu, linda como dantes, e atirou-se nos seus braços. Então ele desencantou todos os pássaros, devolvendo-lhes a forma de donzelas, e voltou para casa com a sua Jorinda. E os dois viveram alegres e felizes por muito tempo.

OS DOZE IRMÃOS

Era uma vez um rei e uma rainha, que viviam juntos em boa paz e tinham doze filhos, que eram todos meninos. Então o rei disse à sua esposa:

— Se o décimo terceiro for uma menina, os outros doze terão de morrer, para que a riqueza da menina fique maior e ela seja a única herdeira do reino. — E ele mandou fazer logo doze caixões, já forrados com aparas de madeira, com uma almofadinha em cada um deles. E mandou levá-los para um quarto trancado. Então o rei entregou a chave à rainha e ordenou-lhe que não dissesse nada a ninguém a respeito disso.

Mas a mãe ficou o dia inteiro sentada e tão triste, que o seu filho caçula, que sempre estava junto dela, que ela chamava, pela Bíblia, de Benjamim, lhe disse: — Mãe querida, por que está tão triste?

— Filho querido, — respondeu ela, — não posso contar-lhe isso.

Mas ele não lhe deu sossego, até que ela abriu aquele quarto e lhe mostrou os doze caixõezinhos, já forrados e preparados. E disse então:

— Meu querido Benjamim, esses caixões, seu pai mandou fazer para você e seus onze irmãos; porque se nascer uma menina, todos vocês serão mortos e enterrados dentro deles.

E como, ao dizer isso, ela chorasse muito, o filho consolou-a, dizendo:

— Não chore, mãe querida, nós vamos nos arranjar, vamos simplesmente embora daqui.

Ela porém lhe disse:

— Saia com os seus onze irmãos e vá para a floresta. Lá, um de vocês deverá sempre ficar sentado no galho mais alto da árvore mais alta, montando guarda e olhando para a torre aqui do castelo. Se nascer um menininho, mandarei içar uma grande bandeira branca, então vocês poderão voltar. Mas se for uma menininha, a bandeira será vermelha, então vocês deverão fugir a toda a pressa, e que o bom Deus cuide de vocês. Todas as noites, eu me levantarei e rezarei por vocês:

no inverno, para que vocês tenham uma fogueira para se aquecerem; no verão, para que não sofram com o calor.

Depois que ela abençoou os seus filhos, os meninos saíram e foram para a floresta. Eles montavam guarda por turnos, um depois do outro, no alto de um belo carvalho, observando a torre. Quando passaram onze dias e chegou a vez de Benjamim, ele viu uma bandeira sendo içada. Mas não era a bandeira branca, mas a vermelha de sangue, anunciando que todos eles deveriam morrer. Quando os irmãos ouviram isso, ficaram encolerizados e disseram:

— Então nós devemos morrer só por causa de uma menina? Juramos que vamos nos vingar: onde quer que encontremos uma menina, faremos jorrar o seu sangue vermelho.

E com isso eles se embrenharam mais na floresta, e bem no meio dela, onde era mais densa e escura, eles encontraram uma casinha, pequena e enfeitiçada, que estava vazia. Então eles disseram:

— Aqui ficaremos morando, e você, Benjamim, que é o menor e mais fraco, ficará em casa, cuidando dos afazeres. Nós vamos sair em busca de alimento.

E eles saíram para o mato, atirando em coelhos, veados, aves e rolinhas, e em qualquer outra caça que encontrassem, que levavam ao Benjamim, para que a preparasse, a fim de saciarem a sua fome. Eles viveram naquela casinha durante dez anos, sem sentirem o tempo passar.

A filhinha que a sua mãe, a rainha, dera à luz, agora já estava crescidinha, era boa de coração e linda de rosto, e tinha uma estrela de ouro na testa. Certo dia, durante uma lavagem geral, ela viu, no meio de toda aquela roupa, doze camisas masculinas, e perguntou à mãe:

— A quem pertencem essas doze camisas? Elas são pequenas demais para o meu pai.

E a mãe respondeu-lhe, de coração pesado:

— Filha querida, elas pertencem aos seus doze irmãos.

E a menina falou:

— Onde estão os meus doze irmãos? Eu nunca ouvi falar deles.

A mãe respondeu:

— Só Deus sabe onde eles estão; andam vagando pelo mundo.

Então ela chamou a menina, abriu-lhe a porta do quarto e mostrou-lhe os doze caixões com as aparas de madeira e as almofadinhas.

— Estes caixões, — contou ela, — eram destinados aos seus doze irmãos. Mas eles foram embora às escondidas, antes de você nascer.

E ela relatou à menina como tudo acontecera. Então a menina disse:

— Mãe querida, não chore; eu vou sair e procurar meus irmãos.

E ela pegou as doze camisas e saiu, diretamente para dentro da grande floresta. Andou o dia inteiro e, ao anoitecer, chegou à casinha enfeitiçada. Ela entrou e encontrou um rapazinho jovem, que lhe perguntou:

— De onde você vem e para onde vai?

Estava admirado porque ela era tão linda, vestia roupas reais e tinha uma estrela na testa. E ela respondeu:

— Eu sou uma princesa e procuro meus doze irmãos, quero andar até o fim do mundo, até que os encontre.

E mostrou-lhe as doze camisas, que lhes pertenciam.

Então Benjamim viu que ela era a sua irmã, e disse:

— Eu sou seu irmão caçula, o Benjamim.

Aí ela começou a chorar de alegria, e Benjamim também, e eles se abraçaram e se beijaram de tanto amor. E depois ele disse:

— Querida irmã, eu não posso ocultar-lhe uma coisa: nós havíamos combinado que toda e qualquer menina que encontrássemos deveria morrer, porque tivemos de abandonar o nosso reino por causa de uma menina.

E ela respondeu: — Eu morrerei de bom grado, se com isso puder libertar meus irmãos.

— Não, — respondeu ele, — você não vai morrer. Fique embaixo desta tina até que meus irmãos voltem para casa; eu me entenderei com eles.

E foi o que ela fez. Quando caiu a noite, os outros voltaram da caçada e a refeição estava pronta. Eles sentaram-se à mesa e, enquanto comiam, perguntaram: — O que é que há de novo?

E Benjamim falou: — Vocês não sabem de nada?

— Não, — responderam eles; e ele continuou: — Vocês estiveram na floresta e eu fiquei em casa, mas eu sei mais que vocês.

— Então conte-nos, — exclamaram eles. E ele respondeu:

— Vocês me prometem que a primeira menina que encontrarmos não será morta?

— Prometemos, — gritaram todos, — ela será poupada, mas conte-nos logo o que há.

Então ele gritou:

— A nossa irmã está aqui! — e levantou a tina.

A princesinha apareceu no seu vestido real, com a estrela de ouro na testa, e era tão linda, mimosa e delicada, que todos se alegra-

ram, abraçaram-na e beijaram-na e lhe quiseram bem de todo o coração.

Então ela ficou em casa com Benjamim, ajudando-o nas tarefas. Os onze foram para a floresta, caçando veados, aves e rolinhas, para ter o que comer, e a irmã e Benjamim cuidavam para que tudo fosse bem preparado. Ela procurava lenha para o fogão e ervas para a salada, e punha as panelas no fogo, de modo que a refeição estivesse sempre pronta, quando os onze voltassem para casa. Ela também mantinha a casinha em ordem e arrumava as camas, limpas e bonitas. Os irmãos estavam sempre satisfeitos e viviam com ela em grande união.

Certa vez, os dois que ficavam em casa prepararam mais uma boa refeição. E quando todos se reuniram, sentaram-se à mesa, comeram e beberam e ficaram todos contentes. Havia um pequeno jardim naquela casinha enfeitiçada, onde cresciam doze lírios magníficos e estranhos. Então ela quis fazer um agrado aos irmãos, e cortou as doze flores, planejando dar uma a cada um deles, depois de comerem. Mas assim que ela cortou as flores, no mesmo instante os doze irmãos se transformaram em doze corvos e voaram embora por cima da floresta, e a casa com o jardim também sumiu. E a pobre menina ficou sozinha na floresta selvagem, e quando olhou em redor de si, viu uma velha parada ao seu lado, a qual lhe disse:

— Minha filha, o que foi que você fez? Por que não deixou em paz os doze lírios? Eles eram os seus doze irmãos, agora eles viraram corvos para todo o sempre.

A menina disse, chorando:

— Será que não existe um meio de libertá-los?

— Não, — disse a velha, — não há nenhum no mundo, a não ser um só, mas tão difícil que você não poderá libertá-los por meio dele. Porque você terá de ficar muda por sete anos, sem poder falar e nem rir! Se você disser uma só palavra, mesmo faltando uma só hora para completar os sete anos, tudo terá sido em vão e seus irmãos serão mortos por essa única palavra.

Então a menina pensou no fundo do seu coração: "Eu sei com certeza que vou libertar os meus irmãos!" E ela foi, subiu numa árvore alta, sentou-se ali, e ficou fiando, sem falar e sem rir.

Ora, aconteceu que um dia um rei estava caçando na floresta. Ele tinha um grande galgo, e este cão correu rosnando e latindo e, olhando para cima, pulava em volta da árvore na qual a moça estava sentada. Aí o rei se aproximou e viu a linda princesa com a estrela de ouro na testa, e ficou tão encantado com a sua beleza, que gritou para ela, perguntando se ela aceitaria ser a sua esposa. Ela não respondeu, mas fez que sim com um pequeno inclinar da cabeça. Então ele subiu na árvore, tirou-a de lá, colocou-a no seu cavalo e levou-a para casa. E logo realizou-se o casamento, com muita pompa e alegria; mas a noiva não falava e não ria.

Depois que eles viveram alguns anos juntos e felizes, a mãe do rei, que era mulher malvada, começou a caluniar a jovem rainha, e disse ao rei:

— Não passa de reles mendiga essa moça que você trouxe consigo. Quem sabe lá que espécie de coisas perversas ela faz às escondidas. Se ela é muda e não pode falar, pode ao menos rir de vez em quando. Mas quem nunca ri é porque tem má consciência.

No começo o rei não quis acreditar nisso, mas a velha insistia tanto, e acusava a jovem esposa de tantas coisas ruins, que o rei por fim se deixou convencer e mandou condená-la à morte.

Então foi acesa no pátio uma grande fogueira, na qual ela iria ser queimada. O rei ficou na janela, olhando com os olhos cheios de lágrimas, porque ainda a amava. Quando ela já estava amarrada à estaca e o fogo já lambia as suas vestes com línguas vermelhas, naquele mesmo instante esgotou-se o último momento daqueles sete anos. Então ouviu-se no ar um ruflar de asas, doze corvos vieram pousando, e assim que eles tocaram o chão, transformaram-se nos doze irmãos que ela havia libertado. Eles espalharam o fogo, apagaram as chamas, soltaram a sua querida irmã, envolvendo-a em beijos e abraços.

E agora, quando já podia abrir a boca e falar, ela contou ao rei a razão por que estivera muda e nunca rira. O rei ficou contente quando soube que ela era inocente, e então todos eles ficaram vivendo juntos e unidos até a morte. A malvada madrasta, porém, foi levada a julgamento e foi metida num barril cheio de óleo fervente e serpentes venenosas, onde morreu de morte horrível.

O CAMPONÊS E O DIABO

Certo dia, um camponês acabou de arar o seu campo e preparou-se para ir para casa, quando já estava escurecendo. Aí ele viu no meio do seu campo um monte de carvões em brasa, e quando se aproximou, muito espantado, viu que sobre as brasas estava sentado um pequeno diabo.

— Parece que você está sentado sobre um tesouro, — disse o campônio.

— Isso mesmo, — respondeu o diabo, — sobre um tesouro que contém mais ouro e prata do que você jamais viu em toda a sua vida.

— O tesouro está no meu campo e por isso me pertence, — disse o camponês.

— Ele será seu, — respondeu o diabo, — se, durante dois anos,

você me der metade da produção do seu campo. Eu tenho dinheiro de sobra, mas sinto desejo pelos frutos da terra.

O camponês concordou com a barganha: — Mas para que não haja discussão na hora da partilha, — disse ele, — ficará para você tudo o que nascer em cima da terra, e para mim, o que nascer embaixo dela.

O diabo gostou da proposta. Mas o astuto campônio plantara nabos.

Quando chegou o tempo da colheita, o diabo apareceu para levar os seus frutos. Mas não encontrou nada além das folhas murchas e amareladas; e o camponês, muito alegre, desenterrou os seus belos nabos.

— Desta vez você levou vantagem, — disse o diabo, — mas da próxima vez isto não acontecerá mais. Será seu o que crescer por cima da terra, e meu, o que estiver embaixo.

— Tudo bem para mim, — respondeu o camponês.

Mas quando chegou a época da semeadura, o camponês não tornou a plantar nabos, mas plantou trigo.

O fruto amadureceu. O camponês foi para o seu campo e cortou as espigas cheias até um palmo do chão. Quando o diabo chegou, não encontrou nada além dos tocos espetados e sumiu furibundo por uma fresta de rocha adentro.

— É assim que se devem lograr os espertalhões, — riu o camponês, e foi apanhar o seu tesouro.

A MORTE MADRINHA

Um homem pobre tinha doze filhos, e era obrigado a trabalhar dia e noite, para poder dar-lhes só um pouco de pão. Quando então o décimo terceiro veio ao mundo, ele não sabia mais o que fazer na sua penúria e saiu correndo para a grande estrada, querendo convidar o primeiro que encontrasse para padrinho.

O primeiro que ele encontrou era o bom Deus, que já sabia o que o homem trazia no coração, e lhe disse:

— Pobre homem, tenho pena de você; serei padrinho do seu filho, cuidarei dele e o farei feliz neste mundo.

O homem perguntou: — Quem é você?

— Eu sou o seu bom Deus.

— Então não o quero para padrinho, — disse o homem; — você dá ao rico e deixa o pobre passar fome.

O homem disse isso, porque não sabia com que sabedoria Deus reparte riqueza e pobreza. E ele desviou-se do Senhor e continuou a andar.

Então aproximou-se dele o diabo e disse: — O que procura? Se você me quiser para padrinho do seu filho, eu lhe darei ouro à vontade e todos os prazeres do mundo também.

O homem perguntou: — Quem é você?

— Eu sou o diabo.

— Então não o quero para padrinho, — disse o homem; — você engana e tenta os homens.

E continuou a andar. Aí veio a morte ossuda ao seu encontro e disse: — Aceite-me para madrinha.

O homem perguntou: — Quem é você?

— Eu sou a morte, que a todos iguala.

Então o homem disse: — Você é a pessoa certa, leva o rico como o pobre sem fazer diferença; você será a madrinha do meu filho.

A morte respondeu: — Eu farei o seu filho rico e famoso, pois quem me tem por amiga, a esse nunca faltará nada.

O homem disse: — Domingo que vem será o batizado; apareça pois na hora certa.

A morte compareceu conforme prometera, e foi madrinha como se deve.

Quando o menino cresceu um pouco, a madrinha chegou e disse-lhe para segui-la. Ela levou-o para a floresta, mostrou-lhe uma erva que lá crescia, e lhe disse: — Agora você vai receber o seu presente de batizado. Eu farei de você um médico famoso. Quando você for chamado para ver um doente, eu lhe aparecerei todas as vezes: se eu estiver à cabeceira do doente, você poderá prometer que o curará sem falta, e lhe dará um pouco dessa erva, e ele sarará. Mas se eu estiver aos pés do doente, então ele é meu, e você vai dizer que qualquer ajuda será inútil e que nenhum médico do mundo poderá salvá-lo. Mas tome cuidado, não use esta erva contra a minha vontade, senão você vai se dar mal!

Não demorou muito até o jovem se tornar o médico mais famoso em todo o mundo. Dele diziam: — Basta ele olhar para um doente, para saber como ele está, se vai sarar ou se deve morrer!

E de todas as partes vinha gente para buscá-lo e levá-lo aos seus doentes e pagavam-lhe tanto dinheiro, que logo ele se tornou homem muito rico.

Ora, aconteceu que o rei ficou doente. E o médico foi chamado para dizer se era possível curá-lo. Mas quando ele se aproximou da cama, viu que a morte estava aos pés do doente, e aí não havia erva que o salvasse.

"Se ao menos uma vez eu pudesse enganar a morte", pensou o médico. "Ela não vai gostar disso, mas como eu sou o seu afilhado, quem sabe ela fecha um olho desta vez. Eu vou ousar!" E ele agarrou o doen-

te e deitou-o ao contrário, de modo que a morte veio a ficar à sua cabeceira. Então ele o fez tomar a erva, e o rei se recuperou e ficou bom de novo.

Mas a morte veio ter com o médico, de cara zangada e sombria, ameaçou-o com o dedo em riste e disse:

— Você me engambelou; desta vez eu deixo passar, porque você é meu afilhado, mas se você se atrever de novo, vai pagar por isso, não vai escapar, e eu vou levar você mesmo comigo.

Pouco depois, a filha do rei caiu gravemente enferma. Era filha única e o rei chorava dia e noite até quase ficar cego. Então, fez anunciar que aquele que a salvasse da morte se casaria com ela e herdaria a coroa. Quando o médico se aproximou da cama da doente, viu a morte parada aos seus pés. Ele deveria lembrar-se da advertência da sua madrinha, mas a grande formosura da princesa e a felicidade de tornar-se seu esposo deslumbraram-no tanto, que ele não pensou em mais nada, e não via que a morte lhe lançava olhares coléricos, levantava a mão e o ameaçava com o dedo ossudo. Ele ergueu a doente e a fez deitar com a cabeça do lado onde estavam antes os pés. Então a fez tomar da erva, e logo suas faces ficaram coradas e a vida despertou de novo.

Quando a morte se viu lograda pela segunda vez, dirigiu-se em largas passadas para o médico e disse:

— Está tudo acabado com você, agora chegou a sua vez!

E agarrou-o com a gélida mão com tanta força que ele não pôde resistir, arrastou-o para uma caverna subterrânea.

Lá ele viu milhares e milhares de velas que ardiam em fileiras a perder de vista; algumas grandes, inteiras, outras pela metade, outras bem pequenas. A cada momento algumas se apagavam, e outras tornavam a se acender, de maneira que as pequenas chamas pareciam pular de um lado para outro em constante mudança.

— Está vendo, — disse a morte, — essas são as velas da vida dos seres humanos. As grandes pertencem a crianças, as médias aos casais na flor dos seus dias, as pequenas pertencem a anciãos. Mas também crianças e gente jovem freqüentemente só têm velinha pequena.

— Mostre-me a vela da minha vida, — pediu o médico, pensando que ela ainda era bem grande.

A morte apontou uma pontinha pequenina que bruxuleava, ameaçando apagar-se logo, e disse: — Olhe, lá está ela.

— Ai, querida madrinha, — lamentou-se o médico, assustado, — acenda-me uma vela nova, faça-o por mim, para que eu possa gozar minha vida, tornar-me rei e esposo da linda princesa!

— Não posso fazer isso, — respondeu a morte, — primeiro uma tem de se apagar para que outra possa ser acesa.

— Então coloque a velha sobre uma nova, que continue a arder sem se interromper, quando aquela chegar ao fim, pediu o médico.

A morte colocou-se de maneira a parecer que ia atender ao seu pedido, e alcançou uma vela grande, novinha; mas como ela queria se vingar, descuidou-se de propósito na hora de substituí-la, e o toquinho caiu e se apagou. No mesmo momento o médico tombou ao chão e agora estava ele mesmo nas mãos da morte.

PALHA, CARVÃO E FAVA

Numa aldeia vivia uma velha, que arranjou um prato de favas e queria cozinhá-las. Então ela arrumou o fogo no seu fogão e, para que ele ardesse mais depressa, acendeu-o com um punhado de palha. Quando ela despejou as favas na panela, uma delas escapou e caiu ao chão, onde foi parar bem ao lado de uma palha; e logo depois, um carvão em brasa também pulou do fogão e veio juntar-se aos outros dois, no chão.

Aí a palha começou a falar: — Caros amigos, de onde vocês vieram?

O carvão respondeu: — Eu tive a sorte de escapar do fogo, e se eu não tivesse forçado o pulo, seria a morte certa: eu viraria cinza.

A fava disse: — Eu também me livrei com a pele intacta, mas se a velha me tivesse despejado na panela, eu acabaria cozida e transformada em mingau, como as minhas companheiras.

— E o meu destino não teria sido melhor, — disse a palha; — a velha fez todas as minhas irmãs se consumirem em fogo e fumaça, ela agarrou sessenta de uma vez e acabou com todas. Por sorte eu consegui escorregar por entre os seus dedos e me salvar.

— Mas o que é que nós vamos fazer agora? — disse o carvão.

— Eu acho, — respondeu a fava, — que já que tivemos a felicidade de nos salvar da morte, então devemos continuar juntos como bons companheiros e, para que aqui não nos atinja outra desgraça, vamos sair juntos deste lugar e viajar para outras terras.

A proposta agradou aos outros dois e eles se puseram a caminho. Mas logo eles chegaram a um pequeno riacho que não tinha ponte nem

pinguela, e os três não sabiam como atravessá-lo. Aí a palha teve uma boa idéia e disse: — Eu vou me deitar atravessada sobre o riacho, e vocês poderão passar por cima de mim para a outra margem, como se eu fosse uma ponte.

A palha esticou-se por cima do riacho e o carvão, que era de natureza esquentada, foi logo pisando nessa ponte nova, todo animadinho. Mas quando chegou até a metade, e ouviu a água marulhando embaixo dele ficou com medo. Então ele parou, sem coragem de continuar andando. Com isso, a palha começou a pegar fogo, partiu-se em dois pedaços e caiu na água. O carvão em brasa escorregou atrás dela, chiou ao tocar a água, apagou-se e morreu.

Mas a fava, que por cautela tinha ficado na margem, achou a história tão engraçada que começou a rir, a rir sem poder parar, e tanto riu que acabou estourando.

Isto agora seria também o seu fim, se para sorte dela não estivesse lá um alfaiate, que estava descansando à beira do riacho. E como ele tinha coração compassivo, pegou agulha e linha e costurou a fava.

A fava agradeceu-lhe muito, mas como ele usara linha preta, desde aquele tempo as favas têm costura preta na barriga.

AS MOEDAS-ESTRELAS

Era uma vez uma menininha que não tinha pai nem mãe, porque eles haviam morrido. Ela era tão pobre que não tinha mais quartinho para morar, nem caminha para dormir e, por fim, não tinha mais nada além da roupa que trazia no corpo e de um pedacinho de pão na mão, que lhe fora dado por um coração compadecido. Mas a menina era boa e devota, e por estar assim abandonada por todos, ela saiu andando pelo campo, confiante no bom Deus.

Então ela encontrou-se com um mendigo, que disse:

— Ai, dê-me alguma coisa para comer, estou com tanta fome!

A menina entregou-lhe o seu pedaço de pão inteiro e disse:

— Que Deus o abençoe para você! — e continuou seu caminho.

Aí veio ao seu encontro uma criança, que lhe disse, chorosa:

— Estou com tanto frio na cabeça, dê-me alguma coisa para cobri-la.

Então a menina tirou o seu gorrinho e o deu àquela criança.

E depois de andar mais um pouco, cruzou com outra criança, que não tinha corpete e sentia frio, e ela deu-lhe o seu. E ainda mais adiante, apareceu mais outra, que pediu uma saia, e ela lhe deu a sua.

Finalmente, ela chegou a um bosque, e já estava escuro. Então apareceu mais uma criança, pedindo uma camisa, e a bondosa menininha pensou: "Já é noite escura, ninguém vai me ver, então posso dar-lhe a minha camisa", e ela tirou a sua última peça de roupa e entregou-a àquela criança.

E quando ela ficou ali, parada assim, sem mais nada, de repente começaram a cair estrelas do céu, e eram todas elas brilhantes moedas de ouro. E embora ela tivesse dado a sua última camisa, de repente ela estava com camisa nova no corpo, e era do mais fino linho.

Então ela recolheu as moedas naquela camisa e ficou rica por toda a vida.

AS ANDANÇAS DO PEQUENO POLEGAR

Um alfaiate tinha um filho que crescera pouco e não era maior que um dedão, por isso se chamava Pequeno Polegar. Mas não lhe faltava coragem no corpo e um dia ele disse ao seu pai:

— Pai, eu quero e devo sair para ver o mundo.

— Está certo, meu filho, — disse o velho; pegou uma grande agulha de serzir, derreteu na chama da vela um pouco de lacre, com o qual fez uma pelotinha no lugar do buraco da agulha, e entregou-a ao filho:

— Aqui você tem uma espada para o caminho.

Mas o pequerrucho queria fazer ainda uma refeição em família, e pulou para a cozinha, para ver o que a dona mãe preparara para o jantar. A comida acabara de ficar pronta e o pote ainda estava sobre o fogão. Então o rapazinho perguntou:

— Dona mãe, o que temos para comer hoje?

— Espia sozinho, — disse a mãe.

Então o Polegar pulou para o fogão e espiou dentro do pote. Mas como ele se debruçou muito para dentro, foi apanhado pelo vapor do cozido e projetado pela chaminé, para fora. Durante algum tempo, ele ficou voando pelo ar, sustentado pelo vapor, até que acabou descendo novamente ao chão, mais adiante. Agora o filho do alfaiate já estava no vasto mundo, andou por muitos lugares, chegou a se empregar como aprendiz de um mestre, mas achou que a comida não era bastante boa para ele.

— Dona patroa, — disse o Polegar, — se a senhora não nos der uma comida melhor, eu vou embora e escrevo amanhã com giz, na porta da sua casa:

"A carne é pouca, o que sobra é batata,
adeus, ó rei da comida barata".

— E o que é você queria, seu gafanhoto? — perguntou a patroa; ficou furiosa, agarrou um trapo e quis bater nele. Mas o alfaiatezinho enfiou-se depressa debaixo de um dedal, de onde espiava a patroa e lhe mostrava a língua. Ela levantou o dedal e tentou agarrá-lo, mas Pequeno Polegar pulou para dentro dos trapos, e quando a patroa espalhou os trapos para procurá-lo, ele pulou para uma fresta da mesa.

— Ei, ei, dona patroa! — gritou ele, pondo a cabeça para fora da fresta, e quando ela ia dar-lhe uma pancada, Polegar saltou para dentro da gaveta. Por fim ela conseguiu apanhá-lo e enxotá-lo para fora da casa.

O alfaiatezinho saiu andando e chegou a uma grande floresta. Lá ele se encontrou com um bando de salteadores que planejavam roubar o tesouro do rei. Quando eles viram o alfaiatezinho, pensaram: "Um pequerrucho como este pode passar pelo buraco da fechadura e nos servir de gazua.

— Ei, você aí! Ó Gigante Golias! — gritou um deles. — Você não quer vir comigo para a câmara do tesouro? Você pode se esgueirar para dentro facilmente, e nos jogar o dinheiro!

O Polegar pensou um pouco, por fim disse sim e foi com eles para a câmara do tesouro real. Lá ele examinou a porta de cima até embaixo, para ver se não havia alguma fresta nela, e logo descobriu uma de largura suficiente para deixá-lo passar. Polegar quis entrar logo, mas uma das duas sentinelas que guardavam a porta percebeu-o e disse à outra: — Que feia aranha é esta, arrastando-se aqui? Vou pisá-la.

— Deixa o pobre bicho em paz, — disse o outro, — ele não te fez mal algum.

Então Polegar conseguiu esgueirar-se pela fresta para dentro da câmara, abriu a janela debaixo da qual estavam os ladrões e começou a jogar-lhes as moedas de ouro, uma por uma. Quando ele estava bem no meio do trabalho, ouviu o rei chegando para examinar o seu tesouro, e escondeu-se apressadamente. O rei percebeu que faltavam muitas moedas, mas não en-

tendia quem poderia tê-las roubado, já que cadeados e ferrolhos estavam em boa ordem e tudo parecia bem guardado. Então ele foi embora e disse aos dois guardas:

— Fiquem atentos que há alguém atrás do dinheiro.

Quando Polegar recomeçou o seu trabalho, eles ouviram o dinheiro lá dentro se movendo e tilintando, tlim-tlim-tlim! Pularam depressa para dentro querendo agarrar o ladrão. Mas o alfaiatezinho, que os ouviu chegando, foi mais ligeiro, pulou para um canto e cobriu-se com uma moeda, ficando completamente escondido e invisível; e ainda por cima, ficou zombando dos guardas, gritando: — Estou aqui!

Os guardas corriam para lá, mas quando chegavam, o alfaiate já estava no outro canto, debaixo de uma moeda, gritando: Ei! Estou aqui!

E assim ele os fez de bobos e os fez correr tanto de um lado para outro dentro da câmara do tesouro, até que eles se cansaram e foram embora. Então o alfaiatezinho foi jogando as moedas pela janela, uma depois da outra, até que sobrou a última, que ele jogou para cima com toda a força, saltou para cima dela, e saiu voando, assim montado, pela janela para baixo.

Os ladrões fizeram-lhe grandes elogios:

— Você é um formidável herói! Quer ser o nosso chefe?

Polegar agradeceu, mas disse que antes queria conhecer o mundo. Então eles repartiram o produto do roubo, mas o alfaiatezinho só aceitou uma moeda, porque não podia carregar mais que isso.

Então Polegar cingiu novamente a sua espada à cinta, despediu-se dos ladrões e pôs-se a caminho. Chegou a empregar-se como aprendiz de alguns mestres, mas eles não lhe agradaram. Por fim, empregou-se como criado numa hospedaria. Mas as criadas não o toleravam, porque, sem que elas pudessem vê-lo, ele via tudo o que elas faziam às escondidas e contava aos patrões o que elas tiravam dos pratos e da despensa, para levarem embora para suas casas.

Então elas disseram: — Espere só, nós vamos mostrar-lhe!

E combinaram pregar-lhe uma peça. Quando pouco depois uma delas estava ceifando no jardim, e viu Polegar pulando e se arrastando no meio da grama, ela ceifou-o junto com o capim, amarrou tudo numa grande trouxa, e depois despejou-o às escondidas diante das vacas. E havia lá uma vaca grande e preta, que o engoliu junto com a grama, sem machucá-lo.

Mas ele não gostou nada de ficar lá dentro, porque era muito escuro e não havia nenhuma vela acesa. E quando a vaca estava sendo ordenhada, ele gritou:

"Chlipt-chlupt-chleio, / o balde já está cheio?"

Mas por causa do ruído da ordenha, ninguém o entendeu. Depois, o dono da estalagem entrou no estábulo e disse:

— Amanhã esta vaca tem de ser abatida.

Aí o Polegar ficou com tanto medo, que gritou com todas as forças:

— Deixem-me sair primeiro, eu estou aqui dentro!

O patrão ouviu isto, mas não sabia de onde vinha aquela voz.

— Onde está você, — perguntou ele.

— Dentro da preta, — respondeu ele, mas o patrão não entendeu o que isso queria dizer, e foi embora.

Na manhã seguinte, a vaca foi abatida. Por sorte, quando ela foi retalhada, nenhum golpe de machete acertou no Polegar, mas ele foi parar no meio da carne para lingüiça. Aí, quando o açougueiro se aproximou e começou o seu trabalho, ele berrou a plenos pulmões:

— Não corte fundo, não corte fundo, eu estou no meio disso! Mas com o barulho das facas ninguém ouviu a sua voz.

Agora o pobre Polegar se viu em grandes apuros, mas os apuros fortalecem as pernas, e ele pulou tão ágil por entre as facas, que nenhuma chegou a tocá-lo e ele escapou com a pele intacta. Mas não dava para fugir, e ele não teve saída a não ser deixar-se enfiar num chouriço, junto com os pedaços de toucinho.

Ali a moradia era um tanto apertada, e ainda por cima ele foi pendurado dentro da chaminé para defumação, onde o tempo custava muito a passar. Finalmente, no inverno, ele foi tirado de lá, porque o chouriço ia ser servido a um hóspede. E quando a dona patroa começou a cortar o chouriço em fatias, ele tomou muito cuidado para não esticar demais o pescoço, para de repente não ficar sem cabeça. Por fim, ele aproveitou um momento oportuno e conseguiu saltar fora.

Mas naquela casa, onde passara tão maus pedaços, o alfaiatezinho não quis ficar nem mais um pouco e partiu imediatamente para outras andanças. Mas a sua liberdade durou pouco. No descampado, o pequerrucho se atravessou no caminho de uma raposa, que o engoliu por distração.

— Ei, senhora raposa, — gritou o alfaiatezinho, — sou eu que estou na sua goela, deixe-me sair!

— Você tem razão, — respondeu a raposa, — você para mim é o mesmo que nada. Se me prometer as galinhas do quintal do seu pai, vou deixá-lo escapar.

— De muito bom grado, — respondeu o Polegar, — você terá todas as galinhas, isto eu lhe prometo.

Então a raposa o deixou sair e ela mesma levou-o para casa. Quando o pai tornou a ver o seu filhinho querido, deu todas as galinhas que tinha à raposa, com a melhor boa vontade.

— Em compensação, eu lhe trago um bom dinheiro, — disse o Polegar, entregando ao pai a moeda que conseguira nas suas andanças.

— Mas por que a raposa ganhou todas as pobres galinhas para devorar?

— Ora, seu bobo, então para um pai o seu filho não será mais precioso que todas as galinhas do quintal?!

O DIABO DOS TRÊS CABELOS DE OURO

Era uma vez uma pobre mulher que teve um filhinho, e porque ele nasceu envolto numa membrana-da-sorte, foi-lhe profetizado que, aos quatorze anos, ele receberia a filha do rei por esposa.

Pouco depois, o rei chegou à aldeia, e ninguém sabia que ele era o rei. Quando ele perguntou às pessoas o que havia de novo, elas responderam:

— Um dia destes, uma mulher deu à luz uma criança empelicada. Qualquer coisa que uma criança dessas empreender, sempre dará certo e lhe trará sorte. E também lhe foi profetizado que, aos quatorze anos, ele receberia a filha do rei por esposa.

O rei, que tinha coração perverso, ficou irritado com essa profecia, foi aos pais, fingindo muita bondade, e disse:

— Pobre gente que vocês são, entreguem-me esta criança, que eu cuidarei dela.

No começo, eles recusaram. Mas como aquele homem estranho lhes oferecia grande soma de dinheiro, e eles pensaram: "Nosso filho é uma criança-de-sorte, isso deve ser para o seu bem", acabaram concordando e entregando-lhe o bebê.

O rei colocou-o dentro de uma caixinha e saiu cavalgando com ele, até chegar a uma água funda. Então ele jogou a caixinha na água, pensando: "Deste pretendente indesejado minha filha está livre!"

Mas a caixinha não afundou, flutuou como um barquinho, sem deixar passar uma só gota de água. E assim ela foi navegando até a duas milhas da capital do reino, onde havia um moinho, em cuja barragem ficou presa. Um aprendiz do moleiro, que por sorte estava ali e a viu, puxou-a para fora com um gancho, pensando ter encontrado grandes tesouros. Quando ele abriu a caixa, viu um lindo menino dentro dela, vivaz e bem-disposto. Então levou-o ao casal de moleiros, e como eles não tinham filhos, ficaram contentes e disseram:

— Deus nos deu um presente.

Eles cuidaram bem do enjeitado e ele cresceu e se criou com todas as virtudes.

Aconteceu que, num dia de tempestade, o rei entrou no moinho e perguntou aos moleiros se aquele menino grande era seu filho.

— Não, responderam eles, ele é um enjeitado. Há quatorze anos, ele chegou à nossa barragem, flutuando dentro de uma caixa, e o nosso aprendiz o tirou da água com um gancho.

Aí o rei percebeu que não se tratava de outro a não ser a criança-da-sorte que ele atirara na água, e ele disse:

— Minha boa gente, o rapaz não poderia levar uma carta à Senhora Rainha? Eu lhe darei duas moedas de ouro como recompensa.

— Como o rei e senhor ordenar, disseram eles, e mandaram que o moço se preparasse.

Então o rei escreveu uma carta à rainha, na qual dizia: "Assim que este rapaz, portador desta carta, chegar, ele deverá ser morto e enterrado, e tudo isso tem de estar feito antes de minha volta".

O moço pôs-se a caminho com essa carta, mas perdeu-se e chegou ao anoitecer a uma grande floresta. Na escuridão, ele vislumbrou uma pequena luz, dirigiu-se para ela e chegou a uma casinha. Quando ele entrou, lá estava uma velha, sentada junto ao fogo, completamente sozinha. Ela assustou-se quando viu o rapaz e perguntou:

— De onde você vem e para onde quer ir?

— Venho do moinho, respondeu ele, — e vou procurar a senhora rainha, a quem devo entregar uma carta. Mas como eu me perdi na floresta, gostaria de poder passar a noite aqui.

— Pobre garoto, — disse a mulher, — você veio parar numa casa de salteadores. Quando eles voltarem, vão matá-lo.

— Pode vir quem quiser, — disse o moço, — eu não tenho medo. Mas estou tão cansado, que não posso andar mais.

E ele se espichou num banco e adormeceu. Logo depois chegaram os salteadores e perguntaram, furiosos, que moço estranho era aquele deitado e dormindo no banco.

— Ora, — disse a velha, — é apenas uma criança inocente, que se perdeu na floresta e eu o deixei ficar, por caridade. Ele tem de levar uma carta à senhora rainha.

Os salteadores abriram a carta e leram o que estava escrito: que o rapaz, assim que chegasse, deveria ser morto. Então os salteadores de coração empedernido sentiram dó, e o chefe rasgou a carta e escreveu outra, dizendo que assim que o rapaz chegasse, devia se casar com a princesa, filha do rei. Então o deixaram dormir sossegado no banco até a manhã seguinte, e quando ele acordou, entregaram-lhe a carta e mostraram-lhe o caminho certo.

E quando a rainha recebeu e leu a carta, fez o que ela ordenava; mandou preparar uma suntuosa festa de casamento, e a filha do rei foi casada com o filho-da-sorte. E como o rapaz era belo e agradável, foi vivendo com ele, alegre e contente.

Algum tempo depois, o rei voltou para o seu castelo e viu que a profecia se cumprira e sua filha estava casada com o filho-da-sorte.

— Como foi que aconteceu isso? — disse ele, — na minha carta eu dei ordem muito diferente.

Aí a rainha lhe mostrou a carta e disse que ele podia ler sozinho o que lá estava escrito. O rei leu a carta e logo percebeu que tinha havido troca. Então perguntou ao jovem o que acontecera com a carta que lhe fora confiada, e por que ele trouxera outra em seu lugar.

— Eu não sei de nada, — respondeu ele, — a carta deve ter sido trocada durante a noite, quando eu dormi na floresta.

Raivoso, o rei falou:

— Isto não vai passar-lhe assim tão facilmente. Quem quiser ter

a minha filha, terá de trazer-me do inferno três cabelos de ouro da cabeça do diabo. Se você me trouxer o que eu exijo, poderá ficar com a minha filha.

Com isso o rei esperava ver-se livre dele para sempre. Mas o filho-da-sorte respondeu: — Vou buscar os cabelos de ouro, de boa vontade. Não tenho medo do diabo.

Com isso, o jovem despediu-se e começou a sua andança.

O caminho levou-o a grande cidade, onde o guarda do portão lhe perguntou qual era o seu ofício e o que ele sabia.

— Eu sei tudo, — respondeu o filho-da-sorte.

— Então você pode fazer-nos um favor, — disse o guarda, — explicando-nos por que o poço da nossa praça do mercado, que sempre nos fez brotar vinho, agora está seco e não dá nem mesmo água.

— Isso vocês ficarão sabendo, — respondeu ele, — quando eu voltar. Esperem pela minha volta.

Ele continuou o caminho e chegou a outra cidade. Lá os guardas do portão também lhe perguntaram qual era o seu ofício e o que ele sabia.

— Eu sei tudo, — respondeu ele.

— Então você pode fazer-nos um favor, explicando por que razão uma árvore que temos nesta cidade, que sempre deu maçãs de ouro, agora não dá nem ao menos folhas.

— Isso vocês ficarão sabendo, — respondeu ele, — quando eu voltar. Esperem pela minha volta.

E ele continuou seu caminho, até chegar a um grande rio que teria de atravessar. O barqueiro perguntou-lhe qual era o seu ofício e o que ele sabia.

— Eu sei tudo, — respondeu o moço.

— Então você pode fazer-me um favor, — disse o barqueiro, — explicando-me por que eu tenho sempre de ficar indo e vindo, sem nunca ser libertado.

— Isso você ficará sabendo, — respondeu ele, — quando eu voltar. Espere pela minha volta.

E quando ele atravessou o rio, encontrou a entrada do inferno. Lá dentro estava tudo escuro e fuliginoso, e o diabo não estava em casa, mas estava lá a sua avó, sentada numa grande poltrona.

— O que você quer? — perguntou ela, sem parecer muito malvada.

— Eu gostaria de ter três cabelos de ouro da cabeça do diabo, — respondeu ele, — senão não poderei ficar com a minha esposa.

— Isto é querer muito, — disse ela. — Quando o diabo voltar e o encontrar aqui, você vai se dar mal. Mas tenho dó de você e vou ver como posso ajudá-lo.

Então ela transformou-o numa formiga e disse:

— Esconda-se nas dobras da minha saia, lá estará seguro.

— Sim, — disse ele, — isto já é bom, mas eu gostaria de saber três coisas: por que o poço que sempre deu vinho agora está seco e não dá nem água; por que a árvore que sempre deu maçãs de ouro agora

não dá nem folhas; e por que um barqueiro tem sempre de estar indo e vindo, sem nunca ser libertado.

— Essas são perguntas difíceis, — respondeu ela, — mas fique bem quieto e silencioso e preste atenção no que o diabo disser, quando eu lhe arrancar os três cabelos de ouro.

Quando anoiteceu, o diabo voltou para casa. Assim que entrou, ele percebeu logo que o ar não estava limpo.

— Eu sinto cheiro, cheiro de carne humana, — disse ele, — as coisas aqui não estão certas.

Então ele espiou em todos os cantos, mas não conseguiu encontrar nada.

A avó ralhou com ele: — Agora mesmo tudo foi varrido e arrumado e vo-

cê chega e me desarruma tudo de novo; está sempre com cheiro de carne humana no nariz! Sente-se e coma o seu jantar!

Depois de comer e beber, o diabo ficou cansado, encostou a cabeça no colo da avó e pediu para ela catar-lhe um pouco os piolhos. Não demorou muito e ele adormeceu, soprando e roncando. Então a velha pegou um cabelo de ouro, arrancou-o e o pôs ao seu lado.

— Ai! — gritou o diabo, — o que está fazendo?

— Tive um sonho mau, — respondeu a avó, — então me agarrei aos seus cabelos.

— E o que foi que você sonhou? — perguntou o diabo.

— Sonhei que um poço que sempre deu vinho, secou e não dá nem mesmo água. Por que será isso?

— Ah, se eles soubessem! — respondeu o diabo. — É um sapo que está escondido debaixo de uma pedra no fundo do poço. Se eles o matarem, o vinho brotará de novo.

A avó continuou a catar piolhos, até que ele adormeceu, roncando de fazer tremer as vidraças. Aí ela arrancou-lhe o segundo cabelo.

— Ui! O que está fazendo? — gritou o diabo, zangado.

— Não me leve a mal, — disse ela, — eu fiz isso, sonhando.

— E o que você sonhou de novo, — perguntou ele.

— Sonhei que em certo reino havia uma árvore, que sempre dava maçãs de ouro, e agora não dá nem mesmo folhas. Qual será o motivo disso?

— Eh, se eles soubessem! — respondeu o diabo. — É um rato que está roendo a raiz da árvore; se eles o matarem, ela dará frutos de ouro de novo, mas se ele continuar a roer, a árvore definhará de todo. Mas deixe-me em paz com os seus sonhos! Se você perturbar meu sono outra vez, dou-lhe um bofetão!

A avó acalmou-o com boas palavras, catou-lhe os piolhos de novo, até que ele tornou a dormir e a roncar. Aí ela agarrou o terceiro cabelo de ouro e arrancou-o. O diabo deu um pulo, berrou e já ia começar a xingá-la, mas ela o acalmou de novo e disse:

— Quem é que pode com os sonhos ruins?

— E o que foi que você sonhou? — perguntou ele, curioso.

— Sonhei com um barqueiro que se queixava de ter que estar indo e vindo o tempo todo, sem nunca ser libertado. De quem será a culpa?

— Ora, o bobalhão, — respondeu o diabo. — Quando vier alguém para ser levado ao outro lado, ele tem de lhe colocar o remo na mão, então o outro terá de trabalhar e ele ficará livre.

Como a avó já lhe tivesse arrancado os três cabelos, e as três perguntas já tivessem respostas, ela deixou o velho dragão em paz, e o diabo dormiu até o romper do dia.

Quando o diabo saiu de novo, a velha tirou a formiga da dobra da saia e devolveu a forma humana ao filho-da-sorte.

— Aqui você tem os três cabelos de ouro, — disse ela, — e o que o diabo falou sobre as suas três perguntas, você decerto ouviu bem.

— Sim, — respondeu ele, — escutei tudo e não vou esquecer nada.

— Assim você já foi ajudado, — disse ela, — e agora pode continuar o seu caminho.

Ele agradeceu à velha pela ajuda no aperto, e saiu do inferno, bastante contente porque teve tanta sorte. Quando chegou até o barqueiro, este lhe pediu a resposta prometida.

— Leve-me primeiro para a outra margem, — disse ele, — e aí vou dizer-lhe como você poderá se libertar.

E quando chegou ao outro lado, passou ao barqueiro o conselho do diabo:

— Quando chegar mais alguém para ser atravessado, ponha-lhe o remo na mão, e é só.

O rapaz continuou a andar e chegou à cidade onde crescia a árvore estéril e onde o guarda também queria a sua resposta. Então ele lhe disse o que ouvira do diabo:

— Matem o rato que está roendo a raiz da árvore, e ela dará novamente maçãs de ouro.

O guarda agradeceu-lhe e deu-lhe em recompensa dois burros carregados de ouro, que deviam segui-lo.

Por fim ele chegou à cidade onde o poço de vinho havia secado. Então, disse ao guarda o que ouvira do diabo:

— Há um sapo escondido debaixo de uma pedra no fundo do poço. Vocês devem pegá-lo e matá-lo, então dará vinho novamente.

O guarda agradeceu-lhe e deu-lhe também dois burros carregados de ouro em recompensa.

Finalmente o filho-da-sorte voltou para casa, para a sua mulher, que ficou bastante contente ao vê-lo de novo e ao saber como tudo lhe saíra bem.

Ele entregou ao rei o que este exigira: os três cabelos de ouro do diabo. E quando o rei viu os quatro burros com todo aquele ouro, ficou muito contente e disse: — Agora todas as condições estão cumpridas e você pode ficar com a minha filha. Mas, meu querido genro, diga-me agora: de onde vem todo este ouro? São tesouros inestimáveis!

— Atravessei um rio, respondeu ele, e peguei o ouro ali, onde ele fica na margem, em vez de areia.

— Eu também posso ir buscar um pouco desse ouro? — perguntou o rei, muito ganancioso.

— Quanto o senhor quiser, respondeu o moço; — está ali um barqueiro que vai levá-lo para a outra margem, onde o senhor poderá encher os seus sacos.

O rei ganancioso pôs-se a caminho com toda a pressa, e quando chegou ao rio, fez sinal ao barqueiro para que viesse atravessá-lo. O barqueiro veio e o fez embarcar, e quando chegaram à outra margem, meteu rápido o remo na mão do rei e fugiu a bom correr. E o rei, desde então, teve de ficar de barqueiro, de lá para cá e de cá para lá, como castigo dos seu pecados.

ELZA-ESPERTA

Era uma vez um homem que tinha uma filha, que chamavam de Elza-esperta. Quando ela cresceu e ficou adulta, o pai falou:

— Temos de casá-la.

— Sim, — disse a mãe, — se ao menos aparecesse alguém que a quisesse.

Finalmente chegou, de longe, um homem que se chamava João, e a pediu em casamento. Mas impunha uma condição: que a Elza-esperta fosse também bastante sensata.

— Ora, — disse o pai, — isto ela é, e muito.

— Sim, — disse a mãe, — ela é capaz de enxergar o vento correndo na rua e de ouvir as moscas tossindo.

— Tanto melhor, — disse João, — porque se ela não é bem sensata, eu não fico com ela.

Então, quando estavam todos sentados à mesa e já acabavam de comer, a mãe falou: — Elza, desça à adega e traga cerveja.

Elza-esperta tirou o canecão da parede e foi ao porão, batendo animadamente com a tampa, para não se entediar pelo caminho. Quando chegou lá embaixo, pegou um banquinho e colocou-o na frente do barril, para não precisar se curvar e quem sabe fazer algum mal às suas costas. Então ela pôs o canecão na sua frente e abriu a torneira. Não querendo deixar os olhos desocupados enquanto a cerveja escorria, ela ficou olhando para a parede na sua frente e, depois de muito passeá-los por todos os lados, viu de repente, bem acima da sua cabeça, uma trolha que os pedreiros deixaram lá, espetada, por esquecimento.

Então Elza-esperta começou a chorar e disse:

— Se eu me casar com o João e nós tivermos um filho e quando este filho já for grande e nós o mandarmos descer ao porão para tirar cerveja, esta trolha vai cair-lhe na cabeça e vai matá-lo.

E ela ficou sentada ali, chorando e gritando a plenos pulmões por causa da desgraça futura. Os de cima aguardavam a bebida, mas a Elza-esperta não voltava.

Então a mulher disse à criada:

— Desça à adega e veja onde está a Elza.

A criada foi lá e encontrou-a sentada na frente do barril, chorando e soluçando.

— Por que está chorando, Elza? — perguntou a criada.

— Ai, — respondeu ela, — como é que eu não vou chorar? Se eu ganhar o João e nós ganharmos um filho e este filho já for grande e descer aqui para tirar cerveja, essa trolha pode cair-lhe na cabeça e matá-lo.

Então a criada disse:

— Que Elza esperta nós temos! — E sentou-se ao lado dela e pôs-se a chorar também por causa daquela desgraça.

Como a criada não voltava e os de cima esperavam sedentos pela bebida, o marido disse ao criado:

— Desça à adega e veja o que foi feito da Elza e da criada.

O criado desceu, viu lá embaixo a Elza e a criada, sentadas, chorando juntas e perguntou: — Por que vocês choram assim?

— Ai, — disse Elza, — e não é para chorar? Se eu casar com o João e nós tivermos um filho e o filho já for crescido e nós o mandarmos ao porão tirar cerveja, essa trolha vai-lhe cair na cabeça e matá-lo.

Então o criado disse:

— Que Elza esperta nós temos! — E sentou-se junto delas e começou a chorar e a se lamentar também.

Lá em cima esperavam pelo criado; mas como ele não vinha, o marido disse à mulher:

— Desça à adega e veja onde se meteu a Elza.

A mulher desceu e encontrou os três se lamuriando e perguntou pelo motivo. Então a Elza contou também a ela que o seu futuro filho ia ser morto pela trolha, quando estivesse grande e descesse para tirar cerveja, e a trolha lhe caísse na cabeça naquela hora. Então a mãe também disse:

— Ah, que Elza esperta nós temos! — Sentou-se e chorou junto com eles.

Lá em cima o marido esperou mais um pouco. Mas vendo que sua mulher não voltava e a sua sede aumentava cada vez mais, ele disse:

— Agora preciso descer ao porão eu mesmo, para ver o que foi feito da Elza.

Mas quando ele chegou ao porão onde estavam todos sentados, chorando juntos, e soube o motivo, que era por causa do filho da Elza, que ela talvez um dia poria no mundo, e que poderia vir a ser morto pela trolha, se a trolha lhe caísse na cabeça bem na hora em que ele estivesse embaixo tirando cerveja, então ele exclamou:

— Que Elza mais esperta! — e juntou-se a eles e chorou também.

O noivo ficou muito tempo lá em cima sozinho; mas como ninguém queria voltar, ele pensou: "Decerto eles estão me esperando lá embaixo, preciso descer para ver o que eles pretendem". E quando ele desceu, lá estavam cinco pessoas, a chorar e a gritar lamuriosamente, cada qual mais alto que o outro.

— Qual foi a desgraça que aconteceu? — perguntou o João.

— Ai, meu querido João, — disse Elza, — se nós dois nos casarmos e tivermos um filho e este filho já for crescido e nós talvez o mandarmos descer a este porão para tirar cerveja, e então a trolha, que ficou espetada aqui em cima, por esquecimento, quiçá cair e quebrar-lhe a cabeça, e ele ficar caído aqui — não deveríamos então chorar?

— Pois então, — disse o João, — tanta sensatez me basta; mais que isso eu não preciso. E porque você é uma Elza tão esperta, quero casar-me com você.

E ele agarrou-a pela mão, levou-a para cima e celebrou o casamento.

Depois que ela já tinha o João por marido há algum tempo, ele lhe disse um dia: — Mulher, eu quero sair para o trabalho e ganhar dinheiro: vá você para o campo ceifar o trigo para que tenhamos pão.

— Sim, meu querido João, eu vou fazer isso.

E quando o João saiu, Elza cozinhou um bom mingau e levou-o consigo para o campo. Quando ela chegou ao trigal, falou com seus botões: "O que faço agora? Ceifo primeiro ou como primeiro? Ora, vou comer primeiro!" Começou a comer e esvaziou todo o pote de mingau; e quando ficou farta e empanturrada, falou de novo: "O que faço agora? Ceifo primeiro ou durmo primeiro? Ora, vou dormir primeiro!" Então deitou-se no meio do trigal e adormeceu.

O João já estava em casa há muito tempo, mas a Elza não vinha e não vinha. Então ele disse consigo mesmo: "Que Elza mais esperta eu tenho! É tão esforçada que nem volta para casa para comer!"

Mas como ela continuava sem chegar, e já estava anoitecendo, o João resolveu ir lá para ver o que ela já ceifara. Mas viu que não havia nada ceifado, e ela estava lá deitada, dormindo no meio do trigal.

Então o João foi correndo para casa, apanhou uma rede de caçar passarinho cheia de guizos pequeninos, voltou e envolveu a mulher todinha na rede, enquanto ela continuava dormindo. Isso feito, voltou depressa para casa, trancou a porta, sentou-se na sua cadeira e ficou trabalhando.

Finalmente, quando já estava escuro de todo, a Elza-esperta acordou e quando se levantou, ouviu um tintinar em volta dela, e os guizos tilintavam a cada passo que ela dava. Então se assustou, ficou sem saber se ela era mesmo a Elza-esperta e disse: "Será que eu sou ela ou será que não sou?"

Mas ela não sabia como responder a essa pergunta, e ficou um tempo parada ali, na dúvida. Por fim, pensou: "Vou para casa, perguntar se eu sou ela ou se não sou ela. Lá eles vão saber".

Então ela correu até a porta da casa, mas esta estava trancada. Aí ela bateu na janela e gritou: — João, a Elza está aí dentro?

— Sim, — respondeu o João, — ela está aqui dentro.

Então ela ficou assustada e disse: "Ai, meu Deus, eu não sou ela!" E foi bater numa outra porta. Mas quando as pessoas ouviram o tilintar dos guizos, não quiseram abrir e ela não conseguiu abrigo em lugar algum. Então ela saiu correndo da aldeia, e ninguém a viu nunca mais.

POLEGARZINHO

Era uma vez um pobre campônio que estava sentado junto do fogão, atiçando o fogo, enquanto a mulher fiava. Então ele disse:

— Como é triste nós não termos filhos! Aqui é tão quieto e silencioso, e nas outras casas é tão ruidoso e alegre...

— Sim, — disse a mulher, com um suspiro, — mesmo que fosse unzinho só, ainda que pequenininho, do tamanho de um polegar, eu já ficaria satisfeita; nós íamos amá-lo de todo o coração.

Ora aconteceu que a mulher ficou adoentada e, sete meses depois, teve um filhinho, que era perfeito e bem acabado, mas não era maior que um dedo polegar. Então eles disseram:

— Ele é tal qual nós desejamos e será o nosso filho querido, e eles o chamaram Polegarzinho, por causa do seu tamanho.

Os pais não lhe deixavam faltar nada, alimentavam-no bem, no entanto a criança não crescia, permanecia como era na primeira hora. Mas tinha olhos espertos e mostrou-se logo um garoto sensato e vivo, que tinha sorte em tudo o que fazia.

Um dia, o camponês se preparava para ir à floresta cortar lenha. Então ele falou consigo mesmo: — Bem que eu gostaria de ter alguém que me ajudasse e me conduzisse a carroça para o mato!

— Ó pai, — gritou Polegarzinho, — eu vou levar-lhe a carroça, pode confiar que ela estará lá na hora marcada.

O homem riu e disse: — Como é possível isso? Você é pequeno demais para guiar o cavalo com as rédeas.

— Isto não importa, pai, basta a mãe atrelar: eu me acomodo dentro da orelha do cavalo e vou lhe dizendo como deve andar.

— Muito bem, disse o pai, vamos experimentar isso uma vez.

Quando chegou a hora, a mãe atrelou a carroça e colocou Polegarzinho na orelha do cavalo, e o pequenino ficou gritando lá dentro: "Upa, upa! Ei, ei!" — E o rocim obedecia bem direitinho e a carroça rodava pelo caminho certo para o mato.

Quando o carro acabava de dobrar uma esquina e o pequeno gritava "Upa, upa!", dois homens estranhos que vinham vindo, pararam.

— O que é isso? — disse um deles, — uma carroça vem rodando, um cocheiro grita para o cavalo, e não se vê ninguém?

— Alguma coisa não está certa aqui, — disse o outro. — Vamos seguir este carro e ver onde é que ele pára.

E o carro rodou para dentro da floresta e direto para o lugar onde a lenha estava sendo cortada. Quando Polegarzinho viu o seu pai, gritou:

— Veja, pai, cheguei com a carroça, agora tire-me daqui!

O pai segurou o cavalo com a mão esquerda e com a direita tirou da orelha do cavalo o seu filhinho, que se sentou muito alegre numa lâmina de palha. Quando os dois estranhos viram Polegarzinho, ficaram sem saber o que dizer. Então um chamou o outro para um lado e disse:

— Ouça aqui, este pequerrucho pode fazer a nossa fortuna, se nós o exibirmos na grande cidade por um bom dinheiro. Vamos comprá-lo.

E eles se dirigiram ao camponês, dizendo:

— Venda-nos este homenzinho, ele estará bem conosco.

— Não — respondeu o pai, — ele é a menina dos meus olhos e não está à venda por nenhum ouro do mundo.

Mas quando Polegarzinho ouviu essa conversa, encarapitou-se pelas dobras da roupa no ombro do pai, e disse-lhe na orelha:

— Pai, venda-me sem medo, eu voltarei com certeza.

Então o pai entregou-o àqueles homens por um bom dinheiro.

— Onde você quer ficar sentado? — perguntaram-lhe eles.

— Ora, deixe-me ficar na aba do seu chapéu, ali eu posso ficar passeando de um lado para outro e apreciando as redondezas, sem cair.

Eles fizeram-lhe a vontade, e quando Polegarzinho se despediu do pai, puseram-se a caminho com ele. Ficaram andando assim até que começou a anoitecer. Aí o pequerrucho disse:

— Desçam-me daqui, que estou com necessidade.

— Fique aí mesmo, disse o homem em cuja cabeça ele estava sentado, — eu não me incomodo, os passarinhos também deixam cair alguma coisa aí, de vez em quando.

— Não, — disse Polegarzinho, — eu sei o que não fica bem! Tire-me daqui depressa.

O homem tirou o chapéu e colocou o pequenino num campo arado, junto ao caminho. Ali ele ficou um tempinho pulando de um lado para outro por entre os sulcos, e de repente embarafustou por uma toca de rato, que já havia escolhido.

— Boa-noite, meus caros senhores, podem ir para casa sem mim! — gritou ele para os dois, zombando deles. Eles correram e cutucaram a toca de rato com paus, mas era esforço perdido. Polegarzinho se enfiava cada vez mais fundo, e como logo escureceu de todo, os homens tiveram de desistir e ir embora, com a bolsa vazia e cheios de raiva.

Quando Polegarzinho percebeu que eles se afastaram, arrastou-se para fora daquela passagem subterrânea.

— É muito perigoso andar pelo campo nesta escuridão, — disse ele, — pode-se quebrar uma perna ou até o pescoço!

Por sorte, ele deu com uma casinha de caramujo vazia.

— Graças a Deus, falou, — aqui dentro posso passar a noite em segurança. E meteu-se dentro dela.

Mas pouco depois, quando já estava quase adormecendo, escutou as vozes de dois homens que estavam passando, e um deles dizia:

— Como é que vamos fazer para roubar o dinheiro e a prata do velho vigário?

— Eu posso dizer-lhes como, — gritou Polegarzinho, interrompendo o homem.

— O que foi isso? — disse o ladrão alarmado, — eu ouvi alguém falando.

Eles pararam e ficaram escutando; então Polegarzinho falou de novo:

— Levem-me com vocês, eu vou ajudá-los.

— Mas onde está você?

— Procurem no chão e prestem atenção de onde vem a minha voz, — respondeu ele.

Aí os ladrões acabaram por encontrá-lo e levantá-lo do chão.

— Ó sujeitinho miúdo, como é que você quer nos ajudar? — disseram eles.

— Vejam, — respondeu ele, — eu passo por entre as grades de ferro da câmara do vigário e lhes passo o que vocês quiserem.

— Muito bem, — disseram eles, — vamos ver do que você é capaz.

Quando eles chegaram à casa do vigário, Polegarzinho enfiou-se na câmara, mas pôs-se logo a gritar a plenos pulmões:

— Vocês querem tudo o que há aqui dentro?

Os ladrões se assustaram e sussurraram:

— Fale baixo, para não acordar ninguém!

Mas Polegarzinho fingiu que não ouvira nada e gritou de novo:

— O que vocês querem? Querem tudo o que há aqui dentro?

A cozinheira, que dormia no quarto vizinho, ouviu isso e sentou-se na cama, prestando atenção. Porém os ladrões, assustados, recuaram um pouco no caminho. Mas finalmente se animaram de novo, pensando: "O pequerrucho está querendo brincar conosco". Então voltaram e cochicharam para ele:

— Agora fique sério e entregue-nos alguma coisa.

Aí Polegarzinho berrou outra vez, com mais força ainda:

— Eu quero dar tudo para vocês, é só estenderem as mãos!

A cozinheira, que estava escutando, ouviu isso claramente, pulou da cama e correu para a porta. Os ladrões fugiram, correndo a bom correr, sem olhar para trás. Mas a cozinheira, que não conseguira ver nada, foi acender uma vela, e Polegarzinho aproveitou o momento para escapar sem ser visto e correr para o celeiro. A mulher, depois de procurar por todos os cantos e não achar nada, voltou para a cama, pensando que sonhara de olhos e ouvidos abertos.

Polegarzinho enfiou-se por entre as palhas e encontrou um bom lugar para se acomodar e dormir. Ele queria descansar ali até o romper do dia, para então voltar para a casa dos pais. Mas teve de passar por outros apertos.

Assim que começou a madrugar, a criada saiu da cama para dar de comer ao gado, e sua primeira parada foi no celeiro, onde ela apanhou uma braçada de palha, que era justamente onde Polegarzinho estava dormindo. Mas o seu sono era tão forte, que ele não ouviu nem viu nada, e só acordou quando já estava dentro da boca da vaca, que o apanhara junto com a palha.

— Ai, meu Deus! — gritou ele, — como é que eu fui parar neste moedor?

Mas logo ele percebeu onde se encontrava e tratou de se cuidar para não ser apanhado e moído pelos dentes da vaca. Isto ele conseguiu, mas depois não escapou de ser engolido e cair dentro do estômago, junto com a palha.

— Nesta casinha esqueceram de fazer janelas, — disse ele, — e não entra a luz do sol. E também não há nenhuma vela.

Na verdade, seu novo alojamento não lhe agradava nem um pouco, e o pior era que entrava cada vez mais palha pela porta, tornando o lugar cada vez mais apertado. Por fim, na sua aflição, ele começou a berrar com toda a força:

— Não me traga mais comida, não me traga mais comida!

A criada, que estava ordenhando a vaca, quando ouviu uma voz sem poder ver ninguém, e a voz era a mesma que ela ouvira no meio da noite, ficou tão assustada que caiu do banquinho e entornou todo o leite. Então, foi correndo para o patrão gritando:

— Ai, meu Deus, senhor vigário, a vaca falou!

— Você ficou maluca, — falou o vigário; mas foi pessoalmente para o celeiro, para ver o que estava havendo ali.

Nem bem ele pôs os pés lá dentro, o Polegarzinho gritou de novo:

— Não me traga mais comida, não me traga mais comida!

Aí o próprio vigário ficou assustado, pensando que era um mau espírito que entrara na vaca, e mandou matá-la. A vaca foi abatida, e o estômago, onde Polegarzinho estava preso, foi atirado ao lixo. Polegarzinho teve muito trabalho até poder varar aquilo, mas conseguiu abrir um espaço. Porém, quando já ia pondo a cabeça para fora, nova desgraça lhe aconteceu. Um lobo faminto que estava passando por ali, viu aquele estômago e engoliu-o inteiro numa só abocanhada.

Polegarzinho não desanimou. "Quem sabe", pensou ele, "o lobo aceita uma conversa", e gritou de dentro da sua pança:

— Meu caro lobo, eu sei de uma bela comilança para você.

— E onde posso pegá-la? — perguntou o lobo.

— Numa casa assim e assim, lá você tem de passar pelo cano da sarjeta e chegar à despensa, onde você vai encontrar bolos, toucinhos e lingüiças à vontade, — e ele descreveu direitinho a casa do seu pai.

O lobo não se fez de rogado, enfiou-se no meio da noite por dentro do cano e comeu na despensa até não poder mais. E quando se deu por farto e satisfeito, quis ir embora; mas tinha engordado tanto que não conseguia mais sair pelo mesmo caminho. Era com isso mesmo que Polegarzinho estava contando, e então começou a fazer o maior barulho dentro da barriga do lobo, pulando e berrando com todas as forças.

— Fique quieto, — disse o lobo, — senão vai acordar todo o mundo!

— Qual o quê, — respondeu o pequerrucho, — você se encheu de tanto comer, agora eu também quero me divertir.

E recomeçou a gritar e a berrar com todas as forças. Finalmente, conseguiu acordar o pai e a mãe, que correram para a despensa e espiaram por uma fresta. Quando viram que havia um lobo aí dentro, saíram correndo, e o marido apanhou um machado e a mulher uma foice.

— Fique por trás, — disse o marido, quando eles entraram na despensa. — Depois que eu lhe der uma machadada, se ele ainda não estiver morto, você desce a foice nele e abre-lhe a barriga.

Aí Polegarzinho ouviu a voz do seu pai e gritou:

— Pai querido, eu estou aqui, estou preso na barriga do lobo!

Então o pai falou, cheio de alegria:

— Graças a Deus, nosso filho querido foi encontrado!

E mandou a mulher pôr a foice de lado, para que Polegarzinho não ficasse ferido. Aí ele levantou o machado e deu um golpe tão forte no lobo, que este caiu morto. Então eles foram apanhar faca e tesoura, abriram a barriga do lobo e tiraram o pequeno lá de dentro.

— Ai, — disse o pai, — como ficamos preocupados por sua causa!

— Sim, meu pai, eu andei bastante pelo mundo; graças a Deus que já posso respirar ar fresco de novo!

— E por onde foi que você andou, meu filho?

— Ah, pai, eu estive numa toca de rato, na barriga de uma vaca e na pança de um lobo. Mas agora eu fico em casa com vocês.

— E nós nunca mais venderemos você, nem pelas maiores riquezas do mundo, — disseram os pais, e abraçaram e beijaram o seu querido Polegarzinho. E deram-lhe de comer e beber, e mandaram fazer roupas novas para ele, porque as suas ficaram estragadas naquela viagem.

AVE-ACHADO

Era uma vez um guarda-florestal, que foi caçar na floresta, e quando chegou lá, ouviu gritos, como se fossem de uma criança pequena. Ele seguiu o choro e finalmente chegou até uma grande árvore, no alto da qual estava sentada uma criança pequena. Acontece que a mãe adormecera debaixo de uma árvore e uma ave de rapina vira a criança no seu colo. Então, essa ave veio voando, apanhou a criança com o bico e a colocou no cume daquela alta árvore.

O guarda-florestal subiu até lá, trouxe a criança para baixo e pensou: "Vou levar esta criança para a minha casa e criá-la junto com a minha Lenita". Dito e feito, ele levou-a para casa, e as duas crianças foram crescendo juntas. E a criança que fora encontrada no alto da árvore foi chamada Ave-achado, porque tinha sido levada por uma ave.

Ave-achado e Lenita se gostavam tanto, que uma ficava triste quando não via a outra.

O guarda-florestal, porém, tinha uma velha

cozinheira, que certa tarde pegou dois baldes e começou a trazer água, indo ao poço e voltando, não uma, mas muitas vezes. Lenita reparou nisso e perguntou:

— Escute aqui, velha Sana, por que estás carregando tanta água?

— Se você não contar a ninguém, eu lhe conto.

Lenita prometeu que não diria nada a ninguém, e a cozinheira falou: — Amanhã cedo, quando o guarda sair para a caça, vou ferver esta água, e quando ela estiver fervendo no caldeirão, vou jogar o Ave-achado dentro e cozinhá-lo.

Na manhã seguinte, bem cedo, o guarda-florestal levantou-se e partiu para a caça, e quando ele saiu, as crianças ainda estavam na cama.

Então Lenita disse ao Ave-achado: — Se você não me abandonar, eu também não vou abandoná-lo.

Ave-achado respondeu: — Nunca, jamais.

Então Lenita falou: — Vou contar só a você: ontem a velha Sana estava carregando muitos baldes de água para dentro de casa, e eu lhe perguntei por que fazia aquilo. Então ela respondeu que, se eu não contasse nada a ninguém, ela me diria a razão. Eu disse que não contaria nada a ninguém, e então ela me disse que no dia seguinte de manhã, quando o pai saísse para a caça, ela ia ferver um caldeirão cheio de água, para jogar e cozinhar você dentro dele. Por isso, vamos levantar-nos depressa, pôr a roupa e partir daqui juntos.

Assim, as duas crianças se levantaram, vestiram-se depressa e foram embora.

Quando a água ferveu no caldeirão, a cozinheira entrou no quarto de dormir para pegar Ave-achado e jogá-lo lá dentro. Mas quando se aproximou das camas, as duas crianças não estavam mais lá. Aí ela sentiu um medo terrível e falou consigo mesma: "O que é que eu vou dizer agora, quando o guarda-florestal voltar e vir que as crianças sumiram? Depressa, atrás delas, tenho de apanhá-las de novo!"

Então a cozinheira mandou três servos ao encalço delas, para que corressem e alcançassem as crianças para trazê-las de volta. Mas as

crianças estavam sentadas à beira da floresta, e quando viram os três servos correndo ao longe, Lenita disse a Ave-achado: — Se você não me abandonar, eu também não vou abandoná-lo.

E Ave-achado respondeu: — Nunca, jamais.

Então Lenita disse: — Transforme-se numa roseira e eu numa rosinha.

Quando os três servos chegaram à beira da floresta, não encontraram nada além de uma roseira com uma rosinha no alto, mas das crianças nem sinal em lugar algum. Então eles disseram:

— Aqui não há nada a fazer.

E voltaram para casa e disseram à cozinheira que não viram nada a não ser uma roseira com uma rosinha no alto.

Então a velha cozinheira ralhou com eles:

— Seus simplórios, vocês deviam ter cortado a roseira em dois, arrancado a rosinha e trazido para mim! Rápido, vão fazer isso!

Os servos tiveram que sair de novo à procura das crianças. Mas as crianças viram-nos chegando de longe, e Lenita falou:

— Ave-achado, se você não me abandonar, eu também não vou abandoná-lo.

E Ave-achado disse: — Nunca, jamais.

E falou Lenita: — Pois transforme-se numa igreja e eu na coroa dentro dela.

E quando os servos chegaram só encontraram uma igreja com uma coroa dentro. Então falaram entre si:

— O que vamos fazer aqui? Voltemos para casa.

Quando chegaram em casa, a cozinheira perguntou se não tinham

encontrado alguma coisa. Eles disseram que não viram nada além de uma igreja que tinha uma coroa dentro.

— Seus tolos, — ralhou a cozinheira, — por que não quebraram a igreja e não me trouxeram a coroa?

E agora a velha cozinheira se levantou e foi junto com os três servos ao encalço das crianças. Mas as crianças viram os três servos andando ao longe, com a cozinheira manquitolando atrás deles. Então Lenita falou: — Ave-achado, se você não me abandonar, eu também não vou abandoná-lo.

E Ave-achado respondeu: — Nunca, jamais.

E falou Lenita: — Transforme-se num lago e eu na marreca sobre ele.

A cozinheira chegou e quando viu o lago, deitou-se na margem, querendo bebê-lo todo. Mas a marreca veio nadando depressa, agarrou-a com o bico pela cabeça e arrastou-a para dentro da água. E a velha bruxa morreu afogada.

As crianças voltaram juntas para casa, felizes e contentes. E se não morreram, ainda agora vivem.

O GANSO DE OURO

Era uma vez um homem que tinha três filhos, e o mais novo deles se chamava Bobalhão; ele era desprezado, escarnecido e sempre passado para trás. Aconteceu certa vez que o mais velho tinha de ir para a floresta, cortar lenha, e antes de sair, a mãe deu-lhe para levar um lindo e fino bolo de ovos e uma garrafa de vinho, para que não sofresse fome e sede. Quando ele chegou à floresta, encontrou-se com um homenzinho velhinho e grisalho, que lhe desejou um bom-dia e disse:

— Dê-me um pedaço de bolo da sua bolsa e deixe-me beber um gole do seu vinho, estou com tanta fome e sede.

Mas o filho inteligente respondeu:

— Se eu lhe der o meu bolo e o meu vinho, não sobrará nada para mim; vá andando! — Deixou o homenzinho ali e seguiu o seu caminho.

Quando ele começou a derrubar uma árvore, errou um golpe e o machado cortou-lhe o braço, de modo que ele teve de ir para casa fazer curativo. Mas o golpe errado partira do homenzinho grisalho.

Então o segundo filho foi para a floresta e a mãe lhe deu, como ao primeiro, um bolo de ovos e uma garrafa de vinho. Este também cruzou com o homenzinho velho e grisalho, que lhe pediu um pedaço de bolo e um gole de vinho. E o segundo filho também respondeu, muito prudente:

— O que eu lhe der, vai me faltar; vá andando! — Deixou o homenzinho parado ali e seguiu o seu caminho.

O castigo não demorou: quando ele deu alguns golpes no tronco da árvore, acertou com o machado na própria perna e teve de voltar para casa carregado.

Aí o Bobalhão falou: — Pai, deixe-me ir cortar lenha.

E o pai respondeu: — Os seus irmãos se machucaram nesse trabalho, deixe para lá, você não entende nada disso.

Mas o Bobalhão insistiu e pediu tanto, até que o pai acabou dizendo:

— Então vá; você vai aprender, apanhando.

A mãe deu-lhe um bolo que foi assado na cinza, com água, e uma garrafa de cerveja azeda. E quando ele chegou à floresta, também lhe veio ao encontro o homenzinho velho e grisalho, cumprimentou-o e disse: — Dê-me um pedaço do seu bolo e um gole da sua garrafa, estou com tanta fome e sede.

E o Bobalhão respondeu: — É que eu só tenho bolo de cinza e cerveja azeda. Se isso lhe servir, podemos sentar-nos e comer.

Então eles se sentaram, e quando Bobalhão tirou o seu bolo de cinza, viu que era um fino bolo de ovos, e a cerveja azeda era um bom vinho. Comeram e beberam e depois o homenzinho disse:

— Por você ter bom coração e por ter repartido o que era seu comigo, eu lhe darei sorte. Ali está uma velha árvore, derrube-a e encontrará alguma coisa nas suas raízes.

E com isso o homenzinho se despediu.

Bobalhão foi e derrubou a árvore, e quando ela caiu, lá estava, entre as raízes, um ganso que tinha penas de ouro puro. Ele o tirou de lá e levou-o consigo para uma hospedaria onde queria pernoitar. Mas o dono tinha três filhas, que viram o ganso, ficaram curiosas por aquela ave maravilhosa e sentiram muita vontade de possuir uma das suas penas de ouro.

A mais velha pensou: "Vai surgir uma oportunidade para eu arrancar uma dessas penas", e quando Bobalhão se afastou um pouco,

ela agarrou o ganso pela asa. Mas seus dedos e sua mão ficaram grudados na asa. Logo chegou a segunda irmã que não tinha outro pensamento a não ser buscar uma pena de ouro para si mesma: mas nem bem ela tocou na sua irmã, ficou grudada e presa. Por fim chegou também a terceira, com a mesma intenção. Aí as outras duas gritaram:

— Não se aproxime, pelo amor de Deus, não chegue perto! Mas ela não entendeu por que não devia se aproximar, e pensou: "Se as duas estão aí, então eu também posso" — e correu para junto delas. Assim que ela tocou a irmã, ficou presa. E desta forma elas tiveram de passar a noite com o ganso.

Na manhã seguinte, Bobalhão pegou o ganso no colo, e saiu andando sem se importar com as três moças que estavam coladas e presas nele. Elas tinham que ficar o tempo todo correndo atrás dele, para a direita e para a esquerda, conforme a vontade das pernas do rapaz. No meio do campo, encontraram-se com o vigário, e quando este viu aquele desfile, falou:

— Envergonhem-se, moças indecorosas; como podem ficar correndo assim pelo campo atrás de um moço, então fica bem uma coisa dessas?

E com isso ele agarrou a mais nova pela mão, querendo puxá-la. Mas assim que a tocou, também ele ficou grudado e teve que correr junto com os outros.

Pouco depois, o sacristão, que vinha passando, deu com o senhor vigário correndo atrás de três moças. Ficou muito espantado e exclamou: — Ei, senhor vigário, para onde vai tão apressado? Não esqueça que temos hoje um batizado! — correu e segurou-o pela manga, mas ficou preso, por sua vez.

Quando os cinco iam assim trotando um atrás do outro, encontraram-se com dois camponeses que voltavam do campo, com as suas enxadas. Então o vigário pediu-lhes que soltassem o sacristão. Mas nem bem eles tocaram no sacristão, ficaram colados, e agora eram sete que corriam atrás do Bobalhão com o seu ganso no colo.

Bobalhão chegou a uma cidade onde reinava um rei que tinha uma filha, que era tão sisuda que ninguém conseguia fazê-la rir. Por isso, o rei mandou proclamar que quem conseguisse fazer a princesa rir, poderia casar-se com ela. Quando Bobalhão soube disso, foi com o seu ganso e o seu séquito até a filha do rei, e quando ela viu aquelas sete pessoas correndo uma atrás da outra, caiu na gargalhada, rindo sem parar.

Então Bobalhão exigiu-a em casamento, mas o rei não se agradou daquele genro. Fez toda sorte de rodeios e disse que ele devia antes trazer-lhe um homem que pudesse beber até esvaziar uma adega de vinho.

Bobalhão pensou no homenzinho grisalho que decerto poderia ajudá-lo, foi para a floresta e viu, no lugar onde derrubara aquela árvore, um homem sentado, de cara muito triste. Bobalhão perguntou o que o deixava assim, e ele respondeu:

— Tenho uma sede tão grande que não consigo matá-la. Não suporto água e já esvaziei um barril de vinho, mas o que é uma gota sobre uma pedra quente?

— Eu posso ajudá-lo, — disse Bobalhão, — venha comigo e terá bebida suficiente.

Então ele o levou para a adega do rei, e o homem atacou os grandes barris, bebeu e bebeu até lhe doerem as ancas, e antes do fim do dia, esvaziou a adega inteira.

Bobalhão reclamou de novo a sua noiva. Mas o rei estava irritado porque um rapaz a quem todos chamavam de Bobalhão ficaria com a sua filha, e impôs outra condição: ele deveria trazer-lhe um homem que fosse capaz de comer uma montanha de pão.

Bobalhão não pensou duas vezes e saiu logo para a floresta. Lá, no mesmo lugar, estava sentado um homem, apertando a barriga com um cinturão, com cara tão infeliz, que lhe disse:

— Já comi o pão do forno de uma padaria inteira, mas de que serve isso para alguém com uma fome tão grande como a minha? Meu

estômago está vazio e tenho de apertá-lo com o meu cinto, para não morrer de fome.

Bobalhão ficou muito contente e disse:

— Levante-se e venha comigo; você comerá até se fartar.

E levou-o para a corte do rei, que mandara juntar toda a farinha do reino inteiro e assar uma enorme montanha de pão. Mas o homem da floresta postou-se diante dela, começou a comer, e num só dia deu sumiço àquela montanha inteira.

Bobalhão exigiu sua noiva pela terceira vez. Mas o rei procurou mais uma escapatória e exigiu um navio que pudesse viajar por água e por terra.

— Assim que você chegar velejando nele, — disse o rei, — terá logo a minha filha por esposa.

Bobalhão foi direto para a floresta. Lá estava o homenzinho velho e grisalho, a quem ele dera o seu bolo, e lhe disse:

— Por você eu bebi e comi, e também lhe darei o navio; faço tudo isso, porque você se mostrou compadecido para comigo.

Então ele lhe deu o navio que viajava por água e por terra; e quando o rei o viu, não pôde mais negar-lhe a sua filha.

O casamento foi celebrado; depois da morte do rei, Bobalhão herdou o reino e viveu por muito tempo feliz com a sua esposa.

SEIS ATRAVESSAM O MUNDO INTEIRO

Era uma vez um homem que sabia toda sorte de artes. Ele serviu na guerra como soldado e foi disciplinado e valente. Mas quando a guerra acabou, foi despedido e recebeu três tostões para o caminho.

— Deixe estar, — disse ele, — isto não vai ficar assim! Se eu encontrar as pessoas certas, o rei terá de me entregar todos os tesouros do reino.

Cheio de raiva, ele entrou na floresta, e viu ali parado um homem que acabava de arrancar seis árvores como se fossem espigas de trigo. Então ele lhe disse:

— Você quer ser meu criado e viajar comigo?

— Sim, — respondeu o outro, — mas antes eu quero levar esse pouquinho de lenha para a minha mãe, lá em casa.

E pegou uma das árvores, enrolou-a nas outras cinco, pôs o feixe de troncos no ombro e levou-o embora. Logo depois voltou e partiu com o seu patrão. Este disse:

— Nós dois podemos atravessar o mundo inteiro.

Depois de andarem um pouco, encontraram um caçador, que estava ajoelhado, com a espingarda encostada ao ombro, fazendo pontaria. Então o patrão dirigiu-se a ele:

— Caçador, em que está querendo acertar?

Ele respondeu:

— A duas milhas daqui está pousada uma mosca no galho de um carvalho: quero acertar no olho esquerdo dela.

—Ah, venha comigo, — disse o homem, — se nós três ficarmos juntos poderemos atravessar o mundo inteiro.

O caçador estava disposto e seguiu com eles. Eles chegaram a sete moinhos de vento, cujas asas giravam muito depressa, apesar de não soprar vento algum e de nenhuma folhinha sequer se mover.

Então o homem disse:

— Não sei o que move estes moinhos de vento, se o ar nem se move.

E continuou o caminho com seus dois criados. Depois de caminharem duas milhas, viram um homem sentado numa árvore, tapando uma narina com um dedo e soprando pela outra.

— O que você faz aí em cima? — perguntou o homem.

O outro respondeu: — A duas milhas daqui há sete moinhos de vento, então eu sopro para tocá-los e fazê-los girar.

— Ah, venha comigo, — disse o homem; — se nós quatro andarmos juntos, poderemos atravessar o mundo inteiro.

O soprador desceu e juntou-se a eles. Algum tempo depois, deram com um sujeito parado numa perna, com a outra, desafivelada, no chão ao seu lado. Então o homem disse:

— Como você se acomodou bem para descansar...

— Eu sou corredor, — respondeu aquele, — e para não correr depressa demais, tirei uma das minhas pernas; quando eu corro com as duas, acabo voando mais depressa que um pássaro.

— Ah, venha comigo; se nós cinco andarmos juntos, poderemos atravessar o mundo inteiro.

Então ele os acompanhou, e não demorou muito até que cruzassem com um camarada de chapeuzinho na cabeça, mas o chapéu estava bem torto, sobre uma orelha. Então o patrão lhe disse:

— Tenha modos, tenha modos! Não pendure o chapéu numa orelha, senão você parece um joão-bobo.

— Não posso fazer isso, — respondeu o outro; — se eu colocar o meu chapéu direito, vem um frio terrível e os pássaros congelam e despencam do céu, mortos.

— Ah, venha comigo, — disse o patrão; — se nós seis andarmos juntos, poderemos atravessar o mundo inteiro.

E os seis chegaram a uma cidade, onde o rei fizera anunciar que aquele que aceitasse o desafio de apostar corrida com a sua filha e ganhasse, se casaria com ela. Mas aquele que perdesse, perderia a própria cabeça. Então o homem apresentou-se e disse:

— Eu mandarei meu criado correr em meu lugar.

O rei respondeu:

— Nesse caso, você terá de apostar também a sua vida, de modo que a cabeça dele e a sua própria respondam pela vitória.

Isso combinado, o homem afivelou a outra perna no corredor e lhe disse: — Agora seja ligeiro e ajude-nos a ganhar.

Ficou combinado que seria proclamado vencedor aquele que trouxesse água de um poço distante. Então o corredor recebeu uma jarra e a princesa, outra, e os dois largaram a correr ao mesmo tempo. Mas num instante, enquanto a filha do rei só cobrira um pequeno trecho, o corredor já sumira da vista de todos os espectadores, e foi como se um golpe de vento tivesse passado por eles. Em pouco tempo ele chegou até o poço, encheu a jarra de água e partiu de volta. Mas no meio do caminho de volta, ele sentiu cansaço; pôs a jarra no chão, deitou-se e adormeceu. Mas colocou um crânio de cavalo debaixo da cabeça, para que a dureza de tal travesseiro não o deixasse dormir muito e ele acordasse logo.

Nesse meio tempo, a princesa, que também corria bem, tão bem como uma pessoa comum pode correr, chegou até o poço, encheu sua jarra e começou a corrida de volta. Quando ela viu o corredor deitado ali, dormindo, ficou contente e pensou: "O inimigo caiu nas minhas mãos", esvaziou a jarra dele e continuou a correr para casa.

Agora já estaria tudo perdido, se por sorte o caçador, com seus olhos penetrantes, não estivesse no alto da torre do castelo, vendo tudo. Então ele disse: — A filha do rei não prevalecerá sobre nós.

Então carregou sua espingarda e deu um tiro tão certeiro, que arrancou o crânio do cavalo de sob a cabeça do corredor, sem lhe fazer mal algum. O corredor acordou, deu um pulo, e viu que o seu jarro estava vazio e a filha do rei já estava bem adiantada na volta. Mas ele não desanimou, voltou correndo com o jarro para o poço, encheu-o de novo e retornou ao castelo ainda dez minutos antes da princesa.

— Então vendo, — disse ele; — só agora eu mexi as pernas de verdade, antes nem dava para chamar aquilo de corrida.

Mas o rei ficou aborrecido, e sua filha mais ainda, porque um simples soldado despedido, como aquele, a levaria como prêmio.

Os dois se aconselharam entre si sobre como se livrar dele, junto com os seus acompanhantes. E o rei disse à filha:

— Encontrei um meio: não se preocupe, eles não voltarão mais!

Então dirigiu-se a eles:

— Agora vocês vão festejar todos juntos, comer e beber e se alegrar.

E o rei conduziu-os a uma sala que tinha soalho de ferro, e a porta também era de ferro, e as janelas tinham grades de ferro. Lá dentro estava uma mesa posta, coberta de deliciosas iguarias. E o rei lhes disse.

— Entrem aí, divirtam-se e aproveitem!

Mas assim que eles entraram, o rei mandou trancar e aferrolhar a porta. Então chamou o cozinheiro e ordenou-lhe que acendesse um fogo debaixo da sala e o mantivesse aceso até que o ferro ficasse em brasa. O cozinheiro obedeceu, e os seis, sentados à mesa, sentiram bastante calor, mas pensaram que fosse por causa da comida. Mas quando o calor aumentou muito e eles quiseram sair, encontraram porta e janelas trancadas, e perceberam que o rei tinha más intenções e queria matá-los.

— Mas ele não conseguirá nada disso, falou aquele do chapéu; — eu farei vir um frio tamanho, que deixará o fogo morto de vergonha.

Aí ele colocou o seu chapéu direito na cabeça, e no mesmo instante desabou um frio tão forte que todo o calor sumiu e as comidas começaram a se congelar nas travessas.

Quando transcorreram algumas horas e o rei pensou que todos já estavam mortos de calor, mandou abrir a porta e foi olhar lá dentro. Mas quando a porta se abriu, lá estavam os seis à vontade, sãos e salvos, dizendo que queriam mesmo sair para se aquecerem, porque, com o frio que fazia ali dentro, a comida ficara congelada nas travessas.

O rei, furioso, desceu para a cozinha e gritou com o cozinheiro, perguntando por que ele não fizera o que lhe fora ordenado. Mas o cozinheiro respondeu:

— O fogo está forte e suficiente, verifique o senhor mesmo.

O rei foi e viu uma enorme fogueira ardendo debaixo da sala de ferro, e percebeu que dessa maneira não poderia fazer nada contra aqueles seis. O rei pôs-se a pensar de novo em como se livrar daqueles hóspedes indesejáveis, mandou chamar o chefe deles e disse:

— Se você quiser levar ouro em troca de desistir do direito sobre a minha filha, eu lhe darei ouro à vontade, quanto você quiser.

— Quero sim, meu rei, — respondeu ele, — dê-me apenas o tanto que o meu criado puder carregar, e não reclamarei mais a sua filha.

Com isso o rei deu-se por satisfeito, e o outro ainda disse:

— Então eu voltarei daqui a quatorze dias para buscá-lo.

Então ele foi e reuniu todos os alfaiates do reino, que tiveram de ficar quatorze dias costurando um saco. E quando o saco ficou pronto, o criado forte, aquele que podia arrancar árvores do chão, colocou-o no ombro e foi com o patrão procurar o rei. O rei perguntou:

— Que formidável sujeito é este, que carrega um rolo de lona do tamanho de uma casa sobre o ombro?

Ficou assustado e pensou: "Quanto ouro ele poderá arrastar!" E mandou trazer uma tonelada de ouro, que teve de vir carregado por dezesseis dos homens mais fortes. Mas o forçudo agarrou-o com uma mão, meteu-o no saco e disse: — Por que não trazem logo uma quantidade maior? Isto aqui mal dá para cobrir o fundo do saco!

Então, pouco a pouco, o rei teve de mandar trazer o seu tesouro todo, e o fortão enfiou-o no saco, e o saco não se encheu nem até a metade.

— Tragam mais, — gritou ele; — essas migalhas não bastam para encher o saco!

Então tiveram de trazer mais sete mil carroças com ouro do reino todo; e o forçudo enfiou-as todas no saco, junto com os bois atrelados às carroças: — Não vou ficar aí examinando isso, — disse ele; — vou levar o que vier, desde que o saco fique cheio.

Quando já estava tudo dentro, ainda caberia muita coisa, mas aí ele disse: — Quero dar um fim neste assunto; às vezes, amarra-se a boca de um saco mesmo que não esteja cheio.

E ele jogou o saco no ombro e partiu com os seus companheiros.

Quando o rei viu que aquele único homem levou embora toda a riqueza do reino, ficou encolerizado e despachou toda a sua cavalaria, que deveria alcançar os seis com a ordem de tirar o saco do forçudo. Dois regimentos alcançaram logo os seis homens e gritaram para eles:

— Vocês são prisioneiros, ponham no chão o saco com o ouro ou serão todos trucidados!

— O que estão dizendo? — falou o soprador. — Que nós somos prisioneiros? Antes vocês todos vão dançar pelos ares!

E ele tapou uma narina e soprou com a outra sobre os dois regimentos. Aí eles voaram, todos dispersos, pelos ares e por sobre todos os montes, um para ali, outro para acolá. Um sargento pediu clemência, pois tinha sete ferimentos e era bom sujeito que não merecia tamanho insulto. Então o soprador ralentou um pouco, até o sargento descer incólume, e lhe disse:

— Agora volte para o seu rei e avise-o para que não mande mais cavalaria, porque eu vou soprar todos pelos ares.

Quando o rei recebeu esse aviso, falou: — Deixem aqueles sujeitos irem embora, eles têm alguma coisa especial.

Então os seis levaram o tesouro para casa, repartiram-no entre todos e viveram felizes até o fim.

GRETEL, A ESPERTA

Era uma vez uma cozinheira que se chamava Gretel. Ela usava sapatos com saltos vermelhos, e quando saía com eles nos pés, rebolava para cá e para lá, ficava alegre e pensava: "Mas que bela garota que eu sou!" E quando voltava para casa, tomava um gole de vinho, só de alegria, e como o vinho lhe dava vontade de comer, ela provava do melhor que cozinhava até se fartar, e dizia: "A cozinheira precisa saber qual é o sabor da comida".

Um dia o patrão lhe disse: — Gretel, hoje à noite tenho um convidado para o jantar. Prepare-me duas galinhas caprichadas.

— Vou prepará-las, patrão, — respondeu Gretel.

Ela matou as galinhas, escaldou-as, depenou-as, enfiou-as no espeto e ao anoitecer levou-as ao fogo para assar.

As galinhas começaram a ficar tenras e tostadas, mas o convidado ainda não tinha chegado.

Então Gretel avisou o patrão: — Se o convidado não chegar, vou ter de tirar as galinhas do fogo; mas será uma grande pena se elas não forem comidas logo, quando estiverem mais suculentas.

O patrão falou: — Então eu mesmo vou correr e buscar o convidado.

Quando o patrão virou as costas, Gretel pôs o espeto com as galinhas de lado e pensou: "Ficar tanto tempo parada junto do fogo me deixou suada e sedenta; quem sabe quanto tempo eles vão demorar! Enquanto isso, vou dar um pulo à adega, tomar um gole".

E ela desceu à adega, encheu um caneco e disse: "Deus te abençoe, Gretel!", e tomou uma boa talagada. "O vinho pede mais", continuou ela, "e não faz bem interrompê-lo", e tomou mais um gole alentado.

Aí ela foi e pôs as galinhas sobre o fogo de novo, pincelou-as com manteiga e ficou girando o espeto alegremente. Mas como o assado tinha um cheirinho tão bom, Gretel pensou: "Pode ser que falte alguma coisa, preciso prová-lo!" Passou o dedo no assado, lambeu-o e disse: "Hum, como estão boas estas galinhas! É até pecado que não sejam comidas agora, já!" E correu para a janela, a ver se o patrão não estava chegando com o convidado, mas não viu ninguém. Ela voltou para as galinhas e pensou: "Uma das asas vai queimar, é melhor que eu a coma antes", cortou a asa, comeu-a e gostou. E quando terminou com ela, pensou: "Preciso tirar a outra também, senão o patrão nota que falta alguma coisa".

Quando acabou com as duas asas, ela foi espiar de novo se o patrão chegava, mas não o viu. "Quem sabe", pensou ela, "eles não vêm mesmo e foram comer em algum lugar". Então falou: "Ei, Gretel, ânimo, uma das galinhas já foi atacada, toma mais um bom gole e acaba com ela de uma vez! Só assim terás sossego: por que deixar que se perca essa dádiva divina?"

De modo que ela correu outra vez para a adega, tomou um gole respeitável e comeu a galinha toda com grande alegria. Quando a primeira galinha já estava liquidada e o patrão ainda não voltara, Gretel olhou para a segunda e disse: "Onde está uma, a outra precisa estar também, as duas são inseparáveis. O que serviu para uma será bom para a outra; acho que se eu tomar mais um gole, isso não me fará mal algum". E com isso ela bebeu mais um reforçado gole e deixou que a segunda galinha se reunisse com a primeira. Quando ela estava no melhor da comilança, o patrão veio chegando e gritou:

— Apronte-se depressa, Gretel, o convidado já está chegando!

— Sim senhor, patrão, vou servir já, — respondeu Gretel.

O patrão, enquanto isso, foi verificar se a mesa estava bem posta e arrumada, pegou o facão com o qual ia trinchar as galinhas e começou a afiá-lo.

Enquanto isso, o convidado chegou, e bateu na porta de entrada, cortes e respeitoso. Gretel correu para ver quem era, e quando viu o convidado, pôs um dedo nos lábios e disse:

— Psst, silêncio, silêncio! Trate de fugir depressa; se o meu patrão o pegar, o senhor se dará mal! Ele convidou-o para jantar, mas a sua intenção é cortar-lhe as duas orelhas. Escute só como ele está amolando o facão!

O convidado ouviu o barulho do facão sendo afiado e saiu a bom correr pelos degraus abaixo.

Gretel não perdeu tempo, correu gritando para o patrão, a berrar:

— Belo convidado que o senhor foi trazer!

— Por que, Gretel? O que você quer dizer com isso?

— O que eu quero dizer, — falou Gretel, — é que ele arrancou as duas galinhas da travessa que eu estava levando e fugiu correndo com elas.

— Era só o que faltava! — disse o patrão, com pena de perder as belas galinhas; — se ao menos ele me deixasse uma delas, para que me sobrasse alguma comida!

E ele gritou ao encalço do outro, para ele ficar, mas o convidado fingiu que não ouvia. Então o patrão correu atrás dele, ainda com o facão na mão, gritando:

— Só uma! Só uma! — querendo pedir para ele deixar-lhe ao menos uma galinha e não levar as duas.

Mas o convidado pensou que ele teria de entregar só uma das suas orelhas, e por isso correu com todas as forças, como se um fogo o perseguisse, para poder levar para casa ambas as suas orelhas.

O POBRE E O RICO

Nos tempos antigos, quando o bom Deus ainda andava pela terra no meio dos homens, aconteceu que certa noite ele ficou cansado e a escuridão o alcançou antes que pudesse chegar a um albergue. Mas no seu caminho estavam duas casas, uma em frente da outra, uma grande e bonita, a outra pequena e modesta; e a grande pertencia a um homem rico, e a pequena, a um homem pobre.

Então Nosso Senhor pensou: "Não vou ficar pesado para o rico; vou pernoitar em sua casa".

Quando o rico ouviu baterem na sua porta, abriu a janela e perguntou ao estranho o que procurava. O Senhor respondeu:

— Peço um lugar para passar a noite.

O rico examinou o forasteiro dos pés à cabeça, e como o bom Deus usasse roupas modestas e não parecesse alguém com muito dinheiro na bolsa, sacudiu a cabeça e disse:

— Não posso acomodá-lo. Meus cômodos estão cheios de ervas e sementes, e se eu fosse albergar qualquer que bate na minha porta, acabaria eu próprio saindo a mendigar de cajado na mão. Procure outro lugar para se abrigar.

Com isso ele fechou a janela e deixou o bom Deus parado lá fora.

Então o bom Deus voltou-lhe as costas e atravessou a estrada para a casa pequena. E nem bem ele chegou a bater, que o pobre abriu a sua portinha e convidou o andarilho a entrar.

— Passe a noite aqui comigo, — disse ele; — já está escuro e hoje o senhor não poderá caminhar mais.

Isto agradou ao bom Deus e ele entrou na casinha. A mulher do pobre estendeu-lhe a mão, deu-lhe as boas-vindas e pediu-lhe que se acomodasse e se servisse; que eles não tinham muita coisa, mas o que tinham, dariam de coração.

E ela pôs batatas no fogo e, enquanto elas cozinhavam, ordenhou a sua cabra, para poderem comê-las com um pouco de leite. E quando a mesa foi posta, o bom Deus sentou-se e comeu com eles, e a modesta refeição lhe foi saborosa, porque acompanhada de rostos cordiais.

Quando acabaram de comer e já era hora de dormir, a mulher chamou o marido para um lado e lhe disse em segredo:

— Ouça, meu bom marido, vamos arrumar uma palha para nós dois, por esta noite, para que o pobre forasteiro possa deitar-se na nossa cama e descansar; ele caminhou o dia inteiro, deve estar bem cansado.

— De todo o coração, — respondeu ele; — vou convidá-lo.

E ele foi e pediu ao bom Deus que, se lhe aprouvesse, fosse deitar-se na cama deles para descansar melhor seus membros fatigados. O bom Deus não queria privar os dois velhos da sua cama, mas eles insistiram tanto, que ele acabou aceitando e se deitando na cama, enquanto os dois se ajeitavam na palha, no chão.

No dia seguinte, levantaram-se de madrugada para arrumar-lhe um desjejum, o melhor que podiam. E quando o sol entrou pela janelinha e o bom Deus acordou, comeu novamente com eles e quis continuar seu caminho. E quando já estava na porta, voltou-se e disse:

— Por serem tão compadecidos e piedosos, expressem três desejos, que eu vou cumpri-los.

Então o pobre disse:

— O que mais eu posso desejar, a não ser a bem-aventurança eterna, e que nós dois, enquanto vivermos, tenhamos saúde e o nosso pão de cada dia; não sei o que desejar em terceiro lugar.

O bom Deus disse:

— Não quer desejar uma casa nova em lugar da velha?

— Oh, sim, — disse o homem, — se eu puder ganhar também isso, ficaria muito contente.

Então o Senhor cumpriu os seus desejos, transformou sua casa velha numa nova, abençoou-os de novo e continuou sua jornada.

Já era dia claro quando o rico se levantou. Foi até a janela e viu, do outro lado da estrada, uma bela casa nova, de tijolos vermelhos, no lugar onde estava antes uma velha cabana. Ele arregalou os olhos, chamou sua mulher e disse:

— Diga-me, o que foi que aconteceu? Ontem à noite ainda estava ali a velha cabana miserável, e hoje no seu lugar está uma bela casa nova. Corra até lá e descubra como foi que aconteceu isso.

A mulher obedeceu e foi perguntar ao pobre. Ele então lhe contou:

— Ontem à noite chegou um caminhante que procurava onde pernoitar, e esta manhã, ao se despedir, ele nos satisfez três desejos: a bem-aventurança eterna, saúde nesta vida e mais o pão de cada dia, e por fim, no lugar da nossa velha cabana, uma bonita casa nova.

A mulher do rico voltou correndo para casa e contou ao marido como tudo acontecera. O marido disse: — Tenho vontade de me rasgar em pedaços! Se ao menos eu soubesse antes! O estranho esteve aqui primeiro e quis pernoitar aqui, mas eu recusei e o mandei embora.

— Despache-se, — disse a mulher, — monte no seu cavalo, depressa, para alcançar aquele homem e conseguir que ele também nos conceda três desejos.

O rico seguiu o bom conselho, montou a cavalo e saiu a galope, em tempo de alcançar o bom Deus. Dirigiu-se a ele com modos amáveis e pediu que não levasse a mal por não ter sido recebido ontem:

— É que, enquanto eu procurava a chave da porta da frente, o senhor foi embora; mas se voltar pelo mesmo caminho, deverá sem falta hospedar-se na minha casa.

— Sim, — disse o bom Deus; — se alguma vez eu voltar, farei isso.

Então o rico perguntou se não podia também manifestar três desejos, como o seu vizinho. O bom Deus disse que sim, que podia manifestá-los; mas que isso não seria bom para ele, seria melhor que não desejasse nada. Mas o rico disse que escolheria alguma coisa que fosse de boa sorte para ele, se soubesse que os desejos seriam cumpridos. O bom Deus disse:

— Volte para casa, que os três desejos que fizer serão cumpridos.

Agora que o rico tinha o que queria, pôs-se a caminho de volta à sua casa, pensando, enquanto cavalgava, no que iria desejar. E, assim pensativo, soltou as rédeas, e o cavalo começou a saltar, atrapalhando-lhe as idéias e perturbando seus pensamentos. Ele deu uns tapinhas no pecoço da montaria, dizendo: "Calminha, Lisa!" Mas o cavalo continuou a encabritar-se, até que por fim ele ficou enfezado e gritou, impaciente: — Eu quero que você quebre o pescoço!

Nem bem ele disse isso, pimba, estatelou-se no chão e o cavalo estava morto e não se mexia mais. E com isso o primeiro desejo estava cumprido. Mas como o homem era ganancioso por natureza, não quis abandonar a sela, cortou-a fora, colocou-a nas costas e continuou o caminho a pé. "Ainda tenho dois desejos sobrando", pensou ele, e consolou-se com isso.

Enquanto andava, vagaroso, pela areia, o sol do meio-dia começou a esquentar e a arder, e ele sentiu calor e mal-estar; a sela pesava-lhe nas costas e ele estava aborrecido porque ainda não conseguira decidir o que desejar.

"Se eu desejar para mim todas as riquezas e todos os tesouros do mundo", dizia ele consigo mesmo, "mesmo assim, mais tarde, vou lembrar mais toda sorte de coisas, isso e aquilo, tenho certeza desde já. Mas quero me organizar de modo que nunca mais me sobre nada para desejar".

Aí ele deu um suspiro e disse:

— Ah, se eu fosse aquele camponês da Baviera, que também pôde manifestar três desejos! Aquele sabia bem o que queria! Ele desejou primeiro bastante cerveja, e em segundo lugar, tanta cerveja quanto pudesse beber, e em terceiro, mais um barril de cerveja.

Por vezes ele achava que já tinha achado a resposta, mas logo lhe parecia que ainda era pouco. Aí lhe veio à cabeça o pensamento de como a sua mulher estava bem agora, sentadinha em casa, tranqüila e descansada comendo do melhor. Isto o irritou sobremaneira e, sem perceber, ele foi falando assim:

— Eu queria que ela, lá em casa, estivesse sentada nesta sela sem poder sair, embora eu esteja agora arrastando a sela nas costas!

E assim que a última palavra saiu da sua boca, a sela sumiu das suas costas, e ele percebeu que o seu segundo desejo também se realizara. E agora sim, ele ficou com calor de verdade: pôs-se a correr, querendo chegar depressa em casa, trancar-se no quarto bem sozinho e ficar pensando em alguma coisa grandiosa para o terceiro desejo.

Mas assim que chegou em casa e abriu a porta, lá estava a sua mulher no meio da sala, montada na sela, grudada, sem poder sair, gritando e se lamentando. Então ele disse: — Dê-se por satisfeita, eu vou desejar-lhe todas as riquezas do mundo, apenas fique sentada aí!

Mas ela o xingou de pedaço de asno e disse: — De que me servem todas as riquezas do mundo, se eu ficar colada nesta sela! Foi você que me desejou isso, agora é você que tem de me ajudar.

E nada adiantou, querendo ou não querendo, ele teve de fazer o terceiro desejo, para que ela pudesse descer da sela. E o desejo foi cumprido no mesmo instante. De modo que o rico não ganhou com essa história nada além de aborrecimento, trabalheira, insultos e um cavalo perdido. Mas os pobres viveram alegres, tranqüilos e piedosos até o seu bem-aventurado fim.

A ÁGUA DA VIDA

Era uma vez um rei, que ficou doente e ninguém acreditava que pudesse escapar com vida. Mas ele tinha três filhos, que ficaram muito tristes com isso, desceram ao jardim do castelo e ficaram chorando. Aí eles deram com um homem velho, que lhes perguntou a razão da sua tristeza. Eles lhe contaram que seu pai estava tão doente que iria morrer logo, porque não havia nada que pudesse ajudá-lo.

Então o velho disse: — Eu conheço um remédio, que é a água da vida; se o rei beber dessa água, recobrará a saúde. Mas ela é difícil de encontrar.

O mais velho disse: — Eu vou encontrá-la.

E foi ao rei doente e pediu sua permissão para sair à procura da água da vida, pois só ela poderia curá-lo.

— Não, — disse o rei, — é perigoso demais, eu prefiro morrer.

Mas o filho insistiu e implorou tanto que o rei acabou concordando. O príncipe pensou no fundo do seu coração: "Se eu trouxer essa água ao meu pai, serei o seu preferido e herdarei o reino".

Então ele partiu, e quando já estava cavalgando há algum tempo, encontrou no caminho um anão, que lhe perguntou:

— Para onde vai tão apressado?

— Ó nanico bobo, — disse o príncipe, muito arrogante, — isso não é da sua conta; e continuou o seu caminho.

Mas o homúnculo ficara muito irritado e fizera um mau desejo. Pouco depois o príncipe foi parar numa garganta entre montanhas, e quanto mais ele cavalgava, mais os rochedos se estreitavam diante dele, e por fim o caminho ficou tão apertado que ele não pôde se adiantar nem mais um passo; não era possível fazer o cavalo voltar e nem descer da sela, e lá ficou ele, como aprisionado.

O rei doente esperou pelo filho durante muito tempo, mas este não voltava. Aí o segundo filho disse: — Pai, deixe-me partir e procurar a água, e pensou consigo: "Se o meu irmão está morto, o reino fica para mim".

No começo o rei também não quis deixá-lo partir, mas acabou cedendo. O príncipe enveredou pelo mesmo caminho seguido pelo seu irmão e encontrou o mesmo anão, que o deteve e lhe perguntou aonde ia com tanta pressa.

— Ó nanico miúdo, — disse o príncipe, — isso não é da sua conta.

E continuou a cavalgar, sem olhar para trás. Mas o anão o enfeitiçou e ele, como o outro, foi parar numa garganta rochosa, sem poder avançar nem recuar. É assim que acontece com os arrogantes.

Quando também o segundo filho não retornava, o mais novo ofereceu-se para ir procurar a água, e o rei, por fim, teve de deixá-lo partir. E quando ele encontrou o anão e este lhe perguntou para onde ia assim apressado, o moço parou, deu-lhe atenção e resposta, e disse:

— Vou à procura da água da vida, pois meu pai está mortalmente enfermo.

— E você sabe onde encontrá-la?

— Não, — disse o príncipe.

— Porque você se comportou como é devido, não foi arrogante como os seus falsos irmãos, eu lhe darei informação e lhe direi como chegar até a água da vida. Ela brota de um poço no pátio de um castelo enfeitiçado, mas você não poderá entrar lá, se eu não lhe der uma vara de ferro e dois filões de pão. Com a vara você baterá três vezes no portão de ferro do castelo, e ele se abrirá. Lá dentro estão dois leões, que vão escancarar as fauces. Mas se você atirar um pão nas suas goelas, eles ficarão quietos. Então corra e busque a água da vida antes de ba-

terem as doze horas, senão o portão se fechará de novo e você ficará preso.

O príncipe agradeceu, pegou a vara e o pão e pôs-se a caminho. Quando chegou à sua meta, tudo aconteceu como o anão lhe dissera. O portão abriu-se ao terceiro golpe da vara, e depois de acalmar os leões com os filões de pão, ele adentrou o castelo num grande e belo salão. Lá estavam sentados os príncipes encantados, de cujos dedos ele tirou os anéis. Ele viu também uma espada e um pão, que levou consigo.

Mais adiante, entrou numa sala onde estava uma formosa donzela, que se alegrou ao vê-lo, beijou-o e disse que ele a desencantara, e que ele ganharia o seu reino inteiro, e quando voltasse dali a um ano, se casaria com ela. Depois, contou-lhe onde estava o poço com a água da vida, mas disse que ele devia se apressar e tirar a água logo antes que batessem as doze badaladas.

Ele continuou andando e chegou por fim a um quarto onde havia uma bela cama, recém-arrumada. E como estivesse fatigado, ele quis antes descansar um pouco. Então deitou-se e adormeceu; e quando acordou, ouviu bater um quarto para as doze. O príncipe levantou-se de um pulo, assustado, correu para o poço encheu com sua água uma taça que estava ali, e apressou-se a sair de lá. Mas quando já estava saindo pelo portão de ferro, o relógio bateu doze horas e o portão fechou-se com tanta força que lhe cortou um pedaço do calcanhar.

Mas ele estava contente porque conseguira a água da vida; pôs-se a caminho de casa e encontrou-se de novo com o anão. Quando este viu a espada e o pão, falou:

— Com isso você saiu ganhando muito: com esta espada, pode vencer exércitos inteiros, e este pão não acabará nunca.

O príncipe não queria voltar para o pai sem os irmãos e disse:

— Querido anão, não pode dizer-me onde estão os meus dois irmãos? Eles saíram antes de mim à procura da água da vida e nunca mais voltaram.

— Eles estão presos entre os rochedos das montanhas, disse o anão; — eu os enfeiticei, porque foram tão arrogantes.

Então o príncipe suplicou tanto, que o anão acabou por libertá-los, mas advertiu-o e disse:

— Tenha cuidado com eles, pois têm o coração perverso.

Quando seus irmãos chegaram, ele ficou contente e contou-lhes o que lhe tinha acontecido, que ele encontrara a água da vida e trouxera uma taça cheia dela, e que desencantara uma bela princesa, que queria esperar por ele um ano, quando seria celebrado o casamento e ele ganharia um grande reino.

Os três continuaram a cavalgar juntos e chegaram a um país onde havia fome e guerra, e o rei já pensava que o país estava perdido, e ele também, tão grande era a sua aflição.

Então o príncipe foi ter com ele e deu-lhe o pão, com o qual o rei alimentou e satisfez todo o seu reino. Aí o príncipe deu-lhe também a espada, com a qual o rei venceu os exércitos inimigos, e agora podia viver em paz e sossego. Depois disso, o príncipe retomou a sua espada e o seu pão, e os três irmãos continuaram a cavalgar adiante. Eles ainda chegaram a mais dois países onde reinavam a fome e a guerra, e das duas vezes o príncipe deu aos reis a sua espada e o seu pão, salvando assim três reinos. Depois, eles embarcaram num navio e atravessaram o mar.

Durante a viagem, os dois mais velhos confabularam entre si:

— O caçula encontrou a água da vida e nós não. Por isso o nosso pai lhe entregará o reino que cabe a nós, e ele nos privará da nossa felicidade.

Então eles ficaram vingativos e combinaram destruir o irmão mais novo. Esperaram até ele dormir profundamente, roubaram-lhe a água da vida e ficaram com ela, enquanto enchiam a taça do caçula com a água salgada do mar.

Quando chegaram em casa, o mais moço levou a sua taça ao pai, para que bebesse dela e sarasse. Mas assim que o rei bebeu um pouco da água do mar, ficou mais doente que antes. E quando ele se lamentava disso, vieram os dois irmãos mais velhos e denunciaram o mais novo, dizendo que ele queria envenenar o pai, mas que eles é que traziam a verdadeira água da vida, e deram-na para o rei beber. E assim que ele a tomou, sentiu sua doença desaparecer e ficou forte e sadio como nos dias da sua juventude.

Então os dois foram ao irmão caçula, zombaram dele e disseram:

— Você pode ter encontrado a água da vida, mas você teve todo o trabalho, e nós teremos a recompensa. Você devia ter sido mais esperto, ficando de olhos abertos. Nós lhe tiramos a água enquanto você dormia em alto-mar, e daqui a um ano será um de nós que irá buscar a bela princesa. Porém trate de não dizer nada disso ao pai, ele não vai acreditar mesmo. Mas se revelar uma só palavra de tudo isso, acabará perdendo a vida. Só se você ficar calado, ela lhe será poupada.

O velho rei estava irado com o seu filho mais novo e pensava que ele atentara contra a sua vida. Por isso, mandou reunir a corte para pronunciar julgamento contra ele, para que fosse secretamente fuzilado.

Quando o príncipe partiu um dia para a caça, sem desconfiar de nada, o caçador do rei teve ordem de acompanhá-lo. Quando os dois estavam sozinhos no meio da floresta e o caçador parecia tão triste, o príncipe lhe perguntou: — Meu caro caçador, o que lhe falta?

O caçador disse: — Não posso contá-lo, mas devo fazê-lo.

Então o príncipe falou: — Conte-me o que é, eu lhe perdoarei.

— Ai, — disse o caçador, — eu devo fuzilá-lo; foi o rei quem me ordenou.

O príncipe ficou assustado e pediu: — Meu bom caçador, deixe-me viver, eu lhe darei meus trajes reais, dê-me a sua roupa comum em troca.

O caçador respondeu: — Isto eu farei de bom grado, eu não poderia mesmo atirar no senhor.

Então eles trocaram suas roupas e o caçador voltou para casa, mas o príncipe embrenhou-se no mais fundo da floresta.

Algum tempo depois chegaram ao castelo do velho rei três carros cheios de ouro e pedras preciosas para o seu filho mais novo. Eram enviados pelos três reis que venceram os inimigos com a espada do príncipe e alimentaram os seus povos com o seu pão, e queriam mostrar a sua gratidão.

Então o velho rei pensou: "Será que meu filho era inocente?" E ele disse aos seus homens: — Se ele ainda estivesse vivo! Como eu me arrependo de ter mandado matá-lo!

— Ele ainda vive, — disse o caçador; — eu não pude forçar-me a cumprir a ordem do rei.

E ele contou ao rei o que tinha acontecido. Então foi como se a pedra rolasse do coração do rei, e ele mandou anunciar por todos os reinos que o seu filho podia voltar e seria recebido de braços abertos.

A princesa, porém, mandara abrir, na frente do seu castelo, uma rua toda caçada de ouro faiscante, e dissera aos seus homens que aquele que viesse cavalgando pelo meio dessa rua, direto para ela, seria o verdadeiro esperado, a quem deviam deixar entrar. Mas quem viesse pelo lado dessa rua não seria o verdadeiro e não poderia entrar.

Quando o prazo decorreu e chegou a hora certa, o mais velho dos filhos do rei resolveu apressar-se, e apresentar-se à princesa como o seu noivo, para então recebê-la por esposa e o seu reino também. Então saiu galopando e quando chegou e viu a bela rua de ouro, pensou: "Seria uma pena pisoteá-la com os cascos do cavalo"; desviou-se para a direita e passou ao lado da pista. Mas quando chegou ao portão, os guardas lhe disseram que ele não era o homem certo, e que fosse embora. Pouco depois, o segundo príncipe partiu por sua vez, e quando chegou à rua de ouro, e o cavalo pôs uma pata sobre ela, pensou: "Seria uma pena, o cavalo poderia estragar alguma coisa", desviou-o para a esquerda e passou ao largo da pista. Mas quando chegou ao portão, os guardas disseram que ele não era o homem certo, e mandaram-no embora.

Quando o ano terminou, o terceiro quis sair da floresta e cavalgar até a sua amada, para esquecer sua tristeza ao seu lado. Então partiu e, com o pensamento sempre nela e a vontade de já estar ali, ele nem viu a rua de ouro, e o seu cavalo passou bem no meio da pista. E quando chegou ao portão, este se abriu e a princesa o recebeu cheia de alegria, e disse que ele era o seu libertador e o senhor de todo o reino.

Então o casamento foi celebrado com grande júbilo. E quando a festa acabou, ela contou-lhe que seu pai o convidava a voltar e que o tinha perdoado.

Aí ele voltou ao pai e contou-lhe tudo: como seus irmãos o haviam enganado e ele se calara sobre tudo o que acontecera.

O velho rei queria castigá-los, mas eles já tinham fugido para o mar e embarcado num navio para nunca mais voltar.

O GÊNIO NA GARRAFA

Era uma vez um pobre lenhador que trabalhava desde a manhã até a noite fechada. Quando finalmente ele conseguiu juntar um pouço de dinheiro, disse ao seu menino:

— Você é meu filho único e quero aplicar o meu dinheiro, que ganhei com o suor do meu rosto, na sua instrução. Se você aprender alguma coisa que preste, poderá me sustentar na minha velhice, quando os meus membros estiverem endurecidos e eu tiver de ficar sentado em casa.

Então o menino foi para uma boa escola e estudou com afinco, de modo que seus mestres o elogiavam, e ficou algum tempo por ali. Ele terminou um par de cursos, mas ainda não tinha se formado em tudo, quando aconteceu que o pouco dinheiro que o pai economizara se acabou e ele teve de voltar para casa.

— Ai, — disse o pai, tristonho, — não posso dar-lhe mais nada e com esta carestia não consigo tampouco ganhar nem um vintém a mais que para o pão de cada dia.

— Querido pai, — respondeu o filho, — não se preocupe com isso! Se Deus quiser, tudo terá sido para melhor; eu vou me arranjar.

Quando o pai ia sair para a floresta, para ganhar alguma coisa com a lenha preparada, o filho disse: — Eu quero ir com você e ajudá-lo.

— Sim, meu filho, — disse o pai, — mas isto lhe será muito difícil; você não está acostumado ao trabalho duro e não vai agüentar. Além disso eu não tenho machado sobrando, e nem dinheiro para poder comprar um novo.

— Vá procurar o vizinho, — respondeu o filho, — ele lhe emprestará o seu machado até que eu possa ganhar o bastante para comprar um para mim.

Então o pai tomou um machado emprestado do vizinho, e no dia seguinte, de manhã cedinho, os dois saíram juntos para a floresta. O filho ajudou o pai, com esforço e animado, sem se cansar. E quando o sol estava a pique sobre eles, o pai falou:

— Vamos descansar e almoçar; depois o trabalho rende o dobro.

O filho pegou o seu pedaço de pão e disse:

— Descanse, pai, eu não estou fatigado; quero passear um pouco pela floresta e procurar ninhos de passarinho.

— Ó rapazinho tolo, — disse o pai, — para que quer ficar correndo de um lado para outro, só para ficar cansado e depois não poder erguer o braço? Fique aqui sentado ao meu lado!

Mas o filho se embrenhou na floresta, comeu o seu pão, muito contente, e espiou por entre os galhos a ver se encontrava algum ninho.

Assim ele andou de um lado para outro, até que chegou a um grande carvalho, que devia ter muitos séculos de idade, e cujo tronco cinco homens não poderiam abraçar. Ele parou, olhou para a árvore e disse:

— Aqui muitos pássaros devem ter construído seus ninhos.

Mas aí pareceu-lhe de repente ouvir uma voz. Prestou atenção e ouviu gritar em tom bastante abafado: "Deixe-me sair! Deixe-me sair!"

Olhou em volta e não conseguiu ver nada, mas pareceu-lhe que a voz saía de dentro da terra. Então gritou:

— Onde está você?

A voz respondeu: — Estou encalhado aqui embaixo, junto das raízes. Deixe-me sair, deixe-me sair!

O estudante começou a cavocar debaixo da árvore e a procurar entre as raízes, até que por fim encontrou, num pequeno desvão, uma garrafa de vidro. Levantou-a e segurou-a contra a luz, e então viu lá dentro uma coisa que parecia um sapo, pulando para cima e para baixo.

— Deixe-me sair, deixe-me sair! — ouviu de novo. E o garoto, que não desconfiava de nada de mau, tirou a rolha da garrafa. Imediatamente escapou dela um gênio, que começou a crescer, e cresceu tão depressa que em poucos instantes surgiu diante do estudante uma figura terrificante, do tamanho da metade da árvore.

— Sabe, — urrou a aparição com voz apavorante, — qual é o seu prêmio por ter-me libertado?

— Não, — respondeu o estudante, sem se assustar, — como posso saber disso?

— Então eu lhe direi, — gritou o gênio; — vou quebrar-lhe o pescoço em troca disso.

— Isto você devia ter-me dito antes, — respondeu o estudante, — aí

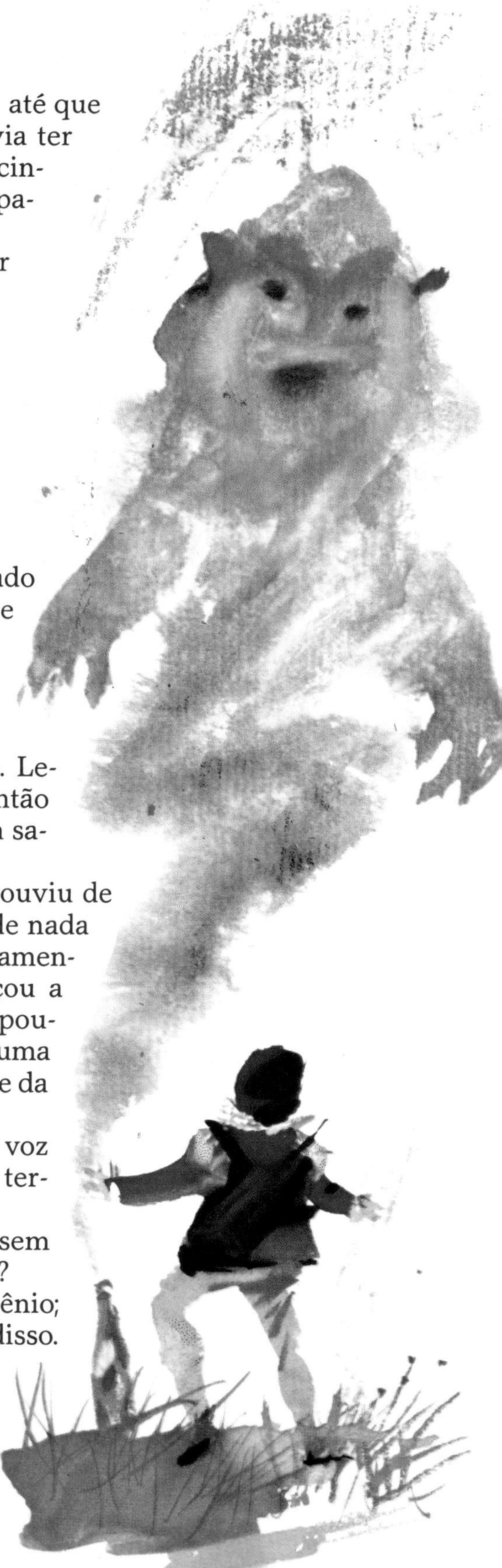

eu o teria deixado lá dentro; mas minha cabeça tem de permanecer no seu lugar!

— A recompensa merecida, esta você vai ganhar, — gritou o gênio. — Ou pensa que foi por benevolência que me deixaram trancado dentro da garrafa por tanto tempo? Não, foi por castigo. Eu sou o poderoso Mercúrius, quem me soltar terá o pescoço quebrado.

— Mais devagar! — respondeu o estudante; — as coisas não vão assim tão depressinha! Primeiro eu preciso ter certeza de que você, com este tamanho todo, estava de fato dentro dessa pequena garrafa, e de que você é o gênio verdadeiro; se você puder entrar e caber lá dentro de novo, então vou acreditar e poderá fazer comigo o que quiser.

O gênio falou, cheio de arrogância:

— Isto não é problema! — e começou a se encolher e ficou tão fino e pequeno como estivera antes, de modo que se enfiou, pela mesma abertura no gargalo, para dentro da garrafa.

Mas nem bem ele estava lá dentro, o estudante tampou depressa a garrafa com a mesma rolha, pôs a garrafa de volta no antigo lugar, e o gênio foi logrado.

Agora o estudante queria voltar para junto do pai, mas o gênio gritou, muito lamentoso: — Deixe-me sair, oh, deixe-me sair!

— Não, — respondeu o estudante, — você iria me enganar como da primeira vez.

— Você está pondo a perder a sua própria felicidade, — disse o gênio, — eu não lhe farei mal, mas vou recompensá-lo ricamente.

O estudante pensou: "Vou tentar; quem sabe ele mantém a palavra; eu não deixarei que ele me faça mal".

Então tirou a rolha, e o gênio saiu como da primeira vez, espreguiçou-se e ficou do tamanho de um gigante.

— Agora você terá a sua recompensa, — disse ele, entregando ao estudante um pequeno pano, que parecia um emplastro, e continuou: — Se você esfregar um ferimento com uma ponta dele, a ferida se fechará; e se esfregar ferro ou aço com a outra ponta, o metal se transformará em prata. — Preciso experimentar isso, — disse o estudante.

Pegou o seu machado, feriu a casca de uma árvore com ele, e esfregou o corte com uma ponta do emplastro; imediatamente o corte se fechou e a casca sarou. — Muito bem, a coisa funciona, — disse ele ao gênio, — agora podemos nos separar.

O gênio agradeceu-lhe pela sua libertação e o estudante agradeceu ao gênio pelo presente e voltou para junto do pai.

— Por onde você andou passeando — perguntou o pai. — Por que esqueceu o trabalho? Bem que eu disse logo que você não seria capaz de fazer coisa alguma. — Não se zangue, pai, eu vou alcançá-lo.

— Sim, alcançar, alcançar, — disse o pai, irritado; — isto não é tão fácil.

— Pois preste atenção, pai, vou já derrubar esta árvore aqui tão bem que ela vai tombar com um estrondo.

Então ele pegou o seu machado, esfregou-o com o emplastro e desferiu uma possante machadada na árvore. Mas como o ferro tinha virado prata, a lâmina perdeu todo o corte.

— Ei, pai, veja que machado ruim você me deu, ele entortou todo com o primeiro golpe. O pai assustou-se e disse:

— Ai, o que foi que você fez! Agora terei de pagar pelo machado e não sei como nem com quê. É esta a vantagem que me traz o seu trabalho. — Não se zangue, pai! — respondeu o filho. — Eu vou pagar pelo machado.

— Ó seu bobalhão, — exclamou o pai, — com o que você vai pagá-lo, se não tem nada além do que lhe dou? Tolices de estudante, é só o que tem na cabeça, mas de cortar lenha você não entende nada.

Dali a pouco, o estudante disse:

— Pai, agora que eu não posso trabalhar mais mesmo, é melhor que encerremos a jornada e vamos para casa.

— Qual o quê, — respondeu o pai, — você pensa que eu quero cruzar os braços no colo como você? Eu ainda preciso trabalhar, mas você pode se mandar para casa.

— Pai, é a primeira vez que eu estou aqui no meio da floresta, não sei achar o caminho de volta para casa sozinho, venha comigo!

Como a sua cólera já se acalmara, o pai deixou-se persuadir e voltou com o filho para casa. Então lhe disse: — Vá e venda o machado estragado e veja o que pode conseguir por ele. Vou tratar de ganhar a diferença com o meu trabalho, para pagar ao vizinho.

No dia seguinte, o filho pegou o machado e levou-o à cidade, a um ourives. Este fez a prova, colocou o machado na balança e disse:

— Ele vale quatrocentos talers; eu não tenho tanto dinheiro para pagar à vista.

O estudante falou: — Dê-me o quanto tiver em dinheiro, eu espero pelo restante, em confiança.

O ourives pagou-lhe trezentos talers e ficou devendo cem. Com isso o estudante voltou para casa e disse: — Pai, eu tenho dinheiro, vá e pergunte o que o vizinho quer pelo seu machado.

— Isto eu já sei, — disse o pai: — um taler e seis décimos.

— Então dê-lhe dois talers e doze décimos, isto é o dobro, e é suficiente. Está vendo, pai, eu tenho dinheiro de sobra!

E com isso ele entregou ao pai cem talers e disse:

— Nunca mais vai lhe faltar nada, pai, viva agora em conforto.

— Meu Deus, — disse o velho, — como foi que lhe veio essa riqueza?

Então o filho contou-lhe como tudo acontecera, e como ele, confiante na sorte, fizera tão rico achado. Mas com o dinheiro que sobrou, o rapaz voltou para a escola superior e continuou a estudar e, como podia curar todos os ferimentos com o seu emplastro, ele tornou-se o médico mais famoso do mundo inteiro.

O POBRE APRENDIZ DE MOLEIRO E A GATINHA

Num moinho vivia um velho moleiro, que não tinha nem mulher nem filhos, mas tinha três aprendizes em seu serviço. Depois que eles trabalharam alguns anos no moinho, o moleiro lhes disse certo dia:

— Já estou velho e quero descansar atrás da estufa. Saiam em viagem, e quem me trouxer o melhor cavalo, a este eu darei o moinho, e ele cuidará de mim até o fim dos meus dias.

O terceiro dos rapazes era, porém, o subalterno. Os outros o consideravam bobo e não queriam que ele ganhasse o moinho. E ele, mais tarde, nem sequer o queria.

Então os três partiram juntos. Quando chegaram à beira da aldeia, os dois disseram ao João-bobo:

— Pode ir ficando por aqui mesmo, você não consegue um cavalo nunca na vida.

Mas o João continuou a acompanhá-los. Ao cair da noite, chegaram a uma caverna, onde se deitaram para dormir. Os dois espertos esperaram que o João adormecesse, então se levantaram e foram embora, deixando o Joãozinho abandonado e achando que fizeram uma coisa boa.

Quando o sol apareceu c o João acordou, viu-se dentro de uma caverna profunda. Olhou para todos os lados e gritou:

— Ai, meu Deus, onde é que eu estou?

Levantou-se, arrastou-se para fora da caverna, e entrou na floresta, pensando: "Estou aqui, sozinho e abandonado. Como é que eu vou chegar até um cavalo?"

Quando ele caminhava assim, mergulhado em pensamentos, cruzou com uma gatinha pequena e rajada, que lhe disse gentilmente:

— Para onde você quer ir, João?

— Ora, você não pode me ajudar.

— Eu sei muito bem qual é a sua vontade, — disse a gatinha, — você quer um bonito cavalo. Venha comigo e seja meu fiel servidor durante sete anos, então eu lhe darei um cavalo tão bonito como você nunca viu na sua vida.

"Ora bem, esta é uma gata extraordinária", pensou João; "mas quero ver se o que ela diz é verdade".

Então a gata levou-o consigo para o seu castelo encantado, onde ela tinha uma porção de gatinhas que a serviam. Elas pulavam, muito ágeis, escada acima e abaixo, alegres e bem dispostas. À noite, quando estavam à mesa, três delas faziam música. Uma tocava contrabaixo, a outra violino e a terceira soprava trombeta, enchendo as bochechas até não poder mais.

Quando acabaram de comer, a mesa foi retirada e a gata disse:

— Agora venha, João, e dance comigo.

— Não, — respondeu ele, — não vou dançar com uma gata-bichana, nunca fiz isso antes.

— Então levem-no para a cama, — disse ela às gatinhas.

Daí, uma iluminou-lhe o caminho até o quarto de dormir, outra tirou-lhe os sapatos, outra as meias, e por fim uma apagou a vela. Na manhã seguinte, elas voltaram e ajudaram-no a sair da cama, uma calçou-lhe as meias, outra atou-lhe as ligas, uma pegou os sapatos, outra o lavou e enxugou-lhe o rosto com o rabo.

— Isto é bem macio, — disse João.

Mas ele tinha de servir a gata, picar lenha todos os dias. Para isso, recebeu uma machadinha de prata, cunha e serrote de prata, e martelo de cobre. Então ele picava a lenha bem miúda, ficou vivendo na casa, tinha a melhor comida e bebida, mas nunca via ninguém além da gata rajada e das gatinhas da criadagem.

Certa vez ela lhe disse: — Vá ceifar o meu campo e secar o capim.

Ela deu-lhe uma foice de prata e uma pedra de amolar de ouro, e mandou que ele entregasse tudo pontualmente. Então o João saiu e fez o que lhe foi ordenado; e ao terminar o serviço, levou para casa foice, pedra e palha, e perguntou se a gata já lhe daria a sua recompensa.

— Não, — disse a gata, — você precisa fazer mais uma coisa para mim. Aqui tem madeira de construção, machado de carpinteiro, cantoneira e o mais que é necessário, tudo de prata; construa-me com isso uma casinha pequenina.

João construiu a casinha e disse depois que já tinha feito tudo e ainda não recebera o cavalo. Mas os sete anos lhe passaram como se fossem metade de um.

Aí a gata perguntou se ele não queria examinar os seus cavalos. João disse que sim. Eles abriram a casinha, e lá estavam doze cavalos, ah, tão bonitos, altivos, lustrosos e espelhados de alegrar o coração.

Então ela lhe deu de comer e beber e disse:

— Volte para casa! Não lhe darei seu cavalo para levar agora, mas irei lá daqui a três dias e o levarei para você.

Aí o João se aprontou para partir e ela mostrou-lhe o caminho para o moinho. Mas ela não lhe deu nem ao menos uma roupa nova, e ele teve de ficar com o seu velho casaquinho esfarrapado, que ele trouxera no corpo e que nesses sete anos lhe ficara curto de todos os lados.

Quando ele chegou em casa, os outros dois aprendizes de moleiro também já tinham voltado. Cada um, de fato, trouxera um cavalo, mas o de um era cego e o do outro, manco. Eles perguntaram:

— João, onde está o seu cavalo?

— Ele vai chegar daqui a três dias.

Aí eles riram e disseram: — Pois sim, João, onde é que você ia arranjar um cavalo? Há de ser uma coisa e tanto!

João entrou em casa, mas o moleiro disse para ele não se sentar à mesa, porque estava tão andrajoso que seria uma vergonha se alguém entrasse e o visse. Aí eles lhe levaram um pouco de comida para fora. Quando foram dormir, os dois outros não quiseram dar-lhe uma cama, e ele teve de se enfiar no cercadinho dos gansos e deitar-se sobre um pouco de palha dura.

De manhã, quando ele acordou, os três dias já tinham passado, e eis que veio chegando uma carruagem puxada por seis cavalos. Ah, eles brilhavam que era uma maravilha! Um cavalariço trazia ainda um sétimo corcel, que era para o pobre aprendiz de moleiro. E da carruagem desceu uma suntuosa princesa, que entrou no moinho.

A princesa não era outra senão a pequena gatinha rajada que o pobre João servira durante sete anos. Ela perguntou ao moleiro onde estava aquele aprendiz subalterno, o João. E o moleiro disse:

— Não podemos mais usá-lo no moinho, ele é esfarrapado demais e está lá no cercadinho dos gansos.

Então a princesa mandou que fossem buscá-lo e o trouxessem sem demora, e eles o trouxeram, e ele tinha de segurar seu casaquinho para se cobrir. Aí um criado tirou da arca umas roupas luxuosas, lavou-o e vestiu-o, e quando ficou pronto, nenhum rei poderia ser mais belo que ele.

Então a princesa exigiu que lhe mostrassem os cavalos que os outros dois aprendizes tinham trazido. Um era cego, outro manco. Aí ela mandou o cavalariço trazer o sétimo corcel. Quando o moleiro o viu, disse que um cavalo assim nunca pisara no seu quintal.

— Pois ele é para o moço João, — disse ela.

— Neste caso o moinho será dele, — disse o moleiro.

Mas a princesa disse-lhe que o cavalo ficaria lá, e que ele, o moleiro, podia ficar com o seu moinho também. Depois chamou o seu fiel João, colocou-o na carruagem e partiu com ele.

Eles foram primeiro para a casinha pequenina que ele construíra com as ferramentas de prata. E eis que era um grande castelo, e tudo dentro dele era de ouro e prata. Então ela se casou com ele, e ele ficou rico, tão rico que teve tudo o que queria pelo resto da vida.

OS DOIS ANDARILHOS

Monte e vale nunca se encontram, mas gente acaba se encontrando, às vezes gente boa com gente má. Assim, certo dia, encontraram-se nas suas andanças um sapateiro com um alfaiate. O alfaiate era um bom sujeito, miúdo e bonitinho, sempre alegre e bem disposto. Ele viu o sapateiro vindo-lhe ao encontro do outro lado e, percebendo pelo seu alforje qual era o seu ofício, cantarolou-lhe um versinho jocoso:

"Do couro eu recorto o solado, / eu puxo o barbante encerado, eu prego o salto co'a tacha, / e fico sujinho de graxa".

Mas o sapateiro não estava para brincadeiras, contraiu a carranca como se tivesse engolido vinagre e fez menção de agarrar o alfaiatezinho pelos colarinhos. Mas o baixinho começou a rir, estendeu-lhe a sua garrafa e ofereceu:

— Não falei por mal. Dê uma tragada e engula o fel junto!

O sapateiro tomou uma valente talagada, e a tempestade na sua cara começou a se dissipar. Devolveu a garrafa ao alfaiate e disse:

— Dei uma chupada e tanto; fala-se bastante de beber muito, mas ninguém fala da grande sede. Vamos andar juntos?

— Para mim, tudo bem, — respondeu o alfaiate, — se você tem vontade de ir a uma cidade grande onde não falte trabalho.

— É justamente para lá que eu quero ir, — respondeu o sapateiro; — num lugarejo pequeno não dá para ganhar nada, e no campo o povo prefere andar descalço.

Então eles começaram a caminhar juntos, pondo sempre um pé na frente do outro, como uma doninha na neve.

Os dois tinham tempo à vontade, mas pouco para comer ou beber. Quando chegaram a uma cidade, andaram de um lado para outro, oferecendo seus serviços aos artesãos. E, porque o alfaiatezinho tinha um jeito tão agradável e alegre, e bochechas tão coradinhas, cada um lhe dava alguma coisa, e com um pouco de sorte, a filha do mestre ainda lhe dava um beijo de despedida, na porta dos fundos. E quando ele tornava a se encontrar com o sapateiro, sempre tinha mais que o outro dentro da bolsa.

O mal-humorado sapateiro entortava a cara e dizia:

— Quanto maior o malandro, melhor a sorte.

O alfaiate punha-se a rir e a cantar, e repartia tudo o que tinha com o companheiro de andanças. Bastava que algumas moedinhas tilintassem na sua bolsa, que ele já mandava servir, dava palmadas de alegria na mesa, fazendo pular os copos, e declarava:

— Fácil de ganhar, fácil de gastar.

Depois de andarem durante algum tempo, eles chegaram a uma grande floresta, atravessada pela estrada que levava à capital do reino. Mas havia lá duas veredas, das quais uma tinha o comprimento de sete dias, a outra apenas de dois, mas nenhum sabia qual era o caminho mais curto.

Os dois andarilhos sentaram-se debaixo de um carvalho e discutiram sobre o que iam fazer e quanto pão deveriam levar, para quantos dias. O sapateiro disse: — Precisamos pensar mais para a frente; vou levar pão para sete dias.

— O quê?, — retrucou o alfaiate; — carregar o pão nas costas por sete dias, como um burro de carga? Eu confio em Deus e não me importo com nada. O dinheiro que tenho na bolsa é tão bom no verão como no inverno, mas o pão fica seco no calor e ainda por cima, embolorado. Por que não havemos de encontrar o caminho certo? Pão para dois dias, e basta.

Então cada um deles comprou o seu pão e os dois entraram na floresta, ao deus-dará.

Na floresta reinava um silêncio de igreja. Não soprava um vento, não marulhava um riacho, nenhum pássaro cantava e não penetrava um só raio de sol através das ramagens espessas. O sapateiro não dizia palavra; o grande fardo de pão pesava-lhe nas costas e o suor escorria pelo seu rosto taciturno. Já o alfaiate estava animado, caminhava pulando, assobiava numa folha ou cantarolava uma modinha, pensando: "Deus lá no céu deve estar contente por me ver tão alegre da vida".

Continuaram assim durante dois dias, mas quando no terceiro dia a floresta não parecia terminar e o alfaiate já comera todo o seu pão, o coração tremeu-lhe um pouco no peito. Porém ele não desanimou, mas confiou em Deus e na sua própria sorte.

No terceiro dia, ele deitou-se faminto debaixo de uma árvore e faminto levantou-se no dia seguinte. Foi assim também no quarto dia, e quando o sapateiro se acomodou num tronco caído para comer a sua refeição, não restou nada ao alfaiate a não ser ficar olhando. Se ele pedia um pedacinho de pão, o outro ria, zombeteiro, e dizia:

— Você que sempre andou tão alegre, agora pode experimentar como é sentir-se tristonho: passarinho que canta de madrugada, à noite o gavião o apanha.

Em suma, ele era impiedoso.

Mas no quinto dia o alfaiate não podia mais se levantar de fraqueza e mal conseguia articular uma palavra. Suas bochechas estavam brancas, e os olhos estavam vermelhos. Então o sapateiro lhe disse:

— Eu vou lhe dar um pedaço de pão, mas em troca eu quero o seu olho direito.

O infeliz alfaiate, que gostaria de conservar a vida, não teve escolha. Chorou mais uma vez com os dois olhos e depois ofereceu-os ao sapateiro, que tinha um coração de pedra e lhe tirou o olho direito. O alfaiate lembrou-se do que sua mãe costumava lhe dizer, quando ele gulosava na sala de jantar: "Comer segundo a vontade, sofrer só por necessidade". E quando ele consumiu o seu pão tão duramente ganho, pôs-se de pé, esqueceu sua desgraça e se consolou por ainda enxergar bastante com um olho só.

Mas no sexto dia a fome apertou de novo e quase lhe devorou o coração. À noite ele caiu ao lado de uma árvore, e no sétimo dia não conseguiu se levantar mais de fraqueza, e a morte já estava atrás dele. Então o sapateiro disse:

— Vou mostrar compaixão e dar-lhe pão mais uma vez. Mas não será de graça: em troca, vou ficar com o seu outro olho.

Aí o alfaiate reconheceu como fora leviano na vida, pediu perdão ao bom Deus e disse:

— Faça o que quiser, eu sofrerei o que tiver de sofrer. Nos dias melhores, reparti com você o que eu tinha, meu ofício manda que a minha agulha faça um ponto depois do outro. Se eu não tiver mais olhos e não puder costurar, terei de pedir esmolas. Só não me deixe aqui, cego e abandonado, senão morrerei de fome.

Mas o sapateiro, que expulsara Deus do seu coração, tirou-lhe também o olho esquerdo. Então deu-lhe um pedaço de pão para comer, pôs-lhe um cajado na mão e levou-o atrás de si.

Quando o sol se pôs, eles saíram da floresta, e na beira da floresta, no campo, erguia-se uma forca. O sapateiro conduziu o alfaiate cego até lá, deixou-o deitado no chão e retomou seu caminho. De tanto cansaço, fome e dor, o infeliz adormeceu e descansou a noite inteira. Quando o dia amanheceu, ele acordou, mas não sabia onde estava deitado. Da forca pendiam dois pobres pecadores e na cabeça de cada um pousava uma gralha.

Então uma delas começou a falar: — Irmã, estás acordada?

— Sim, estou acordada, — respondeu a outra.

— Então vou te contar uma coisa, — recomeçou a primeira. — O orvalho, que esta noite caiu da forca sobre nós, devolve os olhos àqueles que se lavam com ele. Se os cegos soubessem disso, quantos deles, já desesperançados, não poderiam recuperar a visão!

Quando o alfaiate ouviu isto, pegou o seu lenço, apertou-o na grama, e quando o lenço se umedeceu de orvalho, lavou suas órbitas com ele. E logo um par de olhos novos e sadios enchiam as órbitas vazias.

Não demorou muito e o alfaiate viu o sol nascer por trás das montanhas. Diante dele, na planície, estendia-se a grande cidade real, com seus suntuosos portais e cem torres, e as esferas e cruzes de ouro nas cumeeiras começaram a brilhar e faiscar. Ele distinguia cada folha nas árvores, via os pássaros que passavam voando e os insetos que dançavam no ar. Ele tirou uma agulha da sua bolsa, e quando viu que podia enfiar a linha no buraquinho tão bem ou melhor que antes, seu coração pulou de alegria. Ele se ajoelhou, agradeceu a Deus pela graça concedida e disse sua prece matinal. E não esqueceu de rezar pelos dois pobres pecadores, que pendiam lá como badalos de sino. Então tomou sua trouxa, colocou-a no ombro e logo esqueceu as amarguras e continuou a andar, cantando e assobiando.

O primeiro que ele encontrou no caminho foi um potro baio, que saltava livre pelo campo. Ele agarrou-o pela crina e quis montá-lo para entrar cavalgando na cidade. Mas o potro implorou pela sua liberdade:

— Eu sou tão novinho, — disse ele; — mesmo um alfaiate leve como você vai quebrar-me a espinha. Deixe-me correr até que eu fique forte. Talvez chegue um dia em que eu poderei recompensá-lo por isso.

— Vá correndo! — disse o alfaiate. — Estou vendo que você é um bichinho saltador.

E deu-lhe uma lambada no lombo com sua vara, fazendo o potrinho escoicear de alegria, disparando por cima das moitas e valetas pelo campo afora.

Mas o alfaiatezinho não comia desde a véspera.

— É certo que o sol me encheu os olhos, mas nenhum pão me encheu a barriga. A primeira coisa que eu encontrar e for meio boa de comer, vai para dentro dela.

Nesse momento vinha uma cegonha marchando muito séria pelo descampado.

— Alto lá, alto lá! — gritou o alfaiate, agarrando-a pela perna. — Não sei se você serve para comer, mas a minha fome não me deixa escolha, eu terei de assá-la!

— Não faça isso! — respondeu a cegonha, — eu sou uma ave sagrada, a quem ninguém faz mal e que é muito útil para a humanidade. Se você poupar minha vida, poderei um dia retribuir-lhe por isso.

— Pois então vá andando, prima pernalta, — disse o alfaiate.

A cegonha alçou vôo, as longas pernas estiradas, e afastou-se batendo as asas pachorrentamente.

— Onde é que isto vai parar? — disse o alfaiate consigo mesmo. — Minha fome está ficando cada vez maior e o meu estômago, cada vez mais vazio. O que se atravessar no meu caminho agora, estará perdido.

Aí ele viu um par de marrequinhas novas nadando numa lagoa.

— Vocês vêm a propósito, — disse ele; agarrou uma delas e ia torcer-lhe o pescoço. Mas uma marreca velha, que estava entre os juncos, começou a gritar e a chiar, veio nadando de bico escancarado, pedindo e implorando que ele se compadecesse dos seus filhotes.

— Sossegue, sossegue, — disse o bom alfaiate, — você ficará com os seus filhos.

E colocou a prisioneira de volta na água. Quando se voltou, viu-se diante de uma velha árvore, que era oca, e uma porção de abelhas silvestres zumbiam, entrando e saindo dela.

— Vou encontrar já a recompensa pela minha boa ação, — disse o alfaiate, — o mel vai me deliciar.

Mas a rainha das abelhas apareceu, ameaçou-o e disse:

— Se tocares no meu povo e destruíres o meu ninho, os nossos ferrões se cravarão na tua pele como dez mil agulhas incandescentes. Mas se nos deixares em paz e seguires o teu caminho, em troca nós te prestaremos um bom serviço, algum dia.

O alfaiatezinho viu que também aqui não havia nada a fazer.

— Três tigelas vazias e nada na quarta, — disse ele, — não é uma boa refeição.

E arrastou-se com o seu estômago encolhido e faminto para a cidade, e como já estavam chamando para o almoço, na estalagem a mesa estava posta e a comida pronta para ele, de modo que ele sentou-se e comeu. Quando ficou satisfeito, falou:

— Agora eu quero trabalhar também.

Ele andou pela cidade, procurou um mestre e logo encontrou um bom emprego. Mas como ele conhecia o seu ofício a fundo, não demorou que ficasse conhecido por toda a parte, e cada um queria mandar fazer a sua fatiota com o pequeno alfaiate. Sua reputação aumentava a cada dia.

— Não posso melhorar mais na minha arte, — dizia ele, — e no entanto ela vai cada vez melhor.

Finalmente, o próprio rei o nomeou alfaiate da corte.

No mesmo dia, o seu companheiro de antes, o sapateiro, ficou sendo o sapateiro da corte. Quando ele viu o alfaiate com os dois olhos perfeitos de novo, a consciência incomodou-o. "Antes que ele se vingue de mim", pensou ele consigo mesmo, "preciso cavar um buraco para ele". Mas quem cava um buraco para o outro, acaba caindo nele sozinho. Ao anoitecer, depois do serviço, quando já estava escurecendo, ele foi às escondidas procurar o rei e lhe disse:

— Meu rei e senhor, o alfaiate é um homem presunçoso e se vangloriou de poder recuperar a coroa de ouro que está perdida desde os tempos antigos.

— Eu bem que gostaria disso, — disse o rei.

Mandou chamar o alfaiate na manhã seguinte e ordenou-lhe que fizesse aparecer a coroa ou se retirasse da cidade para sempre.

"Epa", pensou o alfaiate, "um malandro dá mais do que tem! Se este rei resmungão exige de mim o que homem nenhum pode realizar, eu não vou esperar até amanhã e saio da cidade agora mesmo".

Então ele amarrou a sua trouxa, mas quando atravessou o portão e se viu do lado de fora, sentiu pena de desistir da sua boa sorte e de voltar as costas para a cidade onde se dera tão bem. Ele chegou à lagoa onde travara conhecimento com as marrecas. A marreca velha à qual ele deixara os seus filhotes estava sentada na margem, catando-se com o bico. Ela reconheceu-o logo e perguntou por que estava assim cabisbaixo.

— Você não estranhará isso, quando eu lhe contar o que me aconteceu, — respondeu o alfaiate, e contou-lhe o seu destino.

— Se não for mais que isso, — disse a marreca, — nós podemos dar um jeito. A coroa caiu dentro desta água e está lá no fundo; nós vamos trazê-la à tona bem depressa. Enquanto isso, estende o teu lenço aqui na margem.

Ela mergulhou com as suas doze marrequinhas e em cinco minutos já voltava à tona, sentada bem no meio da coroa, que repousava nas suas asas. As doze marrequinhas nadavam em volta dela, ajudando a mãe a carregá-la, sutentando-a com os bicos. Elas nadaram para a terra e colocaram a coroa sobre o lenço. Que suntuosa era a coroa! Quando os raios de sol a tocavam, ela coruscava como cem mil diamantes. O alfaiate amarrou as quatro pontas do lenço e levou a coroa ao rei, que ficou contentíssimo e colocou uma corrente de ouro no pescoço do alfaiate.

Quando o sapateiro viu que a sua trama falhara, inventou uma nova. Foi ao rei e disse: — Meu rei e senhor, o alfaiate está presunçoso de novo. Agora ele se gaba de poder reproduzir em cera o castelo inteiro com tudo o que há por dentro e por fora dele.

O rei mandou chamar o alfaiate e ordenou-lhe que reproduzisse em cera o castelo inteiro com tudo o que havia nele, solto e fixo, por dentro e por fora. Se ele não o conseguisse, ou se faltasse um só prego numa parede, ficaria por toda a vida preso debaixo da terra.

O alfaiate pensou: "As coisas aqui vão de mal a pior, não há quem agüente isso", jogou sua trouxa nas costas e saiu andando. Quando chegou à árvore oca, sentou-se embaixo dela, cabisbaixo. As abelhas saíram voando e a rainha das abelhas perguntou-lhe se estava com torcicolo, porque sua cabeça estava tão torta.

— Ai, não, — respondeu o alfaiate, — é outra coisa que me pesa.

E contou o que o rei exigia dele. As abelhas começaram a zumbir e a murmurar entre si, e o zangão falou:

— Vai para casa, mas volta aqui amanhã na mesma hora e traz um lenço bem grande, que irá tudo bem.

Então ele deu meia-volta, e as abelhas voaram para o castelo real, entraram pelas janelas abertas, meteram-se em todos os cantinhos e examinaram tudo bem minuciosamente. Aí voaram de volta e formaram um castelo de cera, imitando o castelo real, com tamanha velocidade que ele parecia crescer diante dos olhos. Já ao anoitecer estava tudo pronto, e quando o alfaiate chegou na manhã seguinte, já lá se erguia o suntuoso edifício inteiro, e não faltava um só prego na parede, nem uma só telha no telhado. E ele era delicado e branco como a neve e tinha o perfume doce do mel. O alfaiate embrulhou-o com todo o cuidado no seu lenço e levou-o ao rei. O rei não se cansava de admirar aquela obra, colocou-a no seu salão principal e deu ao alfaiate uma grande casa de pedra, como presente e recompensa.

Mas o sapateiro não desistiu, foi pela terceira vez ao rei e lhe disse:

— Meu rei e senhor, o alfaiate ouviu dizer que no pátio do castelo não se consegue fazer brotar água. Aí ele prometeu que faria surgir uma fonte no meio do pátio, com um jorro da altura de um homem, de água pura e cristalina.

Então o rei mandou buscar o alfaiate e disse:

— Se amanhã não jorrar uma fonte de água no meu pátio, como você prometeu, o carrasco se encarregará de livrá-lo da sua cabeça no meio desse mesmo pátio.

O pobre alfaiate não pensou duas vezes e saiu a correr pelo portão afora, e como dessa vez se tratava da sua própria vida, as lágrimas lhe rolavam pelas bochechas. E quando ele caminhava assim acabrunhado, eis que apareceu saltando o potro a quem ele certa vez devolvera a liberdade e que se transformara num belo baio.

— Agora — disse ele ao alfaiate, — chegou a hora, em que eu posso retribuir a sua boa ação. Eu já sei o que lhe falta, mas logo você terá ajuda. Monte logo, eu posso carregar dois do seu tamanho.

O alfaite recobrou o ânimo e montou de um pulo no lombo do cavalo, que disparou a galope em direção à cidade e foi direto para o meio do pátio. Lá ele deu três voltas completas, rápido como um raio e, na terceira volta, tombou ao chão. Naquele momento ouviu-se um terrível estrondo; um pedaço de terra saltou do centro do pátio e projetou-se no ar como uma bala, voando por cima do castelo, e logo em seguida jorrou ali uma coluna de água, da altura de um homem a cavalo. A água era pura como cristal e os raios de sol começaram a dançar no meio dela. Quando o rei viu isso, levantou-se de espanto e abraçou o alfaiatezinho na frente de todo mundo.

Mas a felicidade durou pouco. O rei tinha filhas à vontade, cada uma mais linda que a outra, mas nenhum filho. Então o maldoso sapateiro dirigiu-se novamente ao rei e lhe disse:

— Meu rei e senhor, o alfaiate não desiste da sua presunção. Agora ele se vangloriou de poder trazer pelos ares um filho para o rei.

O rei mandou chamar o alfaiate e lhe disse:

— Se dentro de nove dias você conseguir que me seja trazido um filho, você terá a minha filha mais velha em casamento.

"A recompensa não deixa de ser grande", pensou o alfaiatezinho, "vale um esforço especial, mas essas uvas para mim estão verdes. Se eu quiser pegá-las, posso cair estatelado".

Ele voltou para casa, sentou-se de pernas cruzadas sobre a sua mesa de trabalho e ficou pensando no que fazer.

— Não dá mesmo, — exclamou ele por fim, — vou embora, aqui não poderei nunca viver em paz.

Amarrou sua trouxa e saiu apressado pelo portão da cidade. Quando chegou ao descampado, viu a sua amiga cegonha, andando de cá para lá, comedida, e parando de vez em quando para examinar mais detidamente um sapo e finalmente engoli-lo. A cegonha se aproximou e cumprimentou o alfaiate.

— Estou vendo, — disse ela, — que estás de mochila ao ombro. Por que queres deixar a cidade?

O alfaiate contou-lhe que o rei exigia dele uma coisa que ele não podia cumprir, e lamentou-se da sua infelicidade.

— Não te cries cabelos brancos por causa disso, — disse a cegonha. — Eu posso tirar-te dessa dificuldade. Já há muito tempo que eu levo os bebês para a cidade; pois desta vez posso tirar também um pequeno príncipe de dentro do poço. Volta para casa e fica tranqüilo! E de hoje a nove dias, vai para o castelo real, que eu também irei lá.

O alfaiatezinho foi para casa e apresentou-se no dia certo no castelo. Logo depois a cegonha chegou voando e bateu na janela. O alfaiate abriu-a e a prima pernalta entrou cautelosamente e caminhou em graves passadas pelo soalho de mármore liso. Trazia no bico uma criança, linda como um anjo, que estendia as mãozinhas para a rainha. Colocou-a no colo da rainha, que a beijou e acariciou, fora de si de alegria. Antes de voar embora, a cegonha tirou a sua bolsa de viagem do ombro e entregou-a à rainha. Dentro havia muitos saquinhos cheios de balas de açúcar, que foram distribuídas entre as princesinhas menores. Mas a mais velha não ganhou nada, pois recebeu o alegre alfaiate para marido.

— Sinto-me como se tivesse ganho a sorte grande, — disse o alfaiate. — Minha mãe tinha razão, quando dizia sempre que àquele que confia em Deus e tem sorte, nunca pode faltar nada.

O sapateiro teve de fazer os sapatos com os quais o alfaiatezinho dançou na festa do casamento, e depois teve ordem de deixar a cidade para sempre.

O caminho da floresta levou-o até a forca. Cansado do calor do dia, da raiva e da fúria, ele atirou-se ao chão.

Quando ele fechou os olhos querendo dormir, as duas gralhas que estavam nas cabeças dos enforcados desceram de repente com grande gritaria e furaram-lhe os olhos com bicadas. Louco de dor ele se embrenhou na floresta e deve ter morrido lá dentro, porque nunca mais ninguém o viu nem ouviu falar dele.

O ALFAIATEZINHO ESPERTO

Era uma vez uma princesa muito orgulhosa; quando vinha um pretendente, ela lhe propunha um enigma, e se ele não conseguia adivinhá-lo, era despachado, coberto de zombaria. Ela também mandou avisar que quem conseguisse acertar a sua adivinha, se casaria com ela, fosse quem fosse, de onde quer que viesse.

Por fim, encontraram-se três alfaiates; dos três, os dois mais velhos achavam que, se já deram tantos pontos finos e acertaram, também aqui acertariam com certeza. O terceiro era um pequeno estouvado e inútil, que nem ao menos entendia do seu próprio ofício, mas achava que neste caso teria sorte, pois senão de onde mais ela lhe viria?

Então os dois maiores lhe disseram:

— Vá ficando em casa; com o seu pouco juízo você não irá longe.

Mas o alfaiate não se deixou dissuadir e disse que já tinha metido

essa idéia na cabeça e que se arranjaria, e foi indo com eles, como se fosse dono do mundo.

Assim, os três se apresentaram diante da princesa e pediram que ela lhes propusesse suas adivinhas. E disseram que eles eram as pessoas certas, pois tinham a inteligência tão fina que poderia passar pelo fundo de uma agulha.

Aí a princesa disse: — Eu tenho dois tipos de cabelos na cabeça, de que cores são eles?

— Se é só isso, — disse o primeiro, — eles são brancos e pretos, como o pano que é chamado sal-e-cuminho.

A princesa disse: — Errado! Responda o segundo!

O segundo falou: — Se não são pretos e brancos, então são castanhos e vermelhos, como o casaco do senhor meu pai.

— Errado! — disse a princesa. — Responda o terceiro! Vejo pela sua cara que ele vai acertar.

Então o alfaiatezinho deu um passo à frente e disse:

— A princesa tem na cabeça um cabelo de ouro e outro de prata, e são essas as duas cores.

Quando a princesa ouviu isso, empalideceu e quase desmaiou de susto, pois o alfaiatezinho acertara a resposta, quando ela tinha certeza absoluta de que ninguém no mundo o conseguiria. Quando ela se refez, aprumou-se e disse:

— Você ainda não me ganhou, só com isso: precisa fazer mais uma coisa. Lá embaixo no curral está preso um urso; você terá de passar a noite com ele; quando eu me levantar amanhã cedo, se você ainda estiver vivo, poderá casar-se comigo.

O que ela queria era ficar livre do alfaiate desta maneira, porque o urso não deixara vivo nenhum homem que fosse parar nas suas patas. Mas o alfaiatezinho não se deixou intimidar, ficou bastante alegre e disse: — Disposto e ousado, meio caminho andado.

Quando anoiteceu, o alfaiatezinho foi levado para junto do urso. O urso foi logo avançando sobre o miúdo sujeitinho para dar-lhe as boas-vindas com a sua pata peluda, mas o alfaiate falou:

— Devagar, devagar, eu já te acalmo.

E tirou do bolso, bem tranqüilo, como se não tivesse medo, um punhado de nozes, que quebrou com os dentes e começou a comer. Quando o urso viu isso, ficou com vontade de comer nozes também. O alfaiatezinho meteu a mão no bolso e deu-lhe um punhado. Só que não eram nozes, mas pedras. O urso meteu-as na bocarra, mas não conseguiu quebrar nenhuma, por mais que mordesse. "Irra", pensou ele, "que besta desajeitada que eu sou, não consigo nem abrir umas nozes com os dentes", e falou ao alfaiate:

— Meu amigo, abra estas nozes para mim!

— Está vendo que bobalhão você é, — disse o alfaiatezinho, — com uma bocarra tão grande, não consegue nem abrir a casca de uma noz.

E ele pegou as pedras, trocou-as rapidinho por uma noz, que meteu na boca e craque! Ela estava aberta.

— Preciso tentar mais uma vez, — disse o urso. — Olhando assim, parece-me que eu também sou capaz de consegui-lo.

Aí o alfaiatezinho deu-lhe de novo as pedras, e o urso tra-

balhou, tentou,
lutou e mordeu com todas as forças. Mas
quem foi que disse que ele conseguiu quebrá-las?
Aí o alfaiate tirou uma rabeca do casaco e tocou uma musiquinha. Quando o urso ouviu isso, não resistiu e pôs-se a dançar. Depois de dançar um pouco, a coisa lhe agradou tanto que ele perguntou ao alfaiatezinho: — Escute, é muito difícil tocar rabeca?

— Coisa de criança! Olhe, com a esquerda eu aperto as cordas com os dedos, e com a direita eu passo o arco por elas. E lá vai, alegre, upalalá, larilará!

— Bem que eu gostaria de tocar assim, — disse o urso, — que é para poder dançar sempre que me der vontade! Você quer me dar aulas de rabeca?

— De boa vontade, — disse o alfaiatezinho, — se você tiver jeito para a coisa. Mostre-me as suas patas. Mas que unhas compridas, preciso apará-las um pouco.

Aí foi trazido um torno e o urso colocou as patas nele; o alfaiatezinho atarrachou-as bem ligeiro e disse:

— Agora espere até eu voltar com a tesoura.

Deixou o urso ali, resmungando e rosnando à vontade, deitou-se num canto sobre um feixe de palha e adormeceu.

Quando à noite a princesa ouviu os fortes rosnidos do urso, pensou que ele rosnava de contente por ter acabado com o alfaiate. De manhã ela levantou-se, bem contente e despreocupada, e foi espiar dentro do curral. Mas o que ela viu foi o alfaiatezinho, todo animado, vivaz e são como um peixe dentro da água.

Então ela não pôde reclamar mais nada, porque fizera uma promessa pública, e o rei mandou vir uma carruagem na qual ela teve de ir com o alfaiatezinho para a igreja, onde deveriam ser casados.

Quando eles subiram na carruagem, os dois outros alfaiates, que eram falsos de coração, e invejavam a sorte do companheiro, foram ao curral e soltaram o urso. O urso, furioso, saiu correndo atrás da carruagem. A princesa ouviu seus rosnidos e bramidos, ficou com medo e gritou: — Ai, o urso vem atrás de nós e quer apanhar você!

O alfaiatezinho foi rápido, pôs-se de ponta-cabeça, com as pernas para fora da janela, e gritou: — Olhe aqui o torno, está vendo? Se não for embora já e já, ficará preso de novo.

Quando o urso ouviu isso, deu meia-volta e fugiu correndo.

Mas o alfaiatezinho continuou tranqüilo a viagem para a igreja, onde se casou com a princesa, e viveu com ela, feliz como uma cotovia.

OS QUATRO IRMÃOS HABILIDOSOS

Era uma vez um homem que tinha quatro filhos. Quando já estavam crescidos, ele lhes disse:

— Queridos filhos, agora vocês devem sair para o mundo, eu não tenho nada para dar-lhes. Partam e vão para outras terras, aprendam um ofício e vejam como vão se arranjar.

Então os quatro irmãos pegaram os cajados de andarilhos, despediram-se do pai e saíram juntos pelo portão. Depois de caminharem

algum tempo, chegaram a uma encruzilhada de quatro estradas que levavam a regiões diversas. Então o mais velho disse: — Aqui devemos separar-nos. Mas de hoje a quatro anos nos encontraremos neste mesmo lugar, depois de tentarmos a sorte durante todo esse tempo.

E foram, cada um para o seu lado. O primeiro encontrou-se com um homem que lhe perguntou para onde ia e o que pretendia:

— Quero aprender um ofício, respondeu ele.

Então o homem disse: — Venha comigo e torne-se ladrão.

— Não, — respondeu ele, — isto não é ofício honrado, e o fim da cantiga é que o sujeito acaba virando badalo de sino do campo.

— Ora, — disse o homem, — você não precisa ter medo da forca. Eu só vou ensinar-lhe como buscar alguma coisa que homem nenhum poderia conseguir, e onde ninguém jamais poderá apanhá-lo.

Então ele deixou-se convencer, estudou com o homem o ofício de ladrão e logo ficou tão habilidoso que nada do que ele quisesse ter estava a salvo dele.

O segundo irmão cruzou com um homem que lhe fez a mesma pergunta: o que ele queria aprender no mundo.

— Isso eu ainda não sei, — respondeu ele.

— Então venha comigo e torne-se astrônomo; não há nada melhor que isso, coisa nenhuma lhe ficará oculta.

Ele aceitou o convite e tornou-se astrônomo tão habilidoso que, quando ao fim do aprendizado ele se despedia do mestre, este lhe deu uma luneta e lhe disse: — Com isto você poderá ver o que se passa na terra e no céu, e coisa alguma lhe ficará oculta.

O terceiro irmão entrou no aprendizado de um caçador, que lhe deu instrução tão boa em tudo o que se refere à caça, que ele se tornou caçador extraordinário. Na despedida, o mestre deu-lhe de presente uma espingarda e disse: — Esta aqui nunca falha. O que você puser na sua mira, acertará em cheio.

O irmão caçula também encontrou-se com um homem que o interrogou e perguntou pelos seus planos.

— Você não teria vontade de se tornar alfaiate?

— Não que eu saiba, — respondeu o moço, — isto de ficar sentado de pernas cruzadas desde a manhã até a noite, indo e vindo de um lado para outro com a agulha e o ferro de engomar, não é coisa do meu agrado.

— Qual o quê, — respondeu o homem, — você fala como entende, mas comigo você aprenderá arte de alfaiataria completamente diferente, uma que é respeitável e pode ser vista; em parte ela é até muito honrosa.

Então ele se deixou persuadir, foi com o homem e aprendeu a sua arte a fundo. Na despedida, o mestre lhe deu uma agulha e disse:

— Com isto você pode costurar e juntar seja o que for, mole como um ovo ou duro como o aço; e a coisa se juntará numa peça só, sem nenhuma costura visível.

Quando os quatro anos combinados passaram, os quatro irmãos se reuniram naquela encruzilhada, abraçaram-se e beijaram-se e voltaram juntos para a casa do pai.

— Com que então, — disse este, muito contente, — o vento os trouxe de volta para mim?

Sentados à sombra de uma grande árvore na frente da casa, eles contaram o que tinha acontecido com cada um, e que cada um aprendera o seu ofício. Aí o pai falou:

— Agora vou pô-los à prova, para ver do que vocês são capazes.

Ele olhou para cima e disse ao segundo filho:

— Lá em cima, no cume desta árvore, entre dois ramos, está um ninho de tentilhão. Diga-me, quantos ovos há dentro do ninho?

O astrônomo pegou a sua luneta, olhou para cima e disse:

— São cinco.

E o pai disse ao mais velho: — Vá buscar os ovos sem que o passarinho que está sentado em cima deles, chocando-os, seja incomodado.

O habilidoso ladrão subiu até lá em cima, tirou os cinco ovinhos de sob o passarinho sem que ele sequer se mexesse ou percebesse alguma coisa, e trouxe-os para o pai.

O pai pegou os ovinhos, colocou um em cada canto da mesa e o quinto no centro e disse ao caçador: — Agora você vai me partir os cinco ovos pelo meio de uma só vez e com um só tiro.

O caçador apontou sua espingarda e partiu os cinco ovos pelo meio, com um único tiro, conforme o pai lhe mandara.

— Agora chegou a sua vez — disse o pai ao quarto filho. — Você tem de costurar os ovos de volta, junto com os filhotes que estão dentro deles, e de tal forma que o tiro não lhes tenha feito mal algum.

O alfaiate pegou a sua agulha e costurou tudo, conforme o pai ordenara. Quando ficou pronto, o ladrão teve de devolver os ovos ao ninho, no alto da árvore, e colocá-los embaixo do passarinho, sem que este o percebesse. O bichinho acabou de chocar e alguns dias depois os filhotinhos saíram dos ovos, com um risquinho vermelho no pescoço, no lugar em que o alfaiate os havia costurado.

— É verdade, — disse o velho aos seus filhos, — eu tenho de elogiá-los com os mais altos elogios. Vocês aproveitaram bem o seu tempo e aprenderam coisas importantes, bem aprendidas. Não posso dizer qual dos quatro se destaca mais. Se em breve vocês tiverem ocasião de fazer uso e de aplicar as suas artes, isso vai aparecer.

Pouco tempo depois, houve grande comoção no reino, quando se soube que a filha do rei tinha sido raptada por um dragão. O rei passava dias e noites de grande aflição, e mandou anunciar que quem a trouxesse de volta, a teria para esposa.

Os quatro irmãos conversaram entre si:

— Esta seria a ocasião para nós nos mostrarmos.

E resolveram sair juntos para libertar a filha do rei.

— Onde ela se encontra, isto eu saberei logo, disse o astrônomo; espiou pela sua luneta e falou: — Já a estou vendo! Está sentada, longe daqui, sobre um rochedo no meio do mar e ao seu lado está o dragão que a guarda.

Então ele foi ao rei e pediu-lhe um navio para si e os seus irmãos, embarcou com eles, e navegaram pelo mar até chegarem ao rochedo. A princesa lá estava sentada, mas o dragão dormia com a cabeça no seu colo.

O caçador falou: — Não posso atirar, porque mataria a formosa donzela junto com ele.

— Então eu tentarei a minha sorte, — disse o ladrão.

Ele esgueirou-se até lá e roubou a moça de sob o dragão, mas com tão silenciosa habilidade que a fera não percebeu nada, continuando a roncar.

Cheios de alegria, eles a levaram depressa para o navio e rumaram para o mar aberto. Mas quando o dragão acordou e não encontrou mais a filha do rei, partiu em perseguição deles, bufando de fúria pelos ares. E quando ele já estava pairando por cima do navio, quase descendo sobre ele, o caçador apontou-lhe sua espingarda e varou-lhe o

coração com um tiro certeiro. O monstro tombou morto, mas como era enorme e formidável, despedaçou o navio inteiro na sua queda. Eles ainda tiveram sorte de agarrar algumas tábuas, ficando a boiar em alto-mar, agarrados a elas.

Aí foram grandes os apuros. Mas o alfaiate, sem desanimar, pegou sua agulha maravilhosa, costurou e juntou as tábuas com alguns pontos largos, por causa da pressa, sentou-se em cima delas e catou todos os pedaços do navio. Então ele os reuniu e os costurou com tanta habilidade, que em pouco tempo o navio já estava novamente pronto e flutuando, e eles puderam velejar de volta para casa.

Quando o rei tornou a ver sua filha, houve grande alegria. E ele disse aos quatro irmãos:

— Um de vocês a receberá por esposa, mas qual dos quatro, vocês terão de resolver sozinhos de comum acordo.

Aí começou uma violenta discussão entre eles, porque cada um tinha as suas pretensões. O astrônomo disse: — Se eu não tivesse visto a princesa, todas as artes de vocês não serviriam de nada; por isso ela é minha.

O ladrão falou: — De que serviria vê-la, se eu não a tirasse de sob o dragão? Por isso ela é minha.

O caçador falou: — Todos vocês, junto com a princesa, seriam estraçalhados pelo monstro, se eu não o acertasse com a minha bala; por isso ela é minha.

E o alfaiate disse: — E se eu, com a minha arte, não tivesse remendado e consertado o navio, vocês todos teriam morrido afogados; por isso ela é minha.

Então o rei fez a sua declaração: — Cada um de vocês tem direito igual. Mas como todos não podem ficar com a donzela, nenhum de vocês a terá. Porém eu darei a cada um, em recompensa, uma parte igual da metade do reino.

Os irmãos gostaram desta decisão, e disseram: — É melhor que seja assim, do que nós nos desentendermos.

Aí cada um deles recebeu uma oitava parte do reino, e eles viveram em companhia do seu pai, muito feliz, enquanto foi do agrado de Deus.

JOÃO-DE-FERRO

Era uma vez um rei que tinha uma grande floresta perto do seu castelo, na qual vivia toda sorte de animais silvestres. Um dia, o rei mandou um caçador abater e trazer-lhe uma corça, mas o caçador não voltou mais.

— Quem sabe aconteceu-lhe alguma desgraça, — disse o rei, e no dia seguinte mandou dois outros caçadores à procura do primeiro.

Mas estes também não voltaram. Então, no terceiro dia, o rei mandou chamar todos os seus caçadores e disse:

— Vasculhem a floresta toda e não desistam até que encontrem os três desaparecidos!

Mas também de todos esses caçadores não voltou nenhum, e da matilha de cães que eles haviam levado nenhum tornou a ser visto.

Desde então ninguém mais quis ousar entrar na floresta, que lá ficou imersa em silêncio profundo e solidão. Só de quando em quando via-se uma águia ou um gavião passar voando por cima dela.

Isto durou muitos anos. Aí apareceu um caçador estranho, que se apresentou ao rei, procurando emprego e oferecendo-se para entrar naquela floresta perigosa. Mas o rei não quis dar-lhe a permissão, dizendo:

— Não é seguro lá dentro. Receio que aconteça a você o que aconteceu aos outros e que você não volte mais!

O caçador respondeu: — Meu senhor, eu vou por minha conta e risco; não conheço o medo.

E assim o caçador foi com o seu cão para a floresta. Não demorou muito, e o cão encontrou a pista de uma caça, que quis seguir. Mas mal ele correu alguns passos, quando se viu diante de uma poça profunda, sem poder continuar, e um braço nu surgiu de dentro da água, agarrou-o e arrastou-o para baixo. Vendo isso, o caçador voltou correndo e trouxe três homens com baldes para esvaziarem a poça.

Quando eles puderam enxergar o fundo, lá estava deitado um homem selvagem, de corpo cor de ferro enferrujado, e cabelos compridos que lhe cobriam o rosto e caíam até os joelhos. Eles amarraram-no com cordas e levaram-no de volta para o castelo, onde ele causou grande espanto. O rei mandou colocá-lo numa gaiola de ferro no seu pátio e proibiu, sob pena de morte, que alguém abrisse a porta da jaula. A própria rainha ficou encarregada de guardar a chave. De então em diante, qualquer pessoa podia entrar na floresta, em segurança.

O rei tinha um filho de oito anos, que certo dia estava brincando no pátio, quando a sua bola de ouro caiu dentro da jaula. O menino correu até ela e disse: — Dê-me a minha bola

— Só depois que você me abrir a porta, — disse o homem.

— Não, — disse o menino, — eu não posso fazer isso, o rei o proibiu.

E saiu correndo. Mas voltou no dia seguinte, para exigir a sua bola. O homem selvagem disse: — Abra-me a porta.

Mas o menino não quis abri-la.

No terceiro dia o rei saiu para a caça, e o menino veio de novo e disse: — Ainda que eu quisesse, não poderia abrir-lhe a porta, porque não tenho a chave.

Então o homem selvagem disse: — A chave está debaixo do travesseiro da sua mãe, você pode pegá-la ali.

O menino, que queria recuperar a sua bola, jogou a prudência ao vento e trouxe a chave. A porta era pesada, e ao abri-la o menino prendeu um dedo. Uma vez aberta, o homem selvagem saiu, deu a bola de ouro ao menino e foi embora apressadamente. O menino ficou com medo, chamou-o e gritou-lhe ao encalço:

— Ó, homem selvagem, não vá embora, senão eu vou apanhar.

O homem selvagem voltou, pôs o menino nos ombros e foi em rápidas passadas para dentro da floresta.

Quando o rei voltou, viu a jaula vazia e perguntou à rainha o que havia acontecido. Ela não sabia, foi procurar a chave, mas esta sumira. Ela chamou pelo menino, mas ninguém respondeu. O rei enviou homens para procurá-lo no campo, mas eles não o encontraram. Então ele pôde adivinhar facilmente o que acontecera, e reinou grande luto e tristeza na corte real.

Quando o homem selvagem chegou ao mais denso da floresta, tirou o menino dos ombros, colocou-o no chão e disse:

— Você nunca mais verá seu pai e sua mãe. Mas vou conservá-lo comigo, porque você me libertou e eu tenho dó de você. Se você fizer tudo o que eu mandar, passará bem aqui. Tenho ouro e tesouros à vontade, mais que qualquer no mundo.

E arrumou para o menino um leito de musgo, no qual ele adormeceu. Na manhã seguinte o homem levou-o a um poço e lhe disse:

— Está vendo, este poço de ouro é límpido e claro como cristal! Você deve ficar sentado aqui e cuidar para que nada caia dentro dele, senão ele fica conspurcado. Eu virei todas as noites para ver se você seguiu a minha ordem.

O menino sentou-se à beira do poço, ficou vendo ora um peixe de ouro, ora uma serpente de ouro, que apareciam à tona, e cuidou para que nada caísse dentro dele. Enquanto estava assim sentado, sentiu de repente uma dor no dedo, tão forte que, sem querer, ele o mergulhou na água do poço. Tirou-o bem depressa, mas viu que o dedo ficara todo dourado. Por mais que ele o esfregasse e se esforçasse por tirar aquele ouro do dedo, não conseguiu, foi tudo em vão.

Ao anoitecer o homem selvagem voltou, viu o menino e disse: — O que aconteceu com o poço?

— Nada, nada! — respondeu o menino, escondendo o dedo atrás das costas, para que o homem não o visse.

Mas o homem disse: — Você mergulhou o dedo no poço! Por esta vez passa, mas toma cuidado para que nada mais caia aqui dentro.

De manhã bem cedinho o menino já estava sentado junto ao poço, montando guarda. O dedo doeu-lhe de novo e ele o passou na cabeça. Por azar, um fio de cabelo soltou-se e caiu no poço. Tirou-o bem depressa, mas o cabelo já estava todo dourado. O João-de-ferro voltou e já sabia o que acontecera.

— Você deixou cair um fio de cabelo no poço, — disse ele. — Vou relevá-lo mais uma vez; mas se acontecer pela terceira vez, então o poço estará conspurcado e você não poderá mais ficar comigo.

No terceiro dia, o menino estava de novo sentado junto ao poço, e não mexia o dedo por mais que doesse. Mas começou a ficar entediado e inclinou-se para ver sua imagem refletida no espelho da água. E quando se debruçou mais, para mirar-se bem nos olhos, seus longos cabelos escorregaram-lhe dos ombros e mergulharam na água. Ele aprumou-se bem depressa, mas todos os cabelos da sua cabeça já estavam dourados e faiscavam como sol. Pode-se imaginar como o pobre menino ficou assustado! Ele pegou o seu lenço e amarrou-o na cabeça para que o homem não percebesse o acontecido.

Quando o homem chegou, já estava sabendo de tudo e disse:

— Desamarre este lenço!

Então os cabelos de ouro se soltaram e de nada adiantaram as desculpas do menino.

— Você não agüentou a prova e não pode mais ficar aqui. Saia para o mundo, e ficará conhecendo o sabor da pobreza. Mas como você tem bom coração, e as minhas intenções são boas, vou permitir-lhe uma coisa: quando você se vir em apuros, vá até a floresta e grite: "João-de-ferro!" Então eu virei em seu auxílio. Meu poder é maior do que você imagina, e tenho ouro e prata em abundância.

Então o príncipe deixou a floresta e saiu andando por estradas e ruas, por campos e bosques, até que acabou por chegar a uma grande cidade. Procurou trabalho, mas não conseguiu encontrá-lo, e também não aprendera nada com que se sustentar. Os homens da corte não sabiam em que utilizá-lo, mas simpatizaram com ele e deixaram-no ficar. Por fim, o cozinheiro pegou-o para o seu serviço, dizendo que ele podia carregar e trazer lenha e água e varrer as cinzas.

Um dia, quando nenhum outro estava à mão, o cozinheiro mandou-o levar as iguarias para a mesa real. Mas como ele não queria que vissem os seus cabelos de ouro, conservou na cabeça o seu gorrinho. O rei nunca vira uma coisa dessas, e disse:

— Quando você se aproxima da mesa real, tem de tirar o chapéu.

— Ah, meu senhor, — respondeu ele, — não posso, tenho uma feia erupção na cabeça.

Então o rei mandou chamar o cozinheiro, censurou-o e perguntou como é que ele aceitava um rapaz como esse no seu serviço; e que o enxotasse imediatamente. Mas o cozinheiro teve pena dele e trocou-o pelo ajudante do jardineiro.

Agora o menino tinha que ficar no jardim, plantar e regar, capinar e cavar, e ficar ao relento na chuva e na ventania. Um dia, no verão, quando estava sozinho trabalhando no jardim, o calor foi tanto que ele tirou o gorrinho para refrescar a cabeça. Quando o sol lhe tocou a cabeça, seu cabelo de ouro brilhou, faiscou e coruscou tanto, que os raios penetraram no quarto da filha do rei, e ela correu para a janela, para ver o que era aquilo. Então viu o menino e gritou para ele:

— Moço, traga-me um ramo de flores!

Ele colocou depressa o gorro na cabeça, colheu flores do campo e amarrou-as num ramalhete. Quando subia a escada com o ramalhete na mão, cruzou com o jardineiro, que lhe disse:

— Como é que você vai levar flores silvestres para a princesa? Rápido, vá buscar outras flores, e escolha as mais belas e as mais raras.

— Não, — disse o menino, — as flores silvestres têm o perfume mais forte e vão agradar-lhe mais!

Quando ele entrou no quarto da princesa, esta lhe disse:

— Tire o seu gorrinho! Não fica bem que o conserve na minha presença.

Ele respondeu de novo:

— Não posso, tenho uma horrível erupção na cabeça.

Mas ela agarrou o gorrinho e arrancou-o da sua cabeça. Aí os seus cabelos de ouro rolaram sobre seus ombros e era uma coisa linda de se ver. Ele quis fugir, mas ela segurou-o pelo braço e deu-lhe um punhado de ducados. Ele os levou, porém não ficou com aquele ouro, mas entregou-o ao jardineiro e disse:

— Dou isto de presente aos seus filhos, para eles brincarem.

No dia seguinte, a princesa tornou a chamá-lo para que lhe trouxesse um ramo de flores do campo, e quando ele entrou com elas, agarrou novamente o seu gorrinho e quis arrancá-lo, mas ele o segurou com as duas mãos. A princesa tornou a dar-lhe um punhado de ducados, mas ele não quis guardá-los e deu-os ao jardineiro, como brinquedos para seus filhos. No terceiro dia aconteceu a mesma coisa: a princesa não conseguiu tirar-lhe o gorrinho e ele não quis o seu ouro.

Pouco tempo depois, estourou uma guerra no país. O rei reuniu o seu povo, sem saber se poderia resistir ao inimigo, que era muito poderoso e tinha grande exército. Então o ajudante de jardineiro disse:

— Agora eu já estou crescido e quero participar da guerra. Só quero que me dêem um cavalo.

Os outros riram e responderam:

— Quando nós tivermos partido, procure um para você. Nós lhe deixaremos um cavalo na cavalariça.

Quando eles partiram para a batalha, ele foi à cavalariça e tirou o cavalo, que era manco de uma pata e capengava. Mesmo assim, ele o montou e foi cavalgando para a floresta escura. Chegando à beira da mata, gritou três vezes "João-de-ferro!" — tão alto que o grito ressoou por entre as árvores.

Logo em seguida, apareceu o homem selvagem e disse:

— O que você quer?

— Quero um corcel vigoroso, pois vou partir para a guerra.

— Isto você terá, e ainda mais do que pede.

Então o homem selvagem voltou para a floresta, e não demorou muito, quando apareceu um cavalariço que saiu da mata trazendo um corcel que bufava pelas ventas, indócil e difícil de conter. E atrás dele vinha grande bando de guerreiros, todos cobertos de armaduras de ferro, e suas espadas faiscavam ao sol. O jovem entregou seu cavalo manco ao cavalariço, montou no outro e partiu à frente do bando.

Quando ele se aproximou do campo de batalha, uma grande parte dos homens do rei já havia tombado em combate, e faltava pouco para os restantes terem de bater em retirada. Então o jovem chegou galopando à frente do seu bando, e entrou como vendaval pelas fileiras dos inimigos, derrubando tudo o que se lhe opunha. Eles tentaram fugir, mas o jovem partiu ao seu encalço e não descansou até que não sobrou um só homem. Mas em vez de retornar ao rei, ele conduziu o seu bando, por atalhos, de volta à floresta e chamou pelo João-de-ferro.

— O que você quer? — perguntou o homem selvagem.

— Receba de volta o seu corcel e o seu bando guerreiro e devolva-me o meu cavalo manco.

Tudo aconteceu como ele queria, e ele voltou para casa montado no seu cavalo manco. Quando o rei voltou ao seu castelo, a filha correu-lhe ao encontro e felicitou-o pela sua vitória.

— Não sou eu o autor da vitória, — disse ele, — mas um cavaleiro desconhecido, que veio em meu auxílio com um bando de guerreiros.

A filha quis saber quem era o cavaleiro estranho. Mas o rei não o sabia, e disse: — Ele perseguiu os inimigos e eu não o vi mais.

Ela informou-se com o jardineiro sobre o seu ajudante. Mas o jardineiro riu e disse: — Ele acaba de voltar montando no seu cavalo manco.

E os outros zombaram dele e gritaram: — Lá vem o nosso Manca-pé voltando!

E lhe perguntaram também: — Atrás de que moita você ficou dormindo nesse meio tempo?

Mas ele disse: — Eu fiz o melhor que podia e sem mim as coisas teriam ido mal.

Aí ele foi ainda mais escarnecido.

O rei falou para a sua filha: — Eu vou mandar fazer uma grande festa, que deverá durar três dias, e você atirará uma maçã de ouro: quem sabe o cavaleiro desconhecido se apresentará.

Quando a festa foi anunciada, o jovem saiu para a floresta e chamou o João-de-ferro.

— O que você quer? — perguntou ele.

— Quero apanhar a maçã de ouro da princesa.

— Pois é como se você já a tivesse na mão, disse João-de-ferro. — E você terá também uma armadura vermelha, e cavalgará um altivo alazão.

Quando chegou o dia, o jovem veio galopando, misturou-se aos cavaleiros e não foi reconhecido por ninguém. A princesa adiantou-se e atirou uma maçã de ouro aos cavaleiros. Mas ninguém a não ser ele conseguiu pegá-la, e quando a apanhou, partiu a galope.

No segundo dia, o João-de-ferro armou-o como cavaleiro branco, e deu-lhe um branco corcel. Novamente o moço apanhou a maçã de ouro, mas não se demorou nem um instante e disparou com ela.

O rei ficou encolerizado e disse: — Isto não é permitido, ele deve apresentar-se diante de mim e dizer o seu nome.

E deu ordens de galoparem ao encalço do cavaleiro que pegasse a maçã, caso ele quisesse fugir de novo com ela, e se ele não voltasse por bem, deviam trazê-lo à força.

No terceiro dia, o jovem recebeu do João-de-ferro uma armadura negra e um corcel murzelo, e novamente apanhou a maçã. Mas quando ele fugia a galope com ela, os homens do rei o perseguiram e um chegou tão perto que lhe feriu a perna com a ponta da espada. Ele, porém, conseguiu escapar, mas o seu cavalo deu um salto tão violento que o elmo lhe caiu da cabeça e os perseguidores puderam ver que o jovem cavaleiro tinha cabelos de ouro. Os cavaleiros voltaram e relataram tudo ao rei. No dia seguinte, a princesa perguntou ao jardineiro pelo seu ajudante. — Ele está trabalhando no jardim. Aquele esquisitão esteve na festa e só voltou ontem à noite. E mostrou aos meus filhos três maçãs de ouro que tinha ganho.

O rei mandou buscá-lo, e ele apareceu, com o seu gorrinho de novo na cabeça. Mas a princesa aproximou-se dele e tirou-lhe o gorro. Aí os seus cabelos de ouro caíram-lhe sobre os ombros, e ele era tão belo que todos se espantaram.

— Era você o cavaleiro que veio à festa todos os dias, cada vez numa cor diferente, e apanhou as três maçãs de ouro? — perguntou o rei.

— Sim, respondeu ele, — e aqui estão as maçãs!

E ele tirou-as do bolso e entregou-as ao rei.

— Se quiser ainda outras provas, pode ver o ferimento que os seus homens me causaram quando me perseguiram. E eu sou também o cavaleiro que o ajudou na vitória sobre os inimigos.

— Se você é capaz de semelhantes feitos, você não é um ajudante de jardineiro. Diga-me, quem é seu pai?

— Meu pai é um rei poderoso, e eu tenho ouro à vontade.

— Estou vendo mesmo, — disse o rei, — eu lhe devo gratidão. Posso fazer alguma coisa que seja do seu agrado?

— Sim, respondeu ele, pode. Dê-me a sua filha em casamento.

Então a princesa riu e disse: — Este não faz rodeios! Mas eu já vi pelos seus cabelos de ouro que ele não é nenhum ajudante de jardineiro.

E ela foi e deu-lhe um beijo. O pai e a mãe do jovem vieram para o seu casamento e estavam cheios de alegria, porque já haviam perdido qualquer esperança de rever o filho querido.

E quando estavam sentados à mesa do banquete nupcial, a música silenciou de repente, as portas se abriram, e um altivo rei entrou com um grande séquito. Ele caminhou para o jovem, abraçou-o e disse:

— Eu sou o João-de-ferro, e fui enfeitiçado e transformado num homem selvagem, mas você me libertou. Todos os tesouros que eu possuo passarão a ser sua propriedade.

JOÃO FELIZARDO

João serviu o seu amo durante sete anos, e então lhe disse:
— Patrão, o meu prazo terminou, agora eu gostaria de voltar para a casa da minha mãe; dê-me o meu salário.

O amo respondeu:

— Você me serviu com dedicação e honestidade; como foi o serviço, assim será o salário.

E deu-lhe uma pepita de ouro do tamanho da sua cabeça. João tirou o seu lenço do bolso, embrulhou aquele naco de ouro, colocou-o no ombro e pôs-se a caminho de casa.

Quando ele ia andando assim, sempre pondo um pé na frente do outro, passou um cavaleiro, trotando alegre e contente na sua montaria.

— Ah, — disse o João em voz bem alta, — como é bom andar a cavalo! Fica-se acomodado como numa cadeira, não se dá topadas em pedras, poupam-se os sapatos e vai-se em frente sem saber como.

O cavaleiro, que o ouvira, parou o cavalo e disse:

— Ei, João, porque está correndo a pé?

— Não tenho outro jeito, — respondeu ele, — tenho que levar este bolão para casa. Na verdade, ele é de ouro, mas não me deixa endireitar a cabeça e ainda por cima me aperta o ombro.

— Sabe de uma coisa, — disse o cavaleiro, — vamos fazer uma troca: eu lhe dou o meu cavalo e você me dá o seu bolão.

— De bom grado, — disse João — mas já vou avisando, você terá de se arrastar a pé com ele.

O cavaleiro apeou do cavalo, pegou o bolão de ouro, ajudou o João a montar, pôs-lhe as rédeas nas mãos e disse:

— Se quiser andar depressa, estale a língua e grite: upa, upa!

João ficou muito contente quando se viu montado no cavalo, trotando alegremente. Aí lhe veio à cabeça que poderia andar ainda mais ligeiro, e pôs-se a estalar a língua e a gritar upa, upa! O cavalo partiu a galope e, antes que João se desse conta, foi derrubado e caiu numa vala, que separava os sulcos da estrada. O cavalo a teria atravessado, se não o segurasse um camponês que passava, tangendo uma vaca na sua frente.

João pôs-se de pé, mas estava irritado e disse ao camponês:

— Montar é uma brincadeira sem graça, principalmente quando se topa com uma égua como esta, que corcoveia e derruba a gente, que pode até quebrar o pescoço. Nunca mais eu monto nela. Eu louvo mais a sua vaca, a pessoa pode ir andando tranqüila atrás dela, e ainda por cima ter o seu leite, manteiga e queijo todos os dias. O que eu não daria para ter uma vaca como esta!

— Ora, — disse o camponês, — se a vaca lhe agrada tanto, eu não me importo de trocá-la pelo seu cavalo.

João concordou com mil agradecimentos. O camponês pulou sobre o cavalo e partiu na maior pressa.

João ficou calmamente tangendo a sua vaca em frente, pensando sobre a sua vantajosa troca: "Se eu só tiver um pedaço de pão, e este não me vai faltar, poderei, sempre que quiser, comer manteiga e queijo com ele; se tiver sede, ordenho a minha vaca e bebo leite. O que mais podes desejar, meu coração?"

Quando chegou a uma estalagem, João parou, comeu com grande alegria tudo o que trazia consigo, almoço e jantar, e pelos seus últimos centavos, pediu um copo de cerveja. Então continuou a tocar a sua vaca em frente, sempre na direção da aldeia da sua mãe.

O calor foi aumentando com a aproximação do meio-dia. João encontrava-se no meio de uma charneca, que ainda levaria uma hora para atravessar. Aí sentiu um calor tão bravo que a língua lhe grudou no céu da boca. "Isto é fácil de remediar", pensou João, "agora vou ordenhar a minha vaca e me regalar com o leite". Amarrou o animal a uma árvore seca, e como não tinha balde, pôs o seu chapéu de couro debaixo das tetas. Mas por mais que se esforçasse, não conseguiu tirar nem uma gota de leite. E como ele era bastante desajeitado, o impaciente animal deu-lhe por fim um tamanho coice na cabeça, que ele caiu ao chão e ficou um tempo sem se lembrar onde se encontrava.

Por sorte, naquela hora vinha passando um magarefe, levando um leitão amarrado no seu carrinho de mão.

— Que travessuras são essas! — exclamou ele, ajudando João a se levantar.

João contou-lhe o que acontecera, e o magarefe disse:

— Esta vaca não quer nem pode dar leite, é um animal velho, que só serve quando muito para procriar ou então para abater.

— Ora, ora, disse João, — passando a mão pelos cabelos, — quem diria uma coisa dessas! Claro que é bom quando se tem um bicho destes em casa, para matar — quanta carne ele não dará! Mas eu não sou muito chegado a carne de vaca, para mim ela não é bastante suculenta. Mas se eu tivesse um leitão novo como este! É outro sabor, e ainda por cima há as lingüiças.

— Ouça, João, — propôs o magarefe, — para lhe agradar, faço uma troca consigo, dou-lhe o leitão em troca pela vaca.

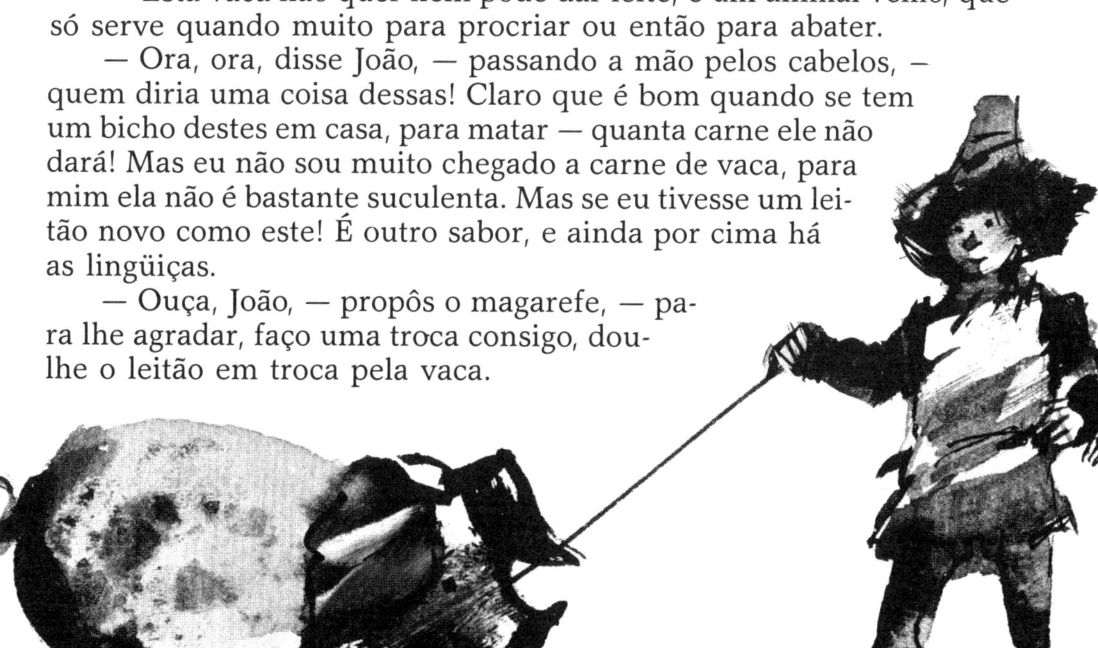

— Deus lhe pague por sua amizade, — disse João; entregou-lhe a vaca, tirou o leitão do carrinho, e pegou na mão a corda que o amarrava.

João continuou seu caminho, todo feliz, porque tudo lhe acontecia de acordo com seus desejos. Logo depois juntou-se a ele um rapaz, que carregava um belo ganso branco debaixo do braço. Eles se cumprimentaram e João começou a contar-lhe sobre a sua boa sorte, e como ele sempre fez trocas tão vantajosas. O rapaz lhe contou que estava levando o ganso para uma festa de batizado.

— Levante-o, — continuou ele, levantando-o pelas asas, — e veja como é pesado. Ele ficou na engorda durante oito semanas. Quem der uma dentada neste assado, terá de limpar a banha dos dois lados da boca.

— Sim, — disse João, sopesando a ave com uma das mãos, — ele tem lá seu peso, mas o meu leitão também não é qualquer porca velha.

Nesse meio tempo, o rapaz olhou para todos os lados e balançou a cabeça.

— Escute, — começou ele, — com este seu leitão pode não estar tudo em ordem. Na aldeia por onde eu passei acabaram de roubar um leitão da pocilga do Schulze! Receio que seja este mesmo, aqui na sua mão! Eles despacharam gente à procura dele, e será muito ruim para você se o apanharem com a propriedade roubada! No mínimo, vão trancafiá-lo num buraco escuro.

O bom João ficou preocupado. — Ai, meu Deus, — falou ele; — ajude-me a sair desta enrascada; você conhece as coisas por aqui melhor que eu, leve o meu leitão e deixe-me o seu ganso.

— Eu vou correr certo risco, — respondeu o rapaz, — mas não quero ser culpado da sua desgraça.

Então ele pegou a corda da mão do João e saiu bem depressa com o porco, por um atalho da estrada. O bom João, porém, livre das preocupações, continuou seu caminho para casa, com o ganso debaixo do braço.

— Pensando bem, — falou ele consigo mesmo, — levei ainda outra vantagem nesta troca: primeiro o bom assado, depois toda essa quantidade de banha. Isto vai dar pão de gordura de ganso para um quarto de ano inteiro! E por fim as belas penas brancas com que vou mandar encher meu travesseirinho, para um sono delicioso. Que alegria vou dar à minha mãe!

Quando ele passava pela última aldeia, lá estava um amolador de tesouras com o seu carro, sua roda zumbia e ele cantarolava:

"Eu giro a roda e a tesoura eu afio,
Eu tiro o jaleco, pois não sinto frio".

João parou e ficou assistindo. Por fim, dirigiu-se ao homem e disse:

— Você vai bem, porque trabalha com tanta alegria.

— Sim, — respondeu o amolador de tesouras, — o trabalho manual tem um fundo de ouro. Um bom amolador é um homem que, quando mete a mão no bolso, sempre encontra dinheiro. Mas onde foi que você comprou este belo ganso?

— Eu não o comprei, troquei-o por um leitão.

— E o leitão?

— Recebi em troca de uma vaca.

— E a vaca?

— Troquei por um cavalo.

— E o cavalo?

— Dei em troca dele um bolão de ouro do tamanho de minha cabeça.

— E o ouro?

— Ora, esse foi em paga de sete anos de serviço.

— Você sempre soube sair-se bem, — disse o amolador, — mas se puder chegar ao ponto de ouvir o dinheiro tinir no bolso cada vez que se põe de pé, então terá atingido a felicidade completa.

— E como poderei conseguir isto? — perguntou o João.

— Você tem de se tornar um amolador, como eu! E na verdade, para isso não é preciso nada mais que uma pedra de afiar, o resto virá por si mesmo. Aqui tem uma, verdade que um pouco defeituosa, mas não precisa me dar nada por ela a não ser seu ganso. Quer fazer a troca?

— Que pergunta, — respondeu João, — eu seria o mais feliz dos homens em toda a terra! Se eu tiver dinheiro toda vez que meter a mão no bolso, nunca mais terei de me preocupar com nada!

E ele entregou o ganso e pegou a pedra de afiar em troca.

— Muito bem, disse o amolador, levantando uma pesada pedra comum que estava no chão ao seu lado, — aqui tem uma pedra a mais, boa para se martelar em cima dela, na qual você poderá endireitar os seus pregos velhos que entortaram. Leve-a e cuide bem dela.

João pegou a pedra e continuou seu caminho, de coração alegre. Seus olhos brilhavam de contentamento.

— Eu devo ter nascido empelicado, — exclamou ele, — tudo o que eu desejo se realiza!

Por estar de pé desde o romper do dia, pouco a pouco o João começou a ficar cansado. E a fome também o atormentava, porque ele comera todas as suas provisões de uma vez, na alegria pela vaca barganhada. Agora só conseguia andar com muito esforço e tinha de parar a cada momento. E ainda por cima, as pedras lhe pesavam horrivelmente. Então ele não pôde se furtar ao pensamento de como seria bom se ele não tivesse de carregá-las.

Arrastando-se como uma lesma, João chegou finalmente a um poço no meio do campo, onde quis descansar e se regalar com a água fresca. Mas para não danificar as suas pedras, colocou-as cuidadosamente ao seu lado, na beira do poço. Sentou-se, mas quando foi se debruçar para beber, João esbarrou sem querer nas pedras, e as duas rolaram e despencaram para dentro do poço.

Quando o João viu as pedras afundando, pulou de alegria, caiu de joelhos e agradeceu a Deus, com lágrimas nos olhos, por Ele ter-lhe concedido mais essa mercê, livrando-o das pesadas pedras de um modo tão bom, sem ele precisar se recriminar por isso.

— Feliz como eu, — gritou ele, — não existe homem nenhum debaixo do sol!

De coração leve e livre de qualquer peso ou preocupação, João saiu aos pulos, até chegar de volta à casa da sua mãe.

OS PRESENTES DO POVO MIÚDO

Um alfaiate e um ourives faziam suas andanças juntos. Certa noite, quando o sol já se escondera atrás dos montes, eles ouviram os sons de uma música distante, que ia ficando cada vez mais clara. Eram sons estranhos, mas tão suaves, que eles esqueceram qualquer fadiga e continuaram a marchar rapidamente.

A lua já estava alta quando os dois alcançaram uma colina, sobre

a qual viram uma porção de homens e mulheres pequeninos que, de mãos dadas, rodopiavam dançando com grande prazer e alegria. Ao mesmo tempo, eles cantavam lindamente, e essa era a música que os dois andarilhos ouviram.

No meio da roda festiva, assentava-se um velho, um pouco maior que os outros, de roupa multicor, e com barba grisalha como gelo caindo-lhe sobre o peito. Os dois andarilhos pararam, tomados de espanto, e ficaram observando a dança. O velho fez-lhes sinal para que entrassem, e o povo pequenino abriu prontamente a sua roda.

O ourives, que era bastante destemido, entrou primeiro. O alfaiate sentiu no começo alguma timidez, mas quando percebeu como era tudo tão alegre, animou-se e seguiu o companheiro. Logo a roda se fechou de novo, e os pequeninos continuaram a cantar e a dançar aos pulos e saltos. O velho, porém, pegou uma faca larga que trazia na cintura, afiou-a, e quando ela estava bem afiada, olhou para os dois estranhos.

Os andarilhos ficaram com medo, mas não tiveram tempo de pensar. O velho agarrou o ourives, e com a maior velocidade, raspou-lhe a barba e os cabelos, até a raiz. O mesmo aconteceu ao alfaiate, logo em seguida.

Mas o seu medo passou, quando o velho, depois de terminar, bateu amigavelmente no ombro de cada um, como querendo dizer que eles fizeram bem de deixar tudo acontecer de boa vontade e sem resistência. Depois, apontou com o dedo um monte de carvão que estava ao lado, e mostrou-lhes com gestos que eles deveriam encher os bolsos com aqueles carvões. Os dois obedeceram, embora não soubessem para que serviria aquilo, e continuaram o caminho, à procura de um lugar para pernoitar.

Quando chegaram ao vale, o sino do mosteiro vizinho bateu meia noite. Imediatamente o canto cessou, tudo sumiu, e a colina ficou ali, solitária, ao luar.

Os dois andarilhos encontraram um abrigo e cobriram-se, sobre o leito de palha, com os seus casacos. Mas, por causa do cansaço, esqueceram de tirar os carvões dos bolsos. Uma pressão forte nos seus corpos acordou-os antes que de costume. Meteram as mãos nos bolsos, e não puderam acreditar nos próprios olhos quando viram que estavam cheios, não de carvão, mas de ouro puro. Também os seus cabelos e barbas estavam lá, como dantes. Agora eles eram homens ricos; mas o ourives, que por causa da sua natureza ambiciosa enchera mais os bolsos, tinha o dobro do que tinha o alfaiate.

Um ganancioso, por mais que ele tenha, sempre quer ainda mais. Assim, o ourives fez uma proposta ao alfaiate: que esperassem novamente pelo anoitecer, para irem buscar mais tesouros com o velho da colina. O alfaiate não quis acompanhá-lo e explicou:

— Tenho o suficiente e estou satisfeito! Agora eu serei mestre, vou me casar e ser homem feliz.

Mas prontificou-se a esperar mais um dia, por gentileza com o companheiro. Ao anoitecer, o ourives pendurou mais um par de bolsas no ombro, a fim de poder carregar bastante carvão, e pôs-se a caminho da colina. Como na noite anterior, ele encontrou ali o povo pequenino cantando e dançando, o velho cortou-lhe de novo cabelo e barba e acenou-lhe que levasse os carvões. O ourives não hesitou, encheu os bolsos com quanto coube neles, voltou muito feliz e cobriu-se com o casaco.

— Mesmo que o ouro me aperte, — disse ele, — eu vou agüentar.

E adormeceu finalmente com o doce pressentimento de que ia acordar na manhã seguinte, um homem mais do que rico.

Quando abriu os olhos, levantou-se depressa para examinar os bolsos. Mas qual não foi o seu espanto, quando não saiu deles nada além de negros carvões, por mais vezes que metesse as mãos dentro deles. "Pelo menos sobra-me o ouro que eu ganhei na noite passada", pensou ele, e foi pegá-lo. Mas qual não foi o seu susto, ao constatar que esse também voltara a se transformar em carvão. Com as mãos enegrecidas, ele bateu na própria testa, e aí sentiu que sua cabeça estava pelada e lisa, bem como a barba. Então ele reconheceu o castigo pela sua ganância e começou a chorar e a se lamentar.

O bom alfaiate, a quem o choro acordara, consolou o infeliz o melhor que pôde e disse: — Você foi meu companheiro de andança, e ficará comigo para gozarmos juntos do meu tesouro.

Ele manteve a sua palavra, mas o pobre ourives teve de cobrir sua cabeça pelada com um gorro, pelo resto da vida.

O GATO-DE-BOTAS

Era uma vez um moleiro, que tinha um moinho de vento e três filhos, além de um burro e de um gato. Os três filhos trabalhavam desde pequenos, tinham de moer cereais, o burro carregava a farinha e o gato tinha de caçar os ratos.

Quando o moleiro morreu, os três filhos repartiram a herança. O mais velho ficou com o moinho, o segundo com o burro e o terceiro ficou com o gato, porque não sobrara mais nada. Então o caçula ficou muito triste e falou com os seus botões:

— Eu acabei levando a pior. Meu irmão mais velho pode moer, o segundo pode montar no burro — mas o que posso eu fazer com o gato? Se eu me fizer um par de luvas da sua pele, elas serão tudo o que eu terei de meu!

— Ouça aqui, — sussurrou-lhe o gato, — não é preciso que você me mate. Só ficará com um par de luvas ruins, da minha pele. Mas mande fazer para mim um par de bonitas botas altas, para que eu possa sair e me mostrar no meio da gente, e então você também sairá ganhando!

O filho do moleiro admirou-se de ouvir a fala tão sensata do gato. E como estava justamente passando por uma oficina de sapateiro, chamou o gato e encomendou para ele um par de belas botas novas, que não demoraram a ficar prontas. Assim que as recebeu, o gato calçou-as, pôs a sua trouxa no ombro, depois de pôr um pouco de trigo dentro dela, e saiu andando em duas pernas, como homem, pela porta fora.

Naquele tempo, reinava no país um rei que gostava demais de comer perdizes. Embora muitas delas corressem por entre os sulcos dos campos arados, eram aves tão ariscas, que os caçadores não conseguiam apanhá-las. O gato sabia disso e pôs-se a pensar como se aproveitar da situação. Quando chegou à beira da floresta, ele abriu o saco, espalhou trigo pelo lugar e colocou o cordão que amarrava a boca do saco na grama, levando a outra ponta do cordão consigo para trás de uma moita. Ali o gato se escondeu e ficou tocaiando a sua vítima.

As perdizes vieram logo correndo do campo, encontraram o trigo e, gulosas, pularam uma atrás da outra para dentro do saco. Quando já havia uma boa quantidade delas dentro, o gato puxou o cordão, fechou a boca do saco, saiu da moita, colocou o pesado fardo no ombro e correu direto para o castelo do rei.

Quando ele chegou diante do portão da formidável sede real, a sentinela gritou na mesma hora:

— Alto lá, para onde vai?

— Ao rei, — respondeu o gato, lacônico.

— Ficou louco? Um gato querendo falar com o rei?

— Ora, deixe-o ir, — disse a outra sentinela, um rei decerto fica entediado de vez em quando. Quem sabe este gato o diverte um pouco.

Quando então o gato se apresentou diante do rei, fez uma vênia profunda e disse com voz vigorosa:

— Meu amo, o conde — e aqui ele citou um nome comprido e distinto — envia seus leais cumprimentos ao seu rei e senhor, e manda-lhe por meu intermédio estas perdizes.

O rei ficou especialmente satisfeito com as gordas perdizes e permitiu ao gato tirar do seu tesouro tanto ouro quanto coubesse no seu saco e ele pudesse carregar.

— Leve isso ao seu amo e transmita-lhe meu agradecimento pelo seu presente.

O pobre filho do moleiro, porém, estava sentado em casa, junto da janela, com a cabeça apoiada na mão, lamentando ter gasto o seu último dinheiro com as botas do gato. O que o gato poderia lhe trazer em troca delas? Mas no mesmo instante a porta rangeu, o gato entrou e tirou o saco das costas. Então o abriu e despejou o ouro na frente do pobre filho do moleiro, acrescentando:

— Aqui — é pelas botas que você mandou fazer para mim. O rei manda cumprimentá-lo e dizer obrigado!

O filho do moleiro ficou feliz com o tesouro, embora não conseguisse entender como aquilo acontecera. E enquanto o gato tirava as suas ricas botas, foi contando tudo ao rapaz, para afinal dizer:

— Você ganhou um bom dinheiro agora, mas isto não termina assim! Amanhã vou calçar de novo as minhas botas. A propósito, eu disse ao rei que você é um conde.

No dia seguinte, o gato calçou suas belas botas e saiu bem de madrugada para a caça. E novamente ele levou ao rei uma rica presa. Assim foi indo durante vários dias seguidos, e sempre ele trazia para casa generosos tesouros de ouro, para no dia seguinte comparecer de novo ao castelo. Em breve o gato ficou tão benquisto no castelo real, que podia entrar e sair e andar por ali à vontade.

Um dia, lá estava o Gato-de-botas no meio da cozinha real, aquecendo-se junto ao fogo chamejante, quando de repente irrompeu pela porta o velho cocheiro, esbravejando:

— Eu quero que o rei e a sua princesa vão para o inferno! Bem na hora em que eu ia para a taberna, para beber um pouco e jogar baralho, o rei manda buscar-me e eu tenho de levar os dois a passear na beira do lago!

Quando o gato ouviu isso, esgueirou-se silenciosamente para fora da cozinha e correu com suas botas para o seu moleiro, gritando ainda de longe: — Se você quer virar conde mesmo, venha comigo, vamos depressa para o lago, você vai banhar-se ali!

O moleiro não sabia direito o que responder a isso. Mas, de qualquer forma, ele o seguiu imediatamente, despiu-se na beira do lago e pulou para dentro da água. O gato pegou logo suas roupas, a fim de escondê-las. Mal acabou de fazê-lo, a carruagem real veio rolando. O gato deteve o carro e começou a se queixar:

— Meu graciosíssimo rei! Ah, meu senhor, aquele ali que está se banhando no lago, deixou suas roupas na margem. Aí veio um ladrão e carregou suas roupas. Agora ele não pode sair, e se ele ficar mais tempo na água, vai se resfriar — ele está mesmo correndo perigo de vida!

Quando o rei ouviu isso, mandou imediatamente um homem do seu séquito voltar correndo ao castelo, buscar algumas roupas reais. Então o moleiro se vestiu com os belos trajes da realeza.

O rei, que via nele o conde a quem devia profunda gratidão pelas belíssimas perdizes, convidou-o a tomar assento na carruagem real. A princesa não se aborreceu com esse convite, pois ele era jovem e, nos seus trajes reais, especialmente belo, e agradou-lhe bastante.

Nesse ínterim, o gato correra na frente da carruagem e chegara a um grande campo, onde muita gente estava ocupada, recolhendo palha.

— A quem pertence este campo? — perguntou o gato aos camponeses.

— Estas terras pertencem ao feiticeiro malvado, — responderam eles.

— Ouçam, amigos, — continuou o gato, — daqui a alguns momentos, o seu rei passará por aqui, e se ele perguntar pelo nome do seu patrão, digam apenas: "Estes campos pertencem ao conde". Mas se vocês não me obedecerem, vão se dar mal!

O gato correu adiante e chegou a um grande trigal.

— A quem pertence esta plantação? — perguntou o gato aos numerosos trabalhadores.

— Estas terras pertencem ao feiticeiro malvado, — responderam eles.

E novamente o gato ordenou aos camponeses que confirmassem que elas eram propriedade do conde.

Continuando o seu caminho, o gato passou por um alto carvalhal onde inúmeros lenhadores estavam ocupados derrubando belíssimos carvalhos.

— A quem pertence este bosque? — perguntou o gato aos lenhadores. — Pertence ao feiticeiro malvado, — responderam eles.

E pela terceira vez o gato exigiu que os homens dissessem ao rei que a propriedade era do conde.

Então o gato continuou o seu caminho. Toda a gente o seguiu com os olhos, porque ele tinha uma aparência tão distinta nas suas suntuosas botas e marchava ereto como homem.

Pouco depois, o gato chegava ao castelo do feiticeiro. Destemido, cruzou o formidável portão e dirigiu-se aos aposentos interiores. Quando deparou com o senhor do castelo, o gato fez a sua vênia mais profunda e saudou-o: — Grande feiticeiro e artista! Dizem por aí que você pode, a qualquer momento, transformar-se à vontade em qualquer espécie de animal, exceto o elefante!

— O quê? — disse o feiticeiro, e já virou elefante.

— Magnífico, — disse o gato, — mas, e um leão?

— Pois não, é uma ninharia, — e um leão lambeu os beiços para o gato.

Sem se intimidar, o gato plantou-se diante desse rei de todos os animais e pediu, com a voz só um pouco trêmula:

— Excelente — mas melhor que qualquer outra coisa seria se você se transformasse num bicho tão pequenino como um rato. Isto faria de você o mestre de todos os feiticeiros do mundo!

O feiticeiro, lisonjeado por essas doces palavras, disse:

— Querido gatinho, eu posso fazer também isso! — e já lá estava ele, correndo pelo salão na forma de um rato. No mesmo instante, o gato precipitou-se sobre o ratinho, apanhou-o num salto e devorou-o com grande deleite.

Enquanto isso, o rei continuava o passeio, com a princesa e o conde, e chegou ao grande campo.

— A quem pertence este campo? — perguntou ele aos homens que trabalhavam recolhendo a palha.

— Ao senhor conde! — gritaram todos, conforme lhes ordenara o gato.

— O senhor tem aqui um belo pedaço de terra, senhor conde, — disse o rei.

Em seguida eles chegaram ao grande trigal.

— A quem pertence esta plantação? — perguntou o rei.

— Ao senhor conde! — informaram os camponeses que colhiam o trigo.

— Ei, senhor conde! Que belas terras possui aqui! — disse o rei.
E quando chegaram ao carvalhal, ele perguntou:
— A quem pertence este bosque, ó gente?
— Ao senhor conde, — disseram os lenhadores que derrubavam as árvores.

O rei admirou-se ainda mais e disse ao conde:

— O senhor deve ser homem rico, senhor conde. Eu não possuo carvalhal tão alto e belo.

Finalmente a carruagem chegou ao castelo que pertencera ao feiticeiro. O gato já estava esperando no alto da escadaria. Quando a carruagem real parou embaixo, o gato desceu ligeiro, abriu a portinhola do carro, fez uma curvatura profunda e saudou o rei com estas palavras:

— Ó rei, o senhor chega aqui ao castelo do meu amo, o rico e poderoso conde, a quem esta honra tornará feliz pelo resto da vida.

O rei desceu da carruagem e admirou muito aquele edifício que nunca vira antes, e que lhe pareceu quase maior e mais suntuoso que o próprio castelo real.

O conde ofereceu o braço à princesa e acompanhou-a pela escadaria para o salão de recepções do castelo, todo coruscante de ouro e pedras preciosas.

Tempos festivos seguiram-se aos dias de miséria. O pobre filho do moleiro tornara-se primeiro homem rico, e agora ele era até conde.

A princesa foi prometida ao conde, e em breve foi celebrado o casamento. E quando o casal marchava para a igreja, o Gato-de-botas ia na frente, jogando flores no seu caminho.

Quando anos depois o rei adoeceu e morreu, o conde tornou-se o rei e senhor do país. Ele não esqueceu a fidelidade do seu Gato-de-botas e nomeou-o mordomo-mor da corte.